T0123345

IT kompakt

Die Bücher der Reihe „IT kompakt" zu wichtigen Konzepten und Technologien der IT:

- ermöglichen einen raschen Einstieg,
- bieten einen fundierten Überblick,
- eignen sich für Selbststudium und Lehre,
- sind praxisorientiert, aktuell und immer ihren Preis wert.

Weitere Titel in der Reihe http://www.springer.com/series/8297

Daniel Christian Leeser

Digitalisierung in KMU kompakt

Compliance und IT-Security

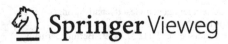
Springer Vieweg

Daniel Christian Leeser
Kassel, Deutschland

ISSN 2195-3651   ISSN 2195-366X (electronic)
IT kompakt
ISBN 978-3-662-59737-8   ISBN 978-3-662-59738-5 (eBook)
https://doi.org/10.1007/978-3-662-59738-5

Die Deutsche Nationalbibliothek verzeichnet diese Publikation in der Deutschen
Nationalbibliografie; detaillierte bibliografische Daten sind im Internet über http://
dnb.d-nb.de abrufbar.

Vorwort

Über die letzten Jahre hinweg konnte ich in meiner Tätigkeit als IT-Systemingenieur sowie durch ein eigenes Gewerbe viele KMU bei der Einführung und Administration neuer IT-Hardware, Software oder auch der Einführung von Produkten des Cloud-Computings unterstützen. Dabei konnte ich nicht zuletzt durch die vielen verschiedenen Eindrücke in verschiedenen Unternehmen vieles über den Umgang von KMU mit dem Geschäftsfaktor IT lernen. Über die Jahre hinweg und nicht zuletzt auch durch mein berufsbegleitendes Studium der Wirtschaftsinformatik sowie durch eigenes Gewerbe ist der Wunsch entstanden, ein Buch darüber zu schreiben, welche Potenziale für KMU in der Digitalisierung liegen und worin deren Anforderungen und auch Ängste liegen. Die genauen Beweggründe werde ich Ihnen auf den kommenden Seiten erläutern.

Mein Ziel mit diesem Buch ist es, die Thematik Digitalisierung in Bezug auf IT-Security und IT-Compliance im Bereich von Geschäfts- und Produktionsprozessen greifbarer zu machen, Ängste durch Informationen im Sinne von Beispielen zu ersetzen und zu motivieren, die kommenden spannenden Jahre mit positiver Energie für das jeweilige Unternehmen zu beschreiten. Es handelt sich dabei um eine Einführung in die Thematik, auch für Themenfremde, mit dem Hauptaugenmerk auf Verständnis und Heranführung an die Bereiche IT-Compliance und IT-Security. Dabei werden die Teilbereiche weitestgehend oberflächlich, im Rahmen von Digitalisierung in KMU, behandelt, um eine Abschreckung durch weitere Fachbegriffe und damit verbundenen, komplexen

Thematiken zu vermeiden. Deshalb handelt es sich bei dieser Ausarbeitung um eine Verknüpfung aus Praxis und Theorie. Dies wird gestützt anhand von Beispielen aus der Praxis, persönlichen Erfahrungswerten und durch Studien sowie Umfragen. Die Umsetzung in der Praxis ist im individuellen Fall verschieden. Daher sollten Schritte in der Praxis nur nach Beratung durch und in Zusammenarbeit mit entsprechenden Experten/Consultants stattfinden. Diese Ausarbeitung versteht sich daher als Bericht über den wahrgenommenen Stand in der Praxis, gestützt durch Studien und Umfragen, und zur Erweiterung des individuellen Know-hows, nicht aber als Umsetzungsleitfaden. Daher kann diese Ausarbeitung etwa in Verhandlungssituationen dabei helfen, besser argumentieren zu können und dazu beitragen, in Digitalisierungsprojekten besser verstehen zu können, welche Schritte aufgrund welcher Notwendigkeit entstehen.

Ich möchte diese Gelegenheit auch nutzen, um den vielen Gesprächspartnern in den Unternehmen, für die ich tätig war, für ihre offenen und ehrlichen Antworten zu danken. Außerdem möchte ich meinen Freunden und vor allem meiner Familie für das aufgebrachte Verständnis in den Zeiten danken, in denen ich mich der Wirtschaftsinformatik und der Ausarbeitung dieses Buches gewidmet habe.

Dank gebührt auch meinem Arbeitgeber, der Hermanns HTI-Bau GmbH u. Co. KG, für die Unterstützung und die offenen und fördernden Gespräche, insbesondere mit meinem Vorgesetzten Christian Becker.

Ein besonderer Dank geht an Hendrik Klöters, Sebastian Rode, Dr. Philipp Bitzer und Dr. René Wegener. Ohne Euch würden mir heute viele wertvolle Erfahrungen und Erlebnisse fehlen. Danke, dass Ihr mich so offen aufgenommen habt und mich auf meinem Weg unterstützt, motiviert und mir neue spannende Perspektiven aufgezeigt!

Vielen Dank auch an Frau Sophia Leonhard und Herrn Martin Börger vom Verlag Springer Vieweg für die professionelle redaktionelle Unterstützung.

Kassel, im Juni 2019   Daniel Christian Leeser

Inhaltsverzeichnis

Einführung und Motivation

Ich beginne dieses Buch vielleicht etwas unüblich, und zwar stelle ich Ihnen und mir die rhetorische Frage „*Warum wurde dieses Buch geschrieben?*"

In den vergangenen Jahren konnte ich in meiner Funktion als IT-Systemingenieur sowie durch eigenes Gewerbe Einblicke in viele kleine und mittlere Unternehmen gewinnen. Ich konnte deren Sorgen und Ängste in Bezug auf IT erkennen, aber auch Potenziale und positive Effekte durch die fortschreitende Digitalisierung aktivieren und feststellen, wie durchaus auch die Produktivität des jeweiligen Unternehmens mit der Einführung von beispielsweise Cloudprodukten stieg. Dennoch musste ich auch häufig feststellen, dass gängige Anforderungen wie zum Beispiel jene der Datenschutz-Grundverordnung (EU-DSGVO) oder auch weitere IT-Compliance-Anforderungen, die beispielsweise im Zuge der Zusammenarbeit mit Zulieferern und Endkunden entstanden, und damit in der Folge auch die IT-Sicherheit eher auf die leichte Schulter genommen wurden. Denn die technische Umsetzung einiger dieser Anforderungen im Bereich der IT fiel anschließend in meinen Aufgabenbereich. Vielmehr wurden diese Punkte stiefmütterlich betrachtet und die Digitalisierung in den häufigsten Fällen abgelehnt, mit der Begründung, dass sie IT-Sicherheit und IT-Compliance sogar gefährde, da Anforderungen nicht umgesetzt werden könnten. De facto wurde also angeführt, dass eben diese Punkte, welche selten bereits

© Springer-Verlag GmbH Deutschland, ein Teil von
Springer Nature 2020 D. C. Leeser, *Digitalisierung in KMU
kompakt*, IT kompakt, https://doi.org/10.1007/978-3-662-59738-5_1

richtig implementiert waren, die Digitalisierung zum Angstfaktor machen würden. Da hier ein Widerspruch besteht und KMU je nach Definition über 99 % der deutschen Unternehmen ausmachen (siehe Abschn. 2.1), ist es mir ein persönliches Anliegen, Starthilfe durch Informationen und Beispiele zu geben und KMU einen Weg aufzuzeigen, wie Digitalisierung ermöglicht werden und sich vom Angstfaktor zum Potenzialträger entwickeln kann.

In dieser Ausarbeitung finden Sie deshalb verschiedene Definitionen und eine grobe Übersicht über beispielhafte Handlungsmöglichkeiten sowie Erfahrungswerte und Beispiele. Zusammenfassend formuliert, eine Verknüpfung von theoretischen Inhalten mit praktischen Erfahrungen. Die Theorieinhalte, Erfahrungswerte und Praxisbeispiele sind dabei aus meiner Tätigkeit als IT-Systemingenieur in der IT-Administration und der Einführung von IT-Produkten sowie meinem berufsbegleitenden Studium der Wirtschaftsinformatik und dem Austausch mit vielen Geschäftsführern von KMU und im Rahmen meines eigenen Gewerbes entstanden. Bitte bedenken Sie, dass dieses Werk nicht den Anspruch auf Vollständigkeit erhebt, denn viele der zentralen Punkte in diesem Feld sind einer ständigen Evolution unterworfen. Vor allem im Themenbereich dieser Ausarbeitung gibt es regelmäßige Änderungen. In diesem Buch wird beispielhaft aufgezeigt, wie IT bei der Umsetzung von Compliance unterstützen kann und welche Anforderungen es durch IT-Compliance geben könnte. Die Inhalte sind jedoch nicht zur Umsetzung gedacht. Wie Sie bereits dem Vorwort entnehmen konnten, sollte ein IT-Projekt immer mit entsprechenden Experten durchgeführt werden, da die Anforderungen im individuellen Fall grundlegend verschieden sein können und jeweils entsprechende andere Lösungen/Prozesse etabliert werden müssen.

Mir ist es daher wichtig, dass Ihnen bewusst ist, dass es sich hierbei um Erfahrungswerte und Beispiele aus der Praxis handelt, also um reine Informationen zur Erweiterung Ihres Know-hows und zur Erleichterung des Verständnisses der IT, insbesondere im Bereich von Digitalisierungsprojekten. Bei der Umsetzung von Projekten wurden immer entsprechende Experten wie Datenschutzberater, Datenschutzbeauftragte sowie themenbezogen Consultants hinzugezogen. Deshalb möchte ich Ihnen mit dieser

Ausarbeitung einen Einblick in die Praxis geben und Ihnen aufzeigen, wo und wann Sie Experten hinzuziehen sollten und wie man die Dinge auch aus anderen Blickwinkeln angehen kann. Doch muss Ihnen auch bewusst sein, dass Ihnen diese Informationen nur helfen können, wenn Sie selbst anfangen zusammen mit Experten, ‚umzusetzen', und Ihnen bewusst ist, dass es keine Universallösung für Digitalisierung sowie IT-Security und IT-Compliance gibt und diese Ausarbeitung auch keine solche darstellt, sondern immer der individuelle Fall betrachtet werden muss. Somit soll auch darauf aufmerksam gemacht werden, dass Digitalisierung, auch unabhängig von IT-Security und IT-Compliance, regelmäßigen Investitionen bedarf, dies wird jedoch im Laufe der Ausarbeitung nochmals aufgegriffen.

Mein erklärtes Ziel ist es, nicht die Digitalisierung aufzuzwingen, sondern Wege aufzuzeigen, wie diese Ihrem Unternehmen helfen kann. Des Weiteren möchte ich Ihnen Definitionen verschiedener Technologien und gängiger Begriffe aufzeigen, damit Sie im IT-Urwald den Durchblick behalten können und auch in einem möglichen Digitalisierungsprojekt verstehen, welche Tätigkeiten die Projektbeteiligten verrichten und wieso einige Punkte durchaus Investitionen erfordern. Daraus resultierend wünsche ich mir, dass es Ihnen gelingt, zusammen mit der Beratung und Umsetzung durch Experten eine Digitalisierungsstrategie für Ihre Firma auszuarbeiten, die sie langfristig konkurrenzfähiger macht und die IT-Compliance und IT-Security einhält, ohne dass diese Punkte einen Angstfaktor darstellen.

Wie bereits eingehend angesprochen, machen KMU in Deutschland je nach Quelle über 99 % der gesamten deutschen Unternehmen aus (siehe Abschn. 2.1). Damit Sie diese Zahlen besser einordnen können, erfolgt im Definitionsbereich dieses Werkes ebenfalls eine Abgrenzung des Begriffs KMU. Letztlich habe ich mir beim Verfassen dieser Ausarbeitung und bereits davor immer wieder die Frage gestellt: *„Wie können KMU in Deutschland weiterhin auch gegen internationale Konkurrenz bestehen, die durch die Digitalisierung verstärkt zunehmen wird?"*. Damit diese Frage beantwortet werden kann, lade ich Sie zunächst auf eine kleine Reise in die Hintergründe der IT-gestützten Wirtschaft ein.

Etwa ab den 1980er-Jahren hat IT erstmals dazu beigetragen, dass die Ökonomie weltweit entscheidend verändert wurde. Deren ökonomische Prozesse sowie die Art des Handels wurden massiv beschleunigt. Zum einen liegt dies an der Einführung des Personal Computer, kurz: PC und zum anderen ist es später in der Folge des Zugangs zum Internet erstmals möglich geworden, auch im Ausland Waren zu beziehen, die es dort womöglich günstiger gibt als im eigenen Land. Vielleicht haben auch Sie mit Ihrem Unternehmen bereits einen eigenen Onlineshop als zusätzlichen Absatzort in Nutzung oder nutzen die vielen verfügbaren Plattformen im Internet, um Ihren Absatzmarkt auszubauen.

In diesem Zusammenhang ist klar zu erkennen, dass diese Entwicklung für den Konsumenten sein Gutes haben mag, für die Unternehmen jedoch zu verstärkten Konkurrenzsituationen führen kann. Vergleicht man die aktuelle Entwicklung mit der der letzten Jahrzehnte, so ist festzustellen, dass es eine klare Trendwende zu geben scheint. Egal wo Sie hinsehen, lesen Sie von ‚Digitalisierung‘, ‚Industrie 4.0‘, der ‚Cloud‘ oder auch von neuen ‚disruptiven Geschäftsmodellen‘. Doch was bedeutet das eigentlich für Sie? Da ich aus erster Hand weiß, wie sehr eine Entscheidungsfindung durch nicht abschätzbare Faktoren negativ beeinflusst werden kann, werden auch diese Begriffe in dieser Ausarbeitung verständlich definiert.

Eine grundlegende Form der Digitalisierung werden Sie bereits in Ihrem Unternehmen vorliegen haben. So haben Sie in Ihrem Unternehmen mit großer Wahrscheinlichkeit bereits einen Server, einige Computerarbeitsplätze sowie Drucker und Scanner und vermutlich auch ein System zur Verwaltung der Kunden- und Warendaten. All dies gehört in gewisser Weise bereits zur Digitalisierung, da es sich hierbei um ‚digitales Arbeiten‘ handelt.

Für Sie als Unternehmen bedeutet dies, dass Sie nur konkurrenzfähig sind und es auch bleiben können, wenn Sie bereits auf digitale Datenverarbeitung setzen. Insgesamt ist also feststellbar, dass Unternehmen am Markt zwangsläufig auf IT angewiesen sind, um mit der Konkurrenz im In- und Ausland mithalten zu können. Dabei kommt es sowohl auf die Sicht in Richtung des Absatzmarktes als auch auf die interne Unternehmenssicht und die Zusammenarbeit mit Lieferanten und Geschäftspartnern an.

Das heißt, es kommt darauf an, wie Ihre internen Prozesse hinsichtlich den klassischen Funktionen Beschaffung, Produktion sowie Absatz und somit auch Ihrer internen Organisation gestaltet sind.

Für ein kosteneffizientes Beschaffen, Produzieren und Absetzen eines Betriebs bedarf es meist unter anderem der Planung mithilfe von Supply-Chain-Management-Tools (SCM), Customer-Relationship-Management-Tools (CRM), Enterprise-Resource-Planing-Tools (ERP) und vielem mehr. Eine Umfrage des Statistischen Bundesamtes aus dem Jahr 2017 zeigt jedoch, dass beispielsweise CRM-Software noch nicht durchdringend in allen Wirtschaftszweigen angekommen ist. So nutzen nur rund 54 Prozent aller Gewerbe in Deutschland eine solche Lösung (vgl. Statista 2019).

Bevor Sie sich die Frage stellen, was diese Begriffe bedeuten, möchte ich sie kurz erklären, aber auch betonen, dass sie das Thema dieser Ausarbeitung nur am Rande begleiten. Supply-Chain-Management ermöglicht prinzipiell das Managen sowie Organisieren der Lieferkette und somit auch das Optimieren dieser Prozesse. Ein Customer-Relationship-Management hingegen bietet Ihnen als Unternehmen unter anderem die Möglichkeit, Kundendaten zu verwalten, zu erkennen, welche Produkte ein Kunde häufig kauft, und somit auch abschätzen zu können, welche Produkte der Kunde in Zukunft vielleicht kaufen könnte, sowie viele weitere Möglichkeiten in Bezug auf die Verwaltung von Kundendaten und Kundenkommunikation. Das Enterprise-Resource-Planing hingegen ermöglicht Ihnen beispielsweise die Planung Ihrer Ressourcen im Unternehmen. Je nach Anforderungszweck kann dies Arbeitskraft oder auch die Verfügbarkeit von Waren oder Dienstleistungen sein. Alle Tools bieten Ihnen in ihren jeweiligen Bereichen die Chance, durch Optimierungen Zeit, Geld und Ressourcen einzusparen und erfolgreicher im Sinne des Unternehmens zu wirtschaften.

Diese Tools sind, wie bereits angesprochen, in Ihrem Unternehmen vielleicht schon vorhanden, dennoch kommen durch fortschreitende Digitalisierung neue produktivitätssteigernde Tools hinzu, die ich Ihnen nicht vorenthalten möchte. Big Data und Business-Intelligence-Methoden erweitern die bereits angesprochenen

Tools dabei um Möglichkeiten der Informationserfassung und -verarbeitung, die ein Mensch im entsprechenden Zeitraum nicht erfassen und auswerten könnte. Doch mit Industrie 4.0 und mit Cloud-Computing stehen Unternehmen bereits vor der nächsten Herausforderung in Bezug auf die Digitalisierung und Anwendung von IT. Damit Firmen auch weiterhin erfolgreich am Markt teilnehmen können, müssen diese sich mit den Themen der Digitalisierung befassen (vgl. Schmiech 2018, S. 25). Dazu zählen etwa Internet of Things (IoT), künstliche Intelligenz (KI) und Cloud-Computing.

Ich kann mir vorstellen, dass bei Ihnen bereits nach dieser kurzen Einführung die ein oder andere Fragestellung entstanden ist. Dies ist jedoch kein Grund, abgeschreckt zu sein. Auf den nachfolgenden Seiten werden die Begriffe zunächst definiert und anschließend gegenübergestellt, welche Herausforderungen und Probleme bei einem reinen lokalen Betrieb von IT (‚On-Premises') und bei einer Cloud-Infrastruktur auftreten können. In Kap. 5 werden die Ergebnisse diskutiert, beispielhafte Handlungsmöglichkeiten und grobe Entscheidungsfaktoren abgeschätzt sowie ein Fazit gezogen.

Mir ist wichtig, dass ich Sie ermutigen kann, die richtigen Experten für Ihr Digitalisierungsprojekt zu gewinnen und Ihnen in diesem Zusammenhang die Angst vor den Faktoren IT-Compliance und IT-Security nehmen kann. Des Weiteren ist es mir wichtig, dass Sie IT nach dem Lesen dieser Ausarbeitung nicht mehr nur als Kostenfaktor ansehen, der sich nicht zu rentieren scheint, sondern als Teil der Geschäftsstrategie.

Ich möchte Ihnen in diesem Zusammenhang gerne einen Merksatz mitgeben, der sich aus der Praxis ergeben hat, über die Jahre hinweg zu meiner grundsätzlichen Einstellung geworden ist, und der sich in so gut wie allen Fällen immer wieder bestätigt hat. Die Aussage ist aus meiner Sicht selbsterklärend.

▶ „Wer jetzt 10 € sparen kann, indem er selbst und ohne Hintergrundwissen sowie externe Hilfe aktiv wird, zahlt im Nachhinein meist 1000 € mehr."

1.1   Feststellung der Ausgangssituation

Dass Digitalisierung gerade auch für mittelständische Unternehmen an Bedeutung gewinnt, zeigt sich vor allem daran, dass diese Digitalisierung zunehmend mehr in ihrer Geschäftsstrategie verankern. Laut einer Studie der Deutsche Telekom AG haben im Jahr 2016 noch 27 Prozent und im Jahr 2017 bereits knapp 42 Prozent der befragten mittelständischen Unternehmen die angesprochene Verankerung vorgenommen (vgl. Deutsche Telekom AG 2017, S. 4).

Des Weiteren ist laut einer repräsentativen Umfrage des Bundesministeriums für Wirtschaft und Energie (BMWi) die durchschnittliche Digitalisierung in KMU im Jahr 2017 auf 52 Prozent gestiegen; 19 Prozent sind demnach bereits hoch digitalisiert (vgl. Bundesministerium für Wirtschaft und Energie (BMWi) und Kantar TNS 2017, S. 10). Es wurden dabei unter anderem die Nutzung von Cloud-Computing, Big Data und die Verwendung von mobilen Endgeräten sowie von mobilem und stationärem Internet als treibende Kräfte hinter der Digitalisierung angenommen (vgl. Bundesministerium für Wirtschaft und Energie (BMWi) und Kantar TNS 2017, S. 10).

Die statistischen Werte decken sich dabei mit den Erfahrungen, die ich in KMU sammeln durfte. Mir ist dabei jedoch aufgefallen, dass sich zumeist der Dienstleistungssektor stärker für Digitalisierung interessiert und die Umsetzung von Projekten beispielsweise in Richtung Cloud-Computing plant. Aber auch Themen wie die Nutzung von VPN-Verbindungen oder die zunehmende Zentralisierung von Diensten auf Terminalservern, um Zugriffe auf die eigenen Server beispielsweise aus dem Home-Office oder von einem externen Einsatzort zu erhalten, spielen weiterhin eine wichtige Rolle. In allen Fällen spielt jedoch immer wieder IT-Compliance und IT-Sicherheit eine wichtige und entscheidende Rolle dabei, wie Teilschritte dieser Digitalisierungsstrategien umgesetzt werden.

So sind unter anderem Datenschutz- und IT-Sicherheitsfaktoren entscheidende Faktoren bei der Durchführung der Migration der lokalen Daten in die sogenannte Cloud. Die Bitkom Research GmbH gibt im Rahmen des ‚Cloud-Monitor 2018' an, dass 97

Prozent der befragten Unternehmen die Konformität mit der seit dem 25.05.2018 gültigen Datenschutz-Grundverordnung als wichtigstes Kriterium sehen (vgl. Bitkom Research GmbH und KPMG AG 2018, S. 7).

Dazu führt eine Studie der Hochschule für Wirtschaft und Recht Berlin an, dass die Zahl derer, die Bedenken hinsichtlich des Datenschutzes hatten, steigt. Nach 60 Prozent im Jahr 2015 hatten im Jahr 2017 bereits 91,3 Prozent entsprechende Bedenken (vgl. Hochschule für Wirtschaft und Recht Berlin und forcont business technology GmbH 2017, S. 6). Laut einer Studie der etventure GmbH zu Digitalisierung in Großunternehmen geben 48 Prozent Sicherheitsanforderungen als blockierend an (vgl. etventure GmbH 2018, S. 6). Daraus lässt sich ableiten, dass auch KMU Probleme mit Sicherheitsanforderungen haben, vor allem, da diesen nicht dieselben finanziellen und personellen Mittel zur Verfügung stehen wie einem Großunternehmen.

Dies deckt sich auch mit der angesprochenen Praxiserfahrung. Häufig stehen wenige personelle Ressourcen mit aktuellem IT-Fachwissen zur Beurteilung von IT-Belangen zur Verfügung. Das häufigste Kriterium gegen die Nutzung von Cloud-Computing und das Auslagern von Daten ist laut einer Umfrage der Bundesdruckerei, die, nach Definition dieser Ausarbeitung (siehe Abschn. 2.1), zu über 50 Prozent unter KMU durchgeführt wurde, das Behalten der Hoheit über die eigene IT (vgl. Bundesdruckerei GmbH und Kantar Emnid 2017, S. 5).

Im Widerspruch zum Behalten der Hoheit über die eigene lokale IT steht jedoch auch, dass lokale Compliance- und Sicherheits-Anforderungen ebenso eingehalten werden müssen. Dazu sind Informationen und Maßnahmen unter anderem in den Veröffentlichungen zur Umsetzung des IT-Grundschutzes des Bundesministeriums für Sicherheit in der Informationstechnik (BSI) dargelegt (vgl. Bundesamt für Sicherheit in der Informationstechnik (BSI) o. J.)

Aus der Praxis ist bekannt, dass vor allem Kleinunternehmen Schwierigkeiten haben, sich an diese Anforderungen zu halten. Größtenteils beschäftigen diese sich wieder verstärkt seit dem Inkrafttreten der Datenschutz-Grundverordnung (EU-DSGVO) mit der Thematik IT-Compliance und IT-Security. Die Entstehung von Schwierigkeiten kann durch die Studie zur IT-Sicherheit in KMU des BSI aus dem Jahr 2011 bekräftigt werden. Sie gibt in ihrem Fazit zwar an, dass die Unternehmen generell sinnvoll aufgestellt seien, jedoch deutliche Defizite im Bereich der geschäftskritischen IT-Sicherheit aufweisen. Es wird angeführt, dass die entsprechenden Unternehmen sich selbst hinsichtlich ihrer Handlungsmöglichkeiten bei Sicherheitsvorfällen überschätzen und deshalb im Vorfeld keine Dokumentation oder Maßnahmen ergreifen würden (vgl. Bundesamt für Sicherheit in der Informationstechnik 2011, S. 98–99). Das auch im Jahr 2017 noch Herausforderungen hinsichtlich der IT-Sicherheit im Mittelstand, zu dem auch KMU zählen, bestanden, zeigt die repräsentative Studie ‚Studienbericht zur Security Bilanz Deutschland 2017' der techconsult GmbH. Demnach schätzen sich öffentliche und mittelständische Unternehmen branchenübergreifend seit dem Jahr 2014 immer schlechter bezüglich ihrer Sicherheit ein, wohingegen die allgemeine wahrgenommene Gefährdung stetig steige (vgl. techconsult GmbH 2017, S. 6). Festzustellen ist außerdem, dass gerade kleine Unternehmen auf lokaler Ebene verschiedene Risiken in Kauf nehmen. Im Jahr 2017 haben demnach, laut WIK Wissenschaftliches Institut für Infrastruktur und Kommunikationsdienste GmbH, nur 20 Prozent der kleinen und 48 Prozent der größeren Unternehmen mit bis zu 499 Mitarbeitern angegeben jemals eine IT-Sicherheitsanalyse durchgeführt zu haben (vgl. WIK Wissenschaftliches Institut für Infrastruktur und Kommunikationsdienste GmbH 2017, S. 4).

In Anbetracht der Herausforderungen, die KMU, in der wahrgenommenen Praxis, hinsichtlich der Digitalisierung und insbesondere der Nutzung von Cloud-Diensten sehen, widerspricht diese allgemeine Grundhaltung der IT-Sicherheit. Wie die bereits angeführte Studie des BSI verdeutlicht hat, haben KMU auf lokaler Ebene den Eindruck, dass sie Anforderungen an IT-Sicherheit und geschäftskritische Vorfälle in ihrer eigenen IT am Unternehmensstandort jederzeit problemlos lösen können, stellen jedoch oft an die Cloud Anforderungen, die sie lokal häufig unzureichend abbilden. Die entsprechenden KMU scheinen dabei außer Acht zu lassen, welche Sicherheitsrisiken auch bei dem Betreiben einer lokalen und selbstverwalteten IT-Infrastruktur entstehen können

und welchen Einfluss der Faktor Mensch dabei hat. Bekräftigt
wird dies auch durch die Ergebnisse des Cyber-Security Reports
2017 – Teil 2 des Beratungsunternehmens Deloitte, in dessen
Rahmen Aussagen von Führungskräften aus mittelständischen
und großen Unternehmen in Deutschland ausgewertet wurden.
Demnach sehen 75 Prozent der Befragten im leichtfertigen Datenumgang von Mitarbeitern ein höheres Sicherheitsrisiko als in
Hacker-Angriffen. Letztere wurden nur mit 50 Prozent als mögliches Sicherheitsrisiko angeführt (vgl. Deloitte Global 2017,
S. 14). Im Widerspruch dazu steht, dass nur 46 Prozent der befragten Unternehmen in der bereits benannten Umfrage der Bundesdruckerei ihr Personal regelmäßig zu IT-Sicherheit schulen
(vgl. Bundesdruckerei GmbH und Kantar Emnid 2017, S. 5).

Wie Sie nach dem Lesen dieses Unterkapitels feststellen können, gibt es viele Teilbereiche, die Einfluss auf IT-Compliance
und IT-Security haben können. Ich möchte abermals betonen,
dass Sie sich von diesen Informationen nicht beängstigen lassen
sollten. Vielmehr möchte ich Sie bitten, diese Informationen beim
Lesen der nächsten Kapitel im Hinterkopf zu behalten.

In den nachfolgenden Kapiteln werden die hier zusammenge-
fassten Informationen noch einmal aufgegriffen und vor allem
auch in Bezug auf Ihren praktischen Zusammenhang und mögliche resultierende Anwendungsfälle in der Praxis betrachtet. So
viel möchte ich bereits vorwegnehmen: In der Praxis war es häufig so, dass nicht immer der Einsatz von neuer Technik zielführend war. Vielmehr half es in einigen Fällen schon, die Probleme
mit den Zuständigen im Unternehmen zu besprechen und durch
betriebliche Regelungen sowie deren anschließende technische
Umsetzung festzulegen, was letztlich aber das Hinzuziehen eines
Experten für die jeweiligen Thematiken bedurfte. Zur Umsetzung
von Compliance und in der Folge auch von IT-Compliance und
IT-Security empfiehlt sich die Rücksprache mit Experten zur Einführung von Referenzmodellen zur Umsetzung der Corporate Governance im Unternehmen. Dies wird in der Definition der
IT-Compliance (Abschn. 2.4) noch einmal kurz angeschnitten, da
diese Thematik den kompakten Inhalt dieses Buches übersteigen
würde und die gewünschte Heranführung an die Thematik damit
zu umfangreich werden würde.

1.2 Zielsetzung

Wie ich Ihnen bereits in der Einführung in das Thema erläutert habe, ist es mein Ziel, Ihnen die Potenziale von Digitalisierung aufzuzeigen. Da Digitalisierung in meiner Erfahrung jedoch fälschlicherweise immer häufiger als das Transferieren aller Daten in die Cloud verstanden wird, möchte ich Ihnen auch einige Möglichkeiten zeigen, wie Digitalisierung ohne die Nutzung der Cloud stattfinden kann.

Damit dies geschehen kann, wird, wie bereits angekündigt, eine Abgrenzung von lokaler Ebene und reiner ‚Cloud-Computing'-Ebene vorgenommen. Dabei wurde viel Wert daraufgelegt, dass auch Argumente der Gegner und Befürworter jeweils beider Seiten zusammentragen werden und diese objektiv darlegt werden. Mit großer Wahrscheinlichkeit werden auch Sie sich in dem ein oder anderen Argument wiederfinden. Ein kleiner Hinweis an dieser Stelle: Auch ich zählte mich einst zu den Gegnern von Cloud-Computing und fortschreitender Digitalisierung.

Die Bedenken werden auch deshalb angeführt, weil ein Entscheidungsträger seine Entscheidung für oder gegen etwas nicht fundiert begründen kann, wenn er nicht die Argumente beider Seiten kennt. Daher ist es mir ein großes Anliegen, Ihr Know-how in diesem Bereich bereichern zu können. Es sollte Ihnen dennoch selbst ein Anliegen sein, sich im Bereich Digitalisierung und generell IT weiterzubilden. Es ist nachvollziehbar, dass diese Aufgabe auf den ersten Blick groß zu sein scheint. Um Ihnen die Wahl der geeigneten Fortbildung oder auch Informationsveranstaltung etwas zu erleichtern, finden Sie aus diesem Grund in Kap. 5 einen Fragenkatalog, der Ihnen dabei helfen kann, Ihr eigenes Know-how einzuordnen.

Weiterbildung sollte auch im generellen Bereich der IT erfolgen, weil IT-Compliance- und IT-Security-Anforderungen auch dann bestehen, wenn Sie nicht planen sollten, eine umfassende Digitalisierungsmaßnahme zu ergreifen. Zumeist ist es aufgrund von finanziellen und personellen Aufwendungen oftmals schwer für ein KMU, entsprechende Anforderungen umzusetzen. Damit Sie dennoch die Wichtigkeit verstehen und einen groben Über-

blick darüber haben, wen Sie in einem solchen Fall mit der Umsetzung der Anforderungen beauftragen können, bedarf es eines
gewissen Grundwissens.

Wie Sie der Einführung bereits entnehmen konnten, ist
Cloud-Computing eine der treibenden Kräfte der Digitalisierung.
Aus diesem Grund soll daran dargelegt werden, an welchen Stel-
len Cloud-Computing Sicherheitsvorteile und IT-Compliance-
Vorteile, je nach Einsatzzweck, im Vergleich zur reinen lokalen
IT-Ebene bieten könnte. Es soll jedoch auch aufgezeigt werden
welche Nachteile entstehen könnten. Bedenken Sie aber bitte,
dass es niemals eine 100-prozentige Sicherheit geben kann und
Ihnen dies auch niemals jemand zusagen kann und wird.

Im Vergleich zur Nutzung einer lokalen Lösung bietet sich in
der Cloud unter anderem der Vorteil, dass Sicherheitskriterien für
alle Teilnehmer geschaffen werden. Der Anbieter hat also vereinfacht dargestellt nur einmalig den Aufwand, Sicherheitsmaßnahmen zu ergreifen, und kann diese dann auf alle Teilnehmer der
Cloud anwenden. Zu diesen Sicherheitsmerkmalen zählen unter
anderem Dienste, die je nach Anbieter sofort nutzbar sind, und
solche, die gesondert hinzugebucht werden können. Dazu zählen
generell unter anderem die Zwei-Faktor-Authentifizierung und
der identitätsgestützte Zugriff auf Dateien. Letztlich obliegt die
Umsetzung der Konfiguration und Sicherstellung der Funktion
der Sicherheitsmerkmale jedoch den Kunden.

Dennoch möchte ich an dieser Stelle betonen, dass es aus meiner Sicht nicht absehbar ist, dass jegliche Anwendungsform in
naher Zukunft in die Cloud transferiert wird. Es ist in erster Instanz auch nicht zielführend, und Digitalisierung bedeutet für ein
Unternehmen auch nicht zwangsläufig, dass Sie alle Daten auf
irgendein Cloudsystem verlagern sollen. Dazu aber im Verlaufe
der Ausarbeitung mehr.

1.3   Vorgehensweise

Damit Sie einen besseren Überblick über die Thematik erhalten,
ist dieses Buch thematisch aufeinander aufbauend gegliedert.
Dennoch können Sie jederzeit zu den einzelnen Kapiteln oder

Unterkapiteln springen, wenn Sie sich primär für diese Teilbereiche interessieren.

Zunächst werden in Kap. 2 eine Definition und eine Abgrenzung der wichtigsten Themenbereiche vorgenommen. Hier wird
unter anderem definiert, welche Unternehmen nach allgemeiner
Definition als KMU betrachtet werden. Des Weiteren werden die
Themenbereiche IT-Compliance, IT-Security und Entscheidungsträger im Bereich der Digitalisierung definiert. Die Definition der
Entscheidungsträger erfolgt auch deshalb, weil so genauer einzugrenzen ist, in wessen Aufgabenbereich Entscheidungsfragen im
Bereich der Digitalisierung fallen. Es ist empfehlenswert, das
zweite Kapitel vollständig zu lesen, da nicht jedes Fremdwort
oder jede Bezeichnung, welche Sie bis jetzt gelesen haben, in einem eigenständigen Unterkapitel definiert werden, sondern vielmehr im Gesamtzusammenhang angesprochen werden.

In Kap. 3 werden die lokalen Herausforderungen und Anforderungen an Digitalisierung dargelegt. Hierzu werden Praxisbezüge
mit Beispielcharakter hergestellt. Es werden Anforderungen und
damit verbundene Probleme für KMU, in der Praxis, dargelegt.
Anschließend werden mögliche beispielhafte Handlungsmaßnah-
men aufgezeigt, die einen möglichen Grundschutz und Umsetzung von Digitalisierung bieten könnten. Des Weiteren wird auch
darauf eingegangen, mit welchen Maßnahmen man IT-Compliance
umsetzen könnte. Anschließend werden die Vorteile und Potenziale sowie die Nachteile diskutiert. Hierbei wird auch genauer betrachtet, wie sich das Betreiben lokaler IT von Cloud-Diensten
unterscheidet.

In Kap. 4 wird das identische Vorgehen für den Bereich des
Cloud-Computing im Sinne der Digitalisierung vorgenommen.
So wird auch hier betrachtet, welche Anforderungen seitens KMU
in der Praxis formuliert werden, wie diese abgebildet werden können und welche Herausforderungen entstehen können. Des Weiteren wird aufgezeigt, welche Maßnahmen zur Einhaltung von
Compliance im Regelfall seitens der Cloud bereitgestellt werden,
zudem wird eine Abgrenzung zum lokalen Betrieb von IT-
Infrastruktur beziehungsweise Softwareprodukten vorgenommen,
und abschließend werden Potenziale und Nachteile aufgeschlüsselt.

In Kap. 5 findet eine kritische Diskussion der Ergebnisse aus
den Kap. 3 und 4 statt. Die Diskussion erfolgt dabei objektiv und
soll dazu dienen, dass Sie sich in den Diskussionspunkten wiederfinden und für sich selbst neue Pro- und Kontra-Argumente entwickeln können. Im Anschluss werden beispielhafte Entscheidungsfaktoren und Handlungsmöglichkeiten rund um das Thema
Digitalisierung in Form eines Fragenkataloges zur Prüfung des
individuellen Know-hows bereitgestellt. Die Fragen sind dabei
mit Absicht so formuliert, dass Leser möglichst schnell identifizieren können, inwiefern Defizite bezüglich des Know-hows vorliegen und wie sie diese beheben können. Es erfolgt im Anschluss
die grobe beispielhafte Übersicht eines Projektablaufs, damit Sie
zur Informationseinordnung einen Orientierungsrahmen für ein
mögliches Digitalisierungsprojekt haben. Abschließend wird ein
Fazit gezogen und mögliche Aussichten für die Zukunft formuliert.

1.4   IT – kein reiner Kostenfaktor

Sicherlich erwarten Sie an dieser Stelle keinen Punkt 1.4. Dennoch ist es wichtig für die Einführung in das Thema, dass der
Punkt ‚IT – kein reiner Kostenfaktor' betrachtet wird. Meine Erfahrungen gerade in Kleinunternehmen waren häufig, dass IT-
Infrastruktur einmalig angeschafft, aber nur sehr sporadisch gepflegt wurde. Sicherlich ist nicht jedes Unternehmen in der noblen
Situation, genügend finanzielle Ressourcen für die regelmäßige
Wartung der IT oder der Anstellung eines Mitarbeiters für die IT
bereitzustellen. Es ist auch nicht meine Absicht, mit diesem Punkt
jemandem zu nahe zu treten, sondern vielmehr, die IT in das richtige Verhältnis zu setzen. Dennoch gilt es zu bedenken, dass IT
nicht primär als Kostenfaktor wahrgenommen werden sollte.

Bevor dies genauer ausgeführt wird, soll ein kleiner Vergleich
dargelegt werden. Jedes Unternehmen besitzt eine oder mehrere
Abteilungen, die rein aus betriebswirtschaftlicher Sicht ausschließlich Kosten verursacht. Bestimmt fällt Ihnen soeben auch
eine Abteilung in Ihrem Unternehmen ein, auf die diese Beschreibung zutrifft. Dennoch fällt Ihnen mit Sicherheit auch ein, dass

diese Abteilung maßgeblich wichtig ist für die internen Abläufe in Ihrem Unternehmen. Nehmen wir der Einfachheit halber an, dass in dieser Abteilung einige Mitarbeiter beschäftigt sind und diese des Weiteren verschiedene Ressourcen benötigen, die regelmäßig erneuert werden müssen. Deshalb bedarf es immer einer bestimmten jährlichen Summe, die Sie in diese Abteilung investieren müssen. Bei der Betrachtung der Unternehmenszahlen ist diese Abteilung auf den ersten Blick eine solche, die nur Kosten verursacht. Also sprichwörtlich eine Abteilung, die dem positiven Betriebsergebnis im Wege steht und in der es eher zu Kostenreduktionen kommen sollte als zu Investitionen.

Geht man in diesem Beispiel rein nach den Zahlen, könnte man dies so sehen. Aber die Realität sieht anders aus. Denn diese Abteilung fördert das Vorankommen des gesamten Betriebes und das positive Betriebsergebnis. Leider ist dieser Eindruck jedoch nicht durch Zahlen oder andere Werte messbar und nachvollziehbar, dennoch brauchen Sie diese Abteilung, was Ihnen auch bewusst ist.

Mit diesem Beispiel im Gedächtnis betrachten wir nun wieder die IT. Dies kann dabei viel bedeuten. Gehen wir in diesem Zusammenhang davon aus, dass Informationstechnologie im eigentlichen Sinne in Ihrem Unternehmen bereits vorhanden ist. Sie besitzen in diesem Beispiel einen Server, Computerarbeitsplätze, Telekommunikation und somit auch einen Internetzugang und im Regelfall Smartphones. Die Ausgangsinvestition für alle diese Dinge war sehr hoch, dennoch ist Ihnen bewusst, dass Sie ohne diese Dinge nicht arbeitsfähig wären.

In meiner Erfahrung ist es jedoch so, dass die Anschaffung von IT unterbewusst mit der Anschaffung von anderen Dingen gleichgesetzt wird. Nehmen wir an, dass jemand einen Wagen der Mittelklasse erwirbt. Beim Kauf hat diese Person vermutlich schon im Sinn, dass sie den Wagen mehrere Jahre fahren wird. Sie erwartet außerdem nicht viele Probleme, da der Wagen neu ist und sie somit viele Jahre begleiten wird. Ein weiteres Beispiel ist die Gleichsetzung mit der Anschaffung eines Haushaltsgerätes, wie einer Waschmaschine. Im Normalfall wird das Gerät erworben und darauf gesetzt, dass es viele Jahre seinen Dienst für den Anwender verrichten wird.

In der Vergangenheit ist diese Argumentation in der Praxis durchaus so aufgetreten. Es ist nachvollziehbar, dass eine hohe Investition in IT nicht jährlich erfolgen kann. Dennoch sollte man die Ansparung von Investitionsmitteln oder den Bezug von Fremdkapital für die IT in einem realistischen Rahmen planen, um so anschließend aus diesen heraus neue Investitionen tätigen zu können. Zusätzlich sollte man jedoch auch kleine, unterjährige Investitionen in die IT planen. So fallen beispielsweise immer wieder Lizenzgebühren für Software, Schutzmodule und ähnliches an.

Um zum ursprünglichen Vergleich zurück zu kommen; Stellen Sie sich nun vor, dass der Wagen mittlerweile einige Jahre alt ist. Der Käufer hätte gerne mehr Leistung in diesem Fahrzeug, weil er mit dem Wagen täglich auf Geschäftsreise ist. Dafür möchte er aber keinen neuen Wagen kaufen. Also lässt er sich ein Angebot über den Einbau eines neuen Motors erstellen. Dieses Angebot übersteigt aber bei weitem den Restwert des Fahrzeuges. An diesem Punkt lehnt er das Angebot vermutlich ab und er akzeptiert die Dinge wie sie sind, braucht aber beispielsweise täglich insgesamt bis zu einer Stunde länger, um zu Terminen zu gelangen.

Ähnlich verhält es sich mit der IT. Beim Erwerb sollten Sie sich deshalb gut beraten lassen, um das System auch nach einigen Jahren der Nutzung skalieren zu können. Es empfiehlt sich gerade bei IT einen Blick in die Zukunft zu riskieren. So ist es im besten Falle möglich, eine erneute Investition zu umgehen, die nicht im Verhältnis zu Ihrer Unternehmensgröße stehen würde. Andernfalls würde es Ihnen wie im Falle des Motorbeispiels ergehen. Das eigentliche Problem dabei ist jedoch, dass dieser Motor nicht nur den Wagen einer Person antreibt, sondern die gesamte Firma. Die angesprochene eine Stunde würde jeden Mitarbeiter betreffen und letztlich für das gesamte Unternehmen auf Dauer zusätzliche Kosten bedeuten.

Mit dieser simplen Darstellung offenbart sich schnell, dass nun die Investition in neue Systeme nötig wird, da vorher entweder nicht mit Blick in die Zukunft oder sehr günstig gekauft wurde. Natürlich ist auch eine schlechte Beratung nicht auszuschließen, deshalb denken Sie an diesen Vergleich bei Ihrer nächsten Investition.

Dennoch bin ich Ihnen noch die Erklärung schuldig, warum IT nicht nur einen Kostenfaktor darstellt, sondern eine Abteilung beziehungsweise ein Faktor ist, die/der wichtig für Ihren Betriebserfolg ist, obwohl sie den Kennzahlen nach zu urteilen ausschließlich Kosten verursacht.

Wie Sie meinen Ausführungen bereits entnehmen können, ist IT der Motor, der Ihr Unternehmen antreibt. Selbst, wenn Sie mit IT nicht ihr Geld verdienen, so benötigen Sie diese dennoch. Sie benötigen sie tagtäglich für E-Mails, Rechnungen, Bestellungen, zum Erstellen von Planungen, zur Dokumentation, zum Umsetzen von Prozessen und vielleicht sogar zum Entwickeln neuer Produkte und vielem mehr. IT ist also nicht mehr wegzudenken und somit ebenfalls eine Abteilung, ohne die Ihr Unternehmen keinen Erfolg haben wird.

Wenn Sie keine IT haben, die Sie optimal unterstützt und Ihnen die Arbeit erleichtert, besitzt aber mit Sicherheit ein Konkurrent diese IT und wird Sie somit langfristig überholen. Deshalb sollte man bei IT nicht nur die Kosten im Sinn haben, sondern sich primär fragen:

Fragen

„Wie kann ich meine IT so optimieren, dass Sie mich optimal unterstützt und kompatibel mit den Anforderungen durch Compliance und IT-Security ist?"

Da die Digitalisierung früher oder später auch verstärkten Einfluss auf Ihr Unternehmen haben wird, sollten Sie sich deshalb überlegen, welche der Technologien Sie in Ihrem täglichen Geschäftsbetrieb unterstützen und welche Sie eventuell sogar als Arbeitgeber attraktiver machen. Gerade jüngere Mitarbeiter schätzen es erfahrungsgemäß, wenn sie neue Technologien in Ihrem Arbeitsumfeld verwenden können. Dies kann ich aus meinen individuellen Erfahrungen sowie den Gesprächen mit jüngeren Angestellten und widergespiegelten Wünschen bestätigen.

Gleichzeitig sollten Sie sich jedoch auch die Frage stellen, ob es für Sie insgesamt gesehen mit Kostenreduktionen verbunden ist, eine Person für die IT einzustellen. Letztlich ist dies natürlich abhängig von Ihren Anforderungen als Unternehmen und von der Betriebsgröße. Es kann für Sie aber durchaus günstiger sein, als eine externe Firma damit zu beauftragen, den Support für Ihre Anwender zu übernehmen. Gleichzeitig kann eine solche Person Projekte koordinieren und Sie in beratender Funktion auf dem Weg in Richtung zunehmender Digitalisierung begleiten.

Wichtig ist in diesem Zusammenhang jedoch auch, klar herauszustellen, dass diese Person Ihnen dennoch nicht die Investitionen in neue IT abnehmen kann oder dass dadurch das Hinzuziehen von Experten gänzlich unnötig wird. Vielmehr können Projekte durch eine solche Person schneller abgeschätzt werden, Probleme schneller behoben werden und so der Motor IT im besten Falle so laufen, dass Sie ihn gar nicht bemerken.

Wie Sie im Laufe dieser Ausarbeitung erfahren werden, kommt es bei IT in vielen Belangen auf Vertrauen an. Vertrauen in Mitarbeiter, Vertrauen in Experten, Vertrauen in Hersteller und Anbieter und Vertrauen in die IT selbst. Es ist nicht unmittelbar erforderlich, dass Sie eine Person beschäftigen, die für Ihre IT zuständig ist, da auch ein IT-Dienstleister beauftragt werden könnte. Es kann Ihnen aber ermöglichen, dass beispielsweise Sicherheitsverstöße schneller entdeckt und geeignete Maßnahmen getroffen werden können.

Ein Kunde sagte einmal zu mir, dass er erst dann zufrieden sei, wenn es für Ihn keinen Grund mehr gebe, die IT zu kritisieren und Verbesserungsvorschläge zu formulieren. Dieser Kunde hat für sich verstanden, dass IT maßgeblichen Einfluss auf den Erfolg seines Geschäfts hat und einen immer fortwährenden Prozess darstellt. Daraufhin hat er IT für sich zur Chefaufgabe erklärt und IT in die Geschäftspolitik verankert. Auch sieht er in IT die Möglichkeit zur Steigerung der Gesamtproduktivität des Unternehmens sowie der Wahrung der Attraktivität als Arbeitgeber.

Ich hoffe, dass ich Ihnen mit diesen gebräuchlichen Beispielen einen Blick hinter die Kulissen des IT-Urwaldes geben konnte. Mich würde es freuen, wenn ich Sie dazu anregen konnte, den Blick auf IT zu verändern oder Sie vielleicht sogar in Ihrer Sichtweise zu bestärken. Wichtig ist in jedem Falle, dass

Sie mit diesen Gedanken im Gedächtnis die nächsten Kapitel dieser Ausarbeitung lesen, um am Ende so auch das Thema Digitalisierung mit seinen möglichen Hindernissen im Bereich IT-Compliance und IT-Security besser beurteilen zu können.

Literatur

Bitkom Research GMBH, KPMG AG (2018) Cloud-Monitor 2018. https://www.bitkom.org/Presse/Anhaenge-an-PIs/2018/180607-Bitkom-KPMG-PK-Cloud-Monitor-2.pdf. Zugegriffen am 15.10.2018

Bundesamt für Sicherheit in der Informationstechnik (2011) Studie zur IT-Sicherheit in kleinen und mittleren Unternehmen – Grad der Sensibilisierung des Mittelstandes in Deutschland. https://www.bsi.bund.de/SharedDocs/Downloads/DE/BSI/Publikationen/Studien/KMU/Studie_IT-Sicherheit_KMU.pdf?__blob=publicationFile. Zugegriffen am 15.10.2018

Bundesamt für Sicherheit in der Informationstechnik (BSI) (o. J.) Umsetzungshinweise zum Baustein ORP.5 Compliance Management (Anforderungsmanagement). https://www.bsi.bund.de/DE/Themen/ITGrundschutz/ITGrundschutzKompendium/umsetzungshinweise/ORP/Umsetzungshinweise_zum_Baustein_ORP_5_Compliance_Management_(Anforderungsmanagement).html. Zugegriffen am 13.04.2019

Bundesdruckerei GmbH, Kantar Emnid (2017) Digitalisierung und IT-Sicherheit in deutschen Unternehmen. https://www.bundesdruckerei.de/de/system/files/dokumente/pdf/Studie-Digitalisierung_und_IT-Sicherheit.pdf. Zugegriffen am 29.09.2018

Bundesministerium für Wirtschaft und Energie (BMWi), Kantar TNS (2017) Monitoring-Report I Kompakt Wirtschaft DIGITAL 2017. https://www.bmwi.de/Redaktion/DE/Publikationen/Digitale-Welt/monitoring-report-wirtschaft-digital.pdf?__blob=publicationFile&v=8. Zugegriffen am 15.10.2018

Deloitte Global (2017) Cyber-Security Report 2017 – Teil 2. https://www2.deloitte.com/content/dam/Deloitte/de/Documents/risk/RA-Risk-Advisory-Cybersecurity-Report-2017-2-14122017-s.pdf. Zugegriffen am 15.10.2018

Deutsche Telekom AG (2017) Digitalisierungsindex Mittelstand – der digitale Status Quo des deutschen Mittelstandes. https://www.digitalisierungsindex.de/wp-content/uploads/2017/11/Digitalisierung-Studie-Mittelstand-web.pdf. Zugegriffen am 15.10.2018

Etventure GmbH (2018) Studie – Digitale Transformation 2018 – Hemmnisse, Fortschritte, Perspektiven. https://service.etventure.de/digitale-transformation-2018. Zugegriffen am 30.03.2019

Hochschule für Wirtschaft und Recht Berlin, forcont business technology
GmbH (2017) Deutscher Mittelstand auf Wolke 7? – Cloud Computing
in kleineren und mittleren Unternehmen 2015 und 2017 – eine Umfrage
unter Anwendern und Anbietern von Software-as-a-Service. https://
www.forcont.de/files/user_upload/umfragen/cloud_computing_2017/
forcont_hwr_ergebnisbericht_cloudumfrage_2017.pdf. Zugegriffen am
15.10.2018

Schmiech C (2018) Der Weg zur Industrie 4.0 für den Mittelstand. In: Wolff
D, Göbel R (Hrsg) Digitalisierung: Segen oder Fluch – wie die Digitalisierung unsere Lebens- und Arbeitswelt verändert. Springer Verlag, Berlin, S 1–28

Statista (2019) Anteil der Unternehmen in Deutschland mit Nutzung einer
CRM-Software, die es ermöglicht, Kundendaten zu erfassen, zu speichern
und anderen Unternehmensbereichen zur Verfügung zu stellen, nach Wirt-
schaftszweig im Jahr 2017. https://de.statista.com/statistik/daten/stu-
die/4015/umfrage/einsatz-von-crm-software-in-unternehmen-nach-wirt-
schaftszweigen/. Zugegriffen am 30.03.2019

Techconsult GmbH (2017) Studienbericht zur Security Bilanz Deutschland
2017 – IT und Informationssicherheit: Technische Maßnahmen und Lösungen in Mittelstand und öffentlichen Verwaltungen. https://www.heise-
consulter.de/file/get/TbPJRRNZf2seHS0j. Zugegriffen am 15.10.2018

WIK Wissenschaftliches Institut für Infrastruktur und Kommunikationsdienste
GmbH (2017) Aktuelle Lage der IT-Sicherheit in KMU – Kurfassung der
Ergebnisse der Repräsentativbefragung. https://www.wik.org/fileadmin/
Sonstige_Dateien/IT-Sicherheit_in_KMU/Aktuelle_Lage_der_IT-Sicher-
heit_in_KMU_-_WIK.pdf. Zugegriffen am 15.10.2018

Definitionen, Erläuterungen und Abgrenzung

2

Nachfolgend werden die Begriffe und beschreibenden Oberbereiche im Rahmen ihrer Behandlung in dieser Ausarbeitung näher definiert. Da sich mir in der Vergangenheit aufgrund von Unklarheiten in Kundengesprächen immer wieder die Frage stellte, wer KMU eigentlich sind und in welchem Zusammenhang diese zum Mittelstand stehen, werden diese Begriffe zunächst definiert und voneinander abgegrenzt. Anschließend wird abgegrenzt, welche Personen in KMU Entscheidungen treffen und wie deren Wissensstand hinsichtlich IT und Digitalisierung aufgestellt ist.

Im Anschluss werden einige Begriffe definiert, die Sie bereits im ersten Kapitel mehrfach lesen konnten. Wie bereits angeführt, wird dabei nicht jedem expliziten Begriff ein Unterkapitel gewidmet. Daher ist es empfehlenswert, dieses Kapitel vollständig und aufmerksam zu lesen, da einzelne Begriffe als Teilbereich eines Unterkapitels erläutert werden. Da Digitalisierung in der Praxis in erster Linie die Geschäfts- und Produktionsprozesse im engeren und weiteren Sinne betrifft, wird die Definition für die nachfolgenden Punkte unter dieser Annahme vorgenommen. Zu diesen zählen IT-Compliance, IT-Security, Industrie 4.0, disruptive Geschäftsmodelle sowie Cloud-Computing.

Ziel dieses Kapitels ist es, ein besseres Verständnis der Begrifflichkeiten zu bekommen und deren Zusammenhang innerhalb der Digitalisierung besser in das Big Picture einordnen zu können.

© Springer-Verlag GmbH Deutschland, ein Teil von
Springer Nature 2020 D. C. Leeser, *Digitalisierung in KMU
kompakt*, IT kompakt, https://doi.org/10.1007/978-3-662-59738-5_2

2.1   Definition und Abgrenzung des Begriffs KMU

Wie Sie bereits in den einleitenden Worten dieses Kapitels lesen konnten, stellt sich die Abgrenzung und Definition des Begriffs ‚kleine und mittlere Unternehmen' in der Praxis nicht als unproblematisch dar. Damit für diese Ausarbeitung jedoch eine gültige Definition gefunden werden kann, wird nachfolgend dargelegt, welche Arten der Definition es gibt.

Im Jahr 2003 veröffentlichte die Kommission der Europäischen Union eine Empfehlung, wie KMU abzugrenzen und zu definieren sind. Demnach liegt eine Unterteilung in drei Kategorien vor. Generell erfolgt eine Unterteilung in Kleinstunternehmen, kleine Unternehmen und in mittelgroße Unternehmen. Für diese Definition ist dabei maßgeblich die Mitarbeiterzahl sowie die Umsatz- und Bilanzsumme aussagekräftig (Empfehlung der EU-Kommission 2003/361/EG).

Zur besseren Veranschaulichung werden diese Werte nachfolgend in Tab. 2.1 dargestellt.

Wie Sie Tab. 2.1 entnehmen können, wird dabei die maximale Obergrenze mit unter 250 Mitarbeitern angegeben. Die Umsatzgrenze wird mit höchstens 50 Millionen Euro und die Bilanzsumme mit einer maximalen Höhe von 43 Millionen Euro angegeben. Dennoch trifft man in der Praxis häufig auf Unternehmen, die sich den KMU zugehörig fühlen und sich als Unternehmen des Mittelstandes bezeichnen. Diese fallen jedoch nicht unbedingt in diesen Definitionsrahmen der EU-Kommission.

Aus diesem Grund haben Marktforschungsinstitute den Begriff ‚kleine und mittlere Unternehmen' breiter aufgeschlüsselt. Die Definition des anerkannten und oft zitierten ‚Institut für Mittelstandsforschung Bonn' (IfM Bonn) auf dessen offizieller Webseite unterscheidet sich daher von der Empfehlung der EU-Kommission. Während die Definition für die Kleinstunternehmen sowie kleine Unternehmen der Definition in puncto Mitarbeiteranzahl sowie Umsatzsumme folgt, unterscheidet sich die Definition der mittelgroßen Unternehmen. Bei mittelgroßen Unternehmen wird eine Unternehmensgröße von bis zu 499 Mitarbeitern angenommen. Des Weiteren wird ein Umsatz von bis zu

Tab. 2.1 Definition von KMU (Quelle: eigene Darstellung in Anlehnung an Empfehlung der EU-Kommission 2003/361/EG)

Unternehmensart	Mitarbeiteranzahl	Jahresumsatz	Jahresbilanzsumme
Kleinstunternehmen	<10	2 Mio. Euro	max. 2 Mio. Euro
Kleinunternehmen	<50	10 Mio. Euro	max. 10 Mio. Euro
Mittleres Unternehmen	<250	50 Mio. Euro	max. 43 Mio. Euro

50 Millionen Euro angenommen. In die Betrachtung nach IfM Bonn wird die Bilanzsumme nicht miteinbezogen (vgl. Institut für Mittelstandsforschung Bonn 2016).

Der veränderte Definitionsbereich wird dabei laut dem IfM Bonn damit begründet, dass die amtlichen Zahlen prägende qualitative Merkmale des Mittelstandes dabei nur unzureichend abbilden würden (vgl. Institut für Mittelstandsforschung Bonn o. J. a). Diese qualitativen Merkmale definieren sich nach IfM Bonn als Einheit von Eigentum und Leitung. Demnach hat die Geschäftsführung eines KMU maßgeblichen persönlichen Einfluss und trägt das unternehmerische Risiko, das Unternehmen sichert deren persönliche Erwerbs- und Existenzgrundlage (vgl. Institut für Mittelstandsforschung Bonn o. J. b).

Interessant ist in diesem Zusammenhang zu betrachten, inwieweit Studien KMU definieren und ob diese den Empfehlungen der EU-Kommission folgen oder eigene Definitionsbereiche nutzen. Bevor darauf genauer eingegangen wird, ist jedoch zu betrachten, welchen Anteil ‚kleine und mittlere Unternehmen' an den Gesamtunternehmen in Deutschland ausmachen. Wie Sie bereits in der Einführung dieser Ausarbeitung lesen konnten, machen die KMU je nach Definition über 99 Prozent der Gesamtunternehmen in Deutschland aus. Laut aktuellsten Zahlen aus dem Jahr 2016 des Statistischen Bundesamtes machen KMU einen Anteil von 99,3 Prozent der Gesamtunternehmen in Deutschland aus (vgl. Statistisches Bundesamt 2018).

Laut einer Publikation des Bundesministeriums für Wirtschaft und Energie, welche sich auf Daten des IfM Bonn stützt, zählten im Jahr 2016 99,6 Prozent der Gesamtunternehmen in Deutschland zu den KMU (vgl. Bundesministerium für Wirtschaft und Energie (BMWi) 2018, S. 2). Diese Publikation führt auch an, dass KMU somit Arbeitgeber für etwa 60 Prozent der sozialversicherungspflichtigen Arbeitnehmer in Deutschland waren (vgl. Bundesministerium für Wirtschaft und Energie (BMWi) 2018, S. 3).

Mit dem Wissen um diese Hintergrundinformationen ist es nun hilfreich, auch aktuelle Studien hinzuziehen. Diese definieren KMU ebenfalls breiter als die EU-Kommission. Das ‚WIK Wissenschaftliches Institut für Infrastruktur und Kommunikationsdienste

GmbH' orientiert sich an der Definition von KMU mit bis zu 499 Mitarbeitern (vgl. WIK Wissenschaftliches Institut für Infrastruktur und Kommunikationsdienste GmbH 2017, S. 3). Es erweitertet den Definitionsbereich entsprechend den Werten, die von IfM Bonn angenommen werden. Ob die Werte dabei auf denen des IfM Bonn beruhen, ist nicht zu sagen.

Des Weiteren ist festzustellen, dass es in der Praxis und der Literatur zur Gleichsetzung von ‚kleinen und mittleren Unternehmen' mit der Definition des ‚Mittelstandes' kommt (vgl. Günterberg und Kayser 2004, S. 1). Ferner erfolgt häufig auch die Gleichsetzung mit dem Begriff ‚mittelständisches Unternehmen' sowie die Definition von KMU als ‚kleines und *mittelständisches Unternehmen*' anstelle von ‚kleine und mittlere Unternehmen'. Während es sich bei der Begrifflichkeit ‚kleines und mittleres Unternehmen' um eine quantitative Abgrenzung handelt (vgl. Institut für Mittelstandsforschung Bonn o. J. b), ist der Begriff ‚Mittelstand', wie bereits durch IfM Bonn definiert, eine qualitative Abgrenzung (vgl. Institut für Mittelstandsforschung Bonn o. J. a).

Dies ist insbesondere deshalb interessant zu betrachten, da in der Praxis diese Vermischung häufig im Kundengespräch passiert und somit mitunter zu fälschlich angenommen Vorstellungen hinsichtlich Größen oder auch Wertvorstellungen führen kann. Auch ist auffällig, dass nicht jede Studie oder Information zu KMU einer einheitlichen Definition folgt. Daher ist die Vermischung dieser Bezeichnungen in der Praxis durchaus problematisch.

Unabhängig von der Vermischung der Begrifflichkeiten ist dennoch festzustellen, dass ‚kleine und mittlere Unternehmen' zu einem Großteil die genannten qualitativen Merkmale des Mittelstandes erfüllen. Ebenso erfüllen jedoch auch einige Unternehmen außerhalb der Definitionen von KMU nach EU-Kommission oder IfM Bonn die qualitativen Merkmale des Mittelstandes. Auch das Gabler Wirtschaftslexikon gibt bei der Definition von KMU keine klare Abgrenzung, sondern definiert die Begriffe ‚gewerblicher Mittelstand' und ‚mittelständische Unternehmen' mit ‚kleinen und mittleren Unternehmen' zusammen in der Definition ‚Mittelstand', es wird jedoch auch angeführt, dass es keine allgemeingültigen statistischen Kriterien zur Abgrenzung gebe. Dort heißt es weiter, dass Unternehmen mit bis zu 499 Mitarbeitern und einem Jahresumsatz von bis 50 Millionen Euro mittelständisch seien, es wird ebenfalls angeführt, dass quantitative Merkmale und qualitative Aspekte für die Abgrenzung angesehen werden würden (vgl. Klodt 2018, o. S.).

Abschließend ist festzuhalten, dass die Definition der KMU in den meisten Fällen von der Definition der EU-Kommission abweicht und eine Vermischung mit der Definition des Mittelstandes erfolgt. Um eine einheitliche Definitionsgrundlage für diese Ausarbeitung zu Grunde zu legen, stützt sie sich auf die deutlich breitere Anwendung findende Definition von KMU als Unternehmen mit bis zu 499 Mitarbeitern. Diese Entscheidung stützt sich auch darauf, dass offizielle Stellen des Landes wie das Bundesministerium für Wirtschaft und Energie (BMWi) auf diesen Definitionsbereich zurückgreifen (vgl. Bundesministerium für Wirtschaft und Energie 2018, S. 2).

Insofern in dieser Ausarbeitung Studien zur Verdeutlichung hinzugezogen werden, die einen breiteren Definitionsbereich für KMU aufweisen, wird explizit darauf hingewiesen, die Ergebnisse werden zudem in ein entsprechendes Verhältnis gesetzt. Dennoch wird auch auf Studien des Mittelstandes zurückgegriffen, da ‚kleine und mittlere Unternehmen' zwar häufig mit dem ‚Mittelstand' gleichgesetzt werden, aber dennoch einen Teil des ‚Mittelstandes' ausmachen. Da KMU die qualitativen Merkmale an ein mittelständisches Unternehmen erfüllen (vgl. Institut für Mittelstandsforschung Bonn o. J. a), sind diese also auch dem ‚Mittelstand' zugehörig.

2.2 Definition der Entscheidungsträger in KMU

Wie in Abschn. 2.1 bereits beschrieben wurde, sind ‚kleine und mittlere Unternehmen' den mittelständischen Unternehmen angehörig. Aus diesem Grund wird ein Großteil der Entscheidungen von der Geschäftsleitung beschlossen und auf den Weg gebracht. Dies ist insbesondere wichtig für diese Ausarbeitung, damit Sie als Leser Ihren Zuständigkeitsbereich entsprechend Ihrer Position in einem solchen KMU besser einschätzen können oder auch befähigt werden, bestimmte Entscheidungen an Kollegen und/oder Mitarbeiter zu delegieren.

Eine Umfrage zur Digitalisierung und IT-Sicherheit in deutschen Unternehmen der Bundesdruckerei gibt an, dass in 79 Prozent der Unternehmen die Geschäftsführung die strategische Entscheidung hinsichtlich IT-Sicherheitsstrategie träfe (vgl. Bundesdruckerei GmbH und Kantar Emnid 2017, S. 10). In Hinsicht auf IT-Entscheidungen und Digitalisierung verhält es sich dabei ähnlich. Dies bestätigen Studien unabhängig voneinander. Die Studie ‚Digitalisierungsindex Mittelstand' der Deutsche Telekom AG zeigt, dass 63 Prozent der befragten Unternehmen die Digitalisierung zur Chefsache machen (vgl. Deutsche Telekom AG 2017, S. 11). Eine weitere Umfrage gibt die Entscheidung für oder gegen Cloud-Computing im Mittelstand mit 92 Prozent als Geschäftsleitungsentscheidung an (vgl. Hochschule für Wirtschaft und Recht Berlin und forcont business technology GmbH 2017, S. 5).

In der Praxis ist jedoch festzustellen, dass unabhängig davon, welche Instanz die Entscheidung trifft, die Verbreitung des IT-Know-hows in KMU nur gering vorhanden ist. Des Weiteren erfolgt erfahrungsgemäß die Durchführung von Aufgaben hinsichtlich der IT neben den normalen Aufgaben des Tagesgeschäftes. Erklärbar ist dies unter anderem damit, dass gerade kleinere Unternehmen der KMU oftmals keine eigene IT-Abteilung besitzen, dies spiegelt sich in der Praxis wider.

Erschwerend kommt hinzu, dass in der Praxis gerade für KMU der Fachkräftemangel eine Herausforderung darstellt. Dies wird auch insofern deutlich, als die Geschäftsleitung in der Praxis häufig nicht von IT-affinen Mitarbeitern unterstützt werden kann, da den Mitarbeitern Expertise fehlt oder entsprechende Mitarbeiter nicht im Unternehmen angestellt sind. Der entstehende Fachkräftemangel und damit auch das Schwinden der Innovationsbereitschaft seitens der Mitarbeiter wird nicht zuletzt auch durch den demografischen Wandel ausgelöst. Dies wird oft in Gesprächen, mit etwa Geschäftsführern oder Führungskräften, mit dieser Argumentation widergespiegelt.

So haben Unternehmen unter anderem Probleme mit dem Anstieg der Altersstruktur im Unternehmen (vgl. Amberland 2016, o. S.). Ergänzend ist in der Praxis außerdem festzustellen, dass ältere Mitarbeiter sich nur bedingt mit Themen wie Digitalisierung auseinandersetzen oder diese gänzlich ablehnen. Dies äußert sich vor allem darin, dass die Mitarbeiter aufgrund von fehlendem Know-how befürchten, dass Digitalisierung zum Entfall ihres Arbeitsplatzes führen wird. Insofern blockieren diese Mitarbeiter häufig die Einführung von neuer Technologie, selbst wenn diese zur Erleichterung ihrer eigenen Arbeit führen und somit auch deren Arbeitsqualität steigen lassen würde. Die bereits angesprochene Studie der Hochschule für Wirtschaft und Recht Berlin kommt zu der Auffassung, dass die Mitarbeiterakzeptanz für den Einsatz von Cloud-Computing als Herausforderung von vormals 27 auf 43 Prozent im Jahr 2017 angestiegen ist (vgl. Hochschule für Wirtschaft und Recht Berlin und forcont business technology GmbH 2017, S. 5).

Dies ist insbesondere deshalb problematisch, da erfahrungsgemäß viele Führungskräfte in mittelständischen Unternehmen Unkenntnis über aktuelle Technologien haben. So würden, laut Heyse, über 50 Prozent der Führungskräfte in mittelständischen Produktionsunternehmen den Begriff Industrie 4.0 nicht richtig einordnen können (vgl. Heyse 2018, S. 14). In der Vergangenheit konnte ein KMU bestehen, indem es qualitativ hochwertige Wertarbeit leistete und so in seiner Region sowie seinem Absatzmarkt vor allem durch einen guten Ruf und langjährige Geschäftsbeziehungen profitierte. Durch die ostasiatischen Entwicklungsmärkte geraten KMU jedoch in Bedrängnis, was durch Digitalisierung und damit verbundene Transformationen der Geschäfts- und Produktionsprozesse noch verstärkt wird. Jedoch ist nicht nur die zunehmende Konkurrenz aus dem Ausland problematisch für KMU. Auch die Konkurrenz untereinander am deutschen Markt steigt durch zunehmende Digitalisierung. Jedes vierte Unternehmen gibt laut Digitalverband Bitkom an, dass es seine Existenz durch Digitalisierung gefährdet sieht (vgl. Bitkom e.V. 2017).

Problematisch ist dies insofern, als Digitalisierung nicht zur Bedrohung werden sollte, sondern den KMU dabei helfen sollte, ihre Produktivität und Effizienz steigern zu können. Dies kann in der Praxis unter anderem darin resultieren, Fertigungen gewisser Stückzahlen in kürzerer Zeit durchzuführen oder auch im Stande zu sein, durch neue Formen der Zusammenarbeit effektiver sein zu können. Damit Digitalisierung nicht zur Bedrohung wird und KMU effizienter werden können, sind die Digitalisierung und die Erweiterung der Absatzmärkte sowie das Entwickeln neuer Geschäftsfelder unabdingbar. Es bedarf somit auch teilweise der Veränderung der Sicht auf das eigene Produkt oder Geschäftsmodell. Näheres dazu wird in Abschn. 2.3.2 zum Thema disruptive Geschäftsmodelle erläutert.

Es bedarf nach Darlegung der Tatsachen also einer Möglichkeit, die Geschäftsführer auf Potenziale der Digitalisierung hinzuweisen. In der Praxis konnten regelmäßige Gespräche und Beratungen mit Entscheidungsträgern unter Einbezug von entsprechenden Experten zum Erkennen der Potenziale führen. Auch der Austausch innerhalb der Branchen oder branchenübergreifend führte oft dazu, dass Entscheidungsträger häufig ohne Einflüsse durch einen Dritten aus dem IT-Umfeld die Vorzüge von Digitalisierung entdecken konnten und danach entsprechende Pläne in Auftrag gaben. Zu dieser Wissensverbreitung können lokale oder regionale Institutionen wie Industrie- und Handelskammer oder Handwerkskammer in Form von Infomaterialien oder auch durch Fachvorträge beitragen.

Gerade der abschließend genannte Punkt bekräftigt nochmals die Position der Geschäftsführung als Entscheidungsträger, da innerhalb des Unternehmens ohne externen Input oftmals kein Antrieb hin zur Digitalisierung entsteht. So empfiehlt auch das IfM Bonn unter anderem den verstärkten Austausch zwischen Wissenschaft, Wirtschaft und Gesellschaft, um Digitalisierungspotenziale zu aktivieren (vgl. Institut für Mittelstandsforschung Bonn 2017, o. S.). Da im Praxisfall die Geschäftsführung von KMU etwaige allgemeine Veranstaltungen besucht, ist diese somit der erste Anlaufpunkt und, wie bereits erwähnt, häufig der letztliche Entscheidungsträger.

Abweichend von dieser generellen Annahme ist in der Praxis auch festzustellen, dass es die IT-Verantwortlichen sind, die themenbezogen Infoveranstaltungen besuchen oder begleiten, sofern es eine solche Position im Unternehmen gibt. Häufig ist diese Person in der Position, die IT-Anforderungen der Firma fortwährend zu beurteilen und abzuschätzen, welche Neuerungen für den Erfolg der Firma notwendig sind. Ein gewisses unternehmerisches Denken sollte bei einer solchen zuständigen Person daher vorhanden sein.

In der Praxis hat sich gezeigt, dass gerade in KMU diese Person der Geschäftsleitung Vorschläge unterbreitet und die beteiligten Personen dann gemeinsam darüber beraten, welche Verbesserung notwendig und wirtschaftlich durchführbar ist. Auf diese Weise kann die Geschäftsleitung Zuständigkeiten delegieren, aber dennoch die abschließende Entscheidung fällen. Auch hat dies den Vorteil, dass sie durch eine Person mit entsprechendem Know-how beraten wird und sich so die Chance einer Fehlentscheidung verringern kann.

2.3   Digitalisierung von Geschäfts- und Produktionsprozessen

Digitalisierung ist ein Begriff, den Sie gerade im Unternehmensumfeld immer häufiger hören. Zusätzlich gesellen sich weitere Begrifflichkeiten wie etwa ‚digitale Transformation' hinzu. Dabei muss jedoch trotz des häufigen zusammenhängend dargestellten Wirkungskreises abgegrenzt werden, wie diese beiden Bezeichnungen zusammenhängen und welche Bedeutungen ihnen jeweils zukommt. Generell ist Digitalisierung und somit mit inbegriffen auch digitale Transformation ein weitgefasster Bereich. Es ist, ähnlich wie bei den KMU, keine einheitliche beziehungsweise allgemeingültige Definition für letzteres möglich (vgl. Schallmo 2016, S. 3).

Der Versuch einer Definition aus Sicht des Verfassers: Allgemein kann unter Digitalisierung und digitaler Transformation zusammengefasst werden, dass es sich um Technologien, Software oder Organisationsarten handelt, die bisher analoge Prozesse zu digitalisieren versuchen und im Falle der digitalen Transformation Geschäftsmodelle sowie Geschäfts- und Produktionsprozesse zunehmend digitalisieren und auch zur Veränderung der Arbeitswelt beitragen. Dieser Definitionsrahmen kann auch mit den Ausführungen von Schallmo verglichen werden (vgl. Schallmo 2016, S. 3). Damit Digitalisierung funktionieren kann, bedarf es jedoch einiger Begleitfaktoren und Begleittechnologien. Zu diesen zählen unter anderem innovative Technologien wie Big Data, Blockchain, Cloud-Computing, 3D-Druck, Industrie 4.0, IoT, KI, Robotik und sogenannte Smart Services (vgl. Bundesministerium für Wirtschaft und Energie (BMWi) und Kantar TNS 2018, S. 11). Anhand der Vielzahl der Begrifflichkeiten ist bereits zu erkennen, dass es nicht möglich ist, Digitalisierung mit nur wenigen Worten zu beschreiben. Ebenso ist die Erfassung dieses Themas nicht ohne weiteres möglich, da sich zur Digitalisierung auch die Umgestaltung von Arbeitsprozessen und Führungsstrukturen gesellt.

Die einzelnen angesprochenen Themen werden im weiteren Verlauf dieser Ausarbeitung teilweise noch angesprochen, jedoch nicht weiter ausgeführt, da es Ziel der Ausarbeitung ist, Ihnen generell die Grundpfeiler im Zusammenhang mit IT-Security und IT-Compliance im Rahmen von Digitalisierung näher zu bringen. Da diese als Ausgangsfaktoren zumeist eine bereits bestehende IT-Infrastruktur sowie die Nutzung von Cloud-Diensten haben, werden diese Themen beschreibend zugrunde gelegt.

Digitalisierung und mitinbegriffen Industrie 4.0 (siehe Abschn. 2.3.1) macht erfahrungsgemäß jedoch nicht automatisch den Erfolg des Unternehmens aus. Der Titel dieses Unterkapitels lautet ‚Digitalisierung von Geschäfts- und Produktionsprozessen‘, weil einer eigentlich abgeschlossenen Digitalisierung von Geschäfts- und Produktionsprozessen etwas vorausgehen muss. Die internen Prozesse müssen prinzipiell ‚transformiert werden‘, was in der Praxis häufig nicht geschieht. Somit kann die Begrifflichkeit ‚digitale Transformation‘ grob eingeordnet werden. Um Sie mit der Vielzahl an Begrifflichkeiten nicht zu überladen, werden nicht alle Begriffe mit entsprechender Tiefe aufgegriffen und definiert. Vielmehr soll Ihnen ermöglicht werden, Ihr Grundverständnis auszubauen.

Die reine Umsetzung von Digitalisierung der Geschäfts- und Produktionsprozesse kann für einige Unternehmen eher ungeplant verlaufen. In der Praxis bestätigte sich bereits mehrfach, dass Digitalisierungsmaßnahmen ohne vorherige Planung ergriffen wurden. Dabei war nicht immer seitens KMU klar, dass es sich um Maßnahmen zur Digitalisierung handelt. Somit entstanden neben Konfigurationsfehlern auch Verstöße gegen IT-Comliance- und IT-Security-Auflagen.

Dies passiert vor allem dann, wenn, wie in Abschn. 2.2 erwähnt, die Entscheidungsträger nicht das gesamte Potenzial einer neuen Technologie erfassen können. In diesen Fällen wird oftmals die Entscheidung pro Digitalisierung getroffen, jedoch nicht bedacht, wie man diese auch erfolgreich und wirtschaftlich korrekt für das Unternehmen umsetzen kann. Dies geschieht meist, da es in KMU aufgrund personeller Ressourcen oder auch aufgrund von fehlendem Know-how häufig keine Person gibt, die sich projektverantwortlich zeichnet oder entsprechendes Wissen besitzt.

Somit kommt es meist dazu, dass einzelne Firmenbereiche durch neue Technologien oder Systeme unterstützt werden, jedoch niemals das gesamte Potenzial ausgeschöpft wird. Aus der Praxis sind vor allem Firmen bekannt, die innerhalb der Abteilungen verschiedenartige Programme nutzen, die letztlich demselben Zweck dienen. Es kommt zu Medienbrüchen und zu mehrfachem Erfassen von Informationen in verschiedenen Systemen. Die Homogenisierung solcher Prozesse kann dabei zu Kosteneinsparungen und höherer Arbeitsqualität führen.

Begründet werden kann ein solcher Status Quo unter anderem damit, dass in KMU die Entscheidungen von der Geschäftsleitung getroffen werden, die Umsetzung jedoch häufig neben den täglichen Arbeitsaufgaben durch einen Mitarbeiter oder verschiedene IT-Dienstleister erfolgt. Aus der Praxis ist bekannt, dass dieser Mitarbeiter die Anforderungen dann ohne weitreichende Kenntnisse umsetzen muss. Dabei kommt es zu Fehlkonfigurationen, Sicherheitsproblemen, Compliance-Verstößen und im negativsten Fall auch zu Ausfällen der produktiven IT-Umgebung. Dies ist darauf zurückzuführen, dass die Entscheider nicht immer abschätzen können, welches Know-how hinsichtlich der Realisierung der IT-Digitalisierung notwendig ist. Mitarbeiter, die gegenüber dem Entscheider geäußert haben, dass sie gerne mit Computern arbeiten, werden dabei in der Praxis oft zur ungewollten ausführenden Kraft und müssen Anforderungen neben ihrer täglichen Arbeit umsetzen, da die Entscheider deren Potenziale überschätzen. Dies hat sich in der Praxis oft bewahrheitet und aus Kundensicht zu vermehrten Problemen hinsichtlich IT-Compliance und IT-Security geführt.

Dennoch kann auch der nicht aufeinander abgestimmte Einsatz von Technologien und Systemen erfolgen, wenn ein IT-Dienstleister die Implementierung durchführt. Dies geschieht erfahrungsgemäß dann, wenn im Vorfeld keine Analyse der vorhandenen IT vorgenommen wurde und der Dienstleister auf die getroffenen Aussagen der Unternehmen zur IT-Infrastruktur und gegebenen Prozessen vertraut. Es ist durchaus keine böswillige Absicht in den Aussagen der Unternehmen, dennoch werden in solchen Gesprächen selten die vollen Potenziale der vorhandenen IT ausgeschöpft oder schlichtweg übersehen. In einigen Fällen wird die Durchführung einer Bestandsaufnahme durch Dienstleister von den KMU auch abgelehnt, da diese mit Kosten verbunden ist.

Wie in einem jeden Projekt gilt auch für den Ausbau der Digitalisierung, dass es einer ausgearbeiteten Strategie bedarf. In dieser Digitalisierungsstrategie sollten dabei feste Größen als Orientierungsrahmen definiert werden. Es sollte festgehalten sein, welche Potenziale auf welche Art durch den Einsatz von neuen Technologien erhofft werden und erreicht werden sollen. Dabei sollte auch festgelegt werden, wie diese umgesetzt werden können. In der Praxis geschieht es häufig, dass Digitalisierung ohne vorherige Planung keine Form annimmt. Dies geschieht meist deshalb, weil kein Ziel formuliert wurde und somit nicht mit einem gewünschten Erfolg, in einem bestimmten Rahmen, unter Zuhilfenahme bestimmter Ressourcen, erreichbar ist.

In den vorausgehenden Zeilen haben Sie bereits einiges über die Potenziale von Digitalisierung erfahren. So auch, dass Sie bereits eine Form der Digitalisierung im Unternehmen besitzen, wenn Sie beispielsweise eine automatische Rechnungslegung in Ihrem Unternehmen nutzen. Zu den weiteren Potenzialen der Digitalisierung im Bereich der Geschäftsprozesse zählt unter anderem die Vernetzung mit Geschäftskunden. Rund 61 Prozent der deutschen Unternehmen waren laut eines Reports des Bundesministeriums für Wirtschaft und Energie (BMWi) im Jahr 2017 bereits mit Geschäftskunden digital vernetzt (vgl. Bundesministerium für Wirtschaft und Energie (BMWi) und Kantar TNS 2017, S. 16). Im Jahr 2018 setzten demnach, laut Monitoring-Report Wirtschaft DIGITAL 2018 – Kurzfassung,

43 Prozent der deutschen Industrie- und Dienstleistungsunternehmen Cloud-Computing ein, und rund 5 Prozent planten den Einsatz dieser Technologie. Zusätzlich kam der Report zu dem Ergebnis, dass 39 Prozent der bereits genannten Unternehmen auf IoT setzten und weitere 7 Prozent den Einsatz planten (vgl. Bundesministerium für Wirtschaft und Energie (BMWi) und Kantar TNS 2018, S. 10). Die Thematik IoT wird im Abschn. 2.3.1 genauer erläutert. Laut BMWi ist klar zu erkennen, dass das Cloud-Computing die Digitalisierung zusammen mit Big Data maßgeblich vorantreiben wird (vgl. Bundesministerium für Wirtschaft und Energie (BMWi) und Kantar TNS 2018, S. 10).

Im Rahmen der Digitalisierung im Bereich der Produktionsprozesse kommt vor allem dem Begriff ‚Industrie 4.0' eine große Bedeutung zu. Das produzierende Gewerbe ist durch den Einsatz von Technologien wie dem Industrial Internet of Things (IIoT), KI, Robotik und Sensorik sowie 3D-Druck im Stande, mit Produkten nationaler und internationaler Konkurrenz mitzuhalten. Dies ist sowohl im Hinblick auf die produzierten Güter als auch auf die Maschinen und Herstellungsweisen zu beziehen. Dabei ermöglicht zum Beispiel IIoT in Zusammenarbeit mit Robotik und Sensorik unter anderem die Früherkennung von Maschinenschäden. Außerdem wird es so möglich, Produktionsstraßen durch Optimierung von Produktionsprozessen effizienter und wirtschaftlicher steuern zu können (vgl. Noack und Litzel 2018).

Da Industrie 4.0 im Bereich der Digitalisierung eine Relevanz aufweist, wird dieser Themenbereich in Abschn. 2.3.1 genauer definiert. In diesen Themenbereich lassen sich unter anderem Potenziale einordnen, die im Baugewerbe aktiviert werden können. Da das Baugewerbe beziehungsweise Bauunternehmen Großprojekte in Arbeitsgemeinschaften umsetzen, entstehen dort große Potenziale im Bereich der digitalen Zusammenarbeit. Aufgrund praktischer Erfahrungswerte in diesem Bereich beschäftigt sich diese Ausarbeitung primär mit der Verlagerung von Geschäftsprozessen in Richtung Cloud-Computing, insbesondere Software-as-a-Service. In den nachfolgenden Kapiteln lesen Sie deshalb primär über IT-Compliance und IT-Security bei der Digitalisierung von Systemen On-Premises und im Public-Cloud-Computing-Bereich.

Da Zusammenarbeit On-Premises direkt vergleichbar ist und in der Praxis oftmals der Ausgangspunkt für die Transformation ist, werden beide Bereiche verglichen.

2.3.1 Industrie 4.0

Industrie 4.0 ist vor allem deshalb gesondert zu definieren, da sie in der Praxis maßgeblich mit dem sogenannten Internet der Dinge (IoT) zusammenhängt. Des Weiteren stellt sich die Frage, welche Bedeutung dem Begriff Industrie 4.0 zukommt. Letztlich drückt Industrie 4.0 den Wandel zu einer neuen Form der Arbeit in der Industrie aus. So wie Ihnen sicherlich die industrielle Revolution im Sinne des Wandels von Manufakturen zu Dampfmaschinen und somit hin zur Massenfertigung bekannt ist, wird dieser neue Schritt für die Industrie abermals als Meilenstein in der Entwicklung verstanden. So markieren der Einsatz und Einzug neuer Technologien und insbesondere die Digitalisierung in der Industrie und im Handwerk vereinfacht gesagt die vierte hochgradige Veränderung der Arbeitsweise in der Industrie und Fertigung.

Daraus ergeben sich nicht nur Potenziale für KMU des produzierenden Gewerbes, sondern auch Anforderungen an die IT-Sicherheit (vgl. Paulus et al. 2016, S. 8–9). Das sogenannte Internet der Dinge ermöglicht es, dass Geräte smart werden. Smart bedeutet in diesem Zusammenhang, dass sie durch IoT-Sensoren befähigt werden, eine Art Intelligenz zu besitzen. Diese Sensoren dienen dabei in erster Linie der Erfassung von Informationen. Aus Smart-Home-Umgebungen sind Ihnen diese Geräte eventuell bereits bekannt, wenn auch unter anderen Namen. Während diese Sensoren im heimischen Umfeld beispielsweise Zimmertemperaturen anzeigen und geöffnete Fenster erkennen, so lassen sich diese Sensoren auch in der Produktion erfolgreich nutzen. Je nach Anwendungsfall spricht man dabei von IIoT, also dem industriellen Internet der Dinge.

Diese Sensoren des Internets der Dinge sind somit etwa im Stande, sich in Netzwerke einzuwählen, untereinander Informationen auszutauschen und diese Daten auch im Internet bereitzustellen. Durch Big Data werden die Informationen gezielt zusammengeführt und können dann beispielsweise durch eine KI ausgewertet werden. Big Data beschreibt dabei vereinfacht den Prozess des Zusammenführens von Daten, die aus verschiedenen Systemen gesammelt und eingespeist werden können. Künstliche Intelligenz (KI) kann diese Daten dann beispielsweise auswerten und Regelmäßigkeiten und Muster erkennen, die wiederum für verschiedene Anwendungszwecke bereitgestellt werden können. Ein konkreter Anwendungsfall ist etwa das Erkennen von Maschinenschäden oder die Notwendigkeit einer Wartung. Durch den Einsatz eines entsprechenden IoT-Sensors kann durch Nutzung von KI und Big Data das typische Geräusch einer Maschine mit dem einer defekten abgeglichen werden. Auf diese Weise kann beispielsweise ein drohender Lagerschaden in einer wichtigen Produktionsmaschine erkannt werden (vgl. Stüber 2017, o. S.).

Gerade für KMU ist dies ein Potenzial der Industrie 4.0, da in der Praxis in der Vergangenheit solche Schäden ohne Ankündigung auftraten. Dies ist insbesondere deshalb ein Problem, da KMU die Ersatzteile aus Kostengründen oftmals nicht vorhalten können. Herausfordernder ist jedoch, dass aufgrund des plötzlichen Fehlerfalls je nach Anwendungszweck der Maschine die gesamte Produktion gestoppt werden muss. Eine Wartung ist darüber hinaus durch die hohe Auftragslage bei den Reparaturdienstleistern oft nicht am selben Tag möglich. So treten für ein KMU erhebliche Kosten auf. Dies kann dazu führen, dass Liefertermine nicht eingehalten werden können und so auch ein Auftrag verloren gehen könnte. Entsprechende Beispiele zeigen sich in der Praxis.

Durch dieses Beispiel ist klar zu erkennen, welches Potenzial in der Digitalisierung von Produktionsanlagen besteht. Geräte wären im Stande, sich selbst zur Wartung anzumelden. Auch könnte der Hersteller oder das Wartungsunternehmen via Fernzugriff Einstellungen der Maschinen prüfen und so auch eine Abschätzung über zu liefernde Ersatzteile treffen. Des Weiteren könnten Maschinen, die vorher nur rein mechanisch waren, befähigt werden, Werte über die aktuelle Auslastung abzugeben. Dies kann dabei über verschiedene Schnittstellen wie zum Beispiel per Log-Datei über E-Mail erfolgen. Außerdem wäre es möglich, dass die Maschine ihren aktuellen Systemzustand an ein Monitoring-System (System zum Überwachen des Zustandes) senden und im Bedarfsfall einen Alarm auslösen könnte. Für die Zukunft kann dies bessere und schnellere Auswertungen und eine gesteigerte Produktivität bedeuten. Außerdem ist es vorstellbar, dass aus diesen neuen Systemen bis dato unbekannte Arten der Produktion und Zusammenarbeit sowie damit verbundene Servicegedanken entstehen.

Um einen solchen Servicegedanken aufzugreifen, ist aus der Praxis ein Service für Drucker anzuführen. Wenn man als Unternehmen einen Drucker im Leasing oder über Kauf erwirbt, so wählt man im Regelfall auch einen Wartungsvertrag aus. Die Drucker werden dabei im häufigsten Fall ausgestattet mit IoT-Sensoren, die beispielsweise den Zählerstand oder auch den Füllstand der Kartuschen an ein Wartungsunternehmen melden. Dabei verhält es sich im Regelfall ähnlich wie beim Leasing eines Autos. Bleibt der Druckerzählstand innerhalb einer bestimmten Anzahl von gedruckten Seiten, so ist dies in der Wartungspauschale inklusive, alles darüber hinaus muss extra vergütet werden. Hierbei kommt es jedoch auf die jeweilige vertragliche Regelung an. Dies ist bereits ein Service des sogenannten Internet of Things. Es ermöglicht Ihnen, dass Sie nicht manuell den Zählerstand auslesen müssen und je nach Anforderung auch nicht selbst aktiv werden müssen, um Toner zu bestellen.

Auch im ausführenden Gewerbe wie in der Baubranche kann IoT maßgeblich beim Unternehmenserfolg helfen. Dies wird an dieser Stelle aufgegriffen, da ich bei meinem Arbeitgeber, einem Bauunternehmen, die Digitalisierung mit vorantreiben darf. So können beispielsweise Baustellengeräte mit Sensoren, QR-Codes, RFID-Tags und IoT-Sensoren versehen werden. RFID-Tags sind kleine Sender, die beim Abscannen durch ein Lesegerät Informationen weitergeben. Durch entsprechende Apps, die die Mitarbeiter auf ihren Tablets und Smartphones nutzen, können dann unter anderem Zustandsdaten der Maschinen ausgewertet werden, sofern diese entsprechende Schnittstellen besitzen. Beispielsweise wäre mit Hilfe der Gesamtheit der Daten solcher Sensoren möglicherweise auch denkbar schneller zu erfassen, wie wirtschaftlich eine Baustelle operiert. Durch das Auslesen von Geodaten, etwa der Fahrzeuge, und Verbrauchswerten wären verschiedene Anwendungsmöglichkeiten denkbar, wie etwa das Vermessen von abgetragenen Flächen.

Auch die Lagerhaltung könnte durch die angesprochenen RFID-Tags oder QR-Codes vereinfacht werden. Ersatzteile könnten etwa schneller und unbürokratischer bestellt werden. Dazu würde der Mitarbeiter beispielsweise eine defekte Schaufel mit seinem Smartphone scannen, diese in der Anlageverwaltung als defekt markieren und einen Ersatz anfordern. Auch die Lagerhaltung und Maschinenverwaltung an sich würde vereinfacht werden. Durch Workflows wäre es möglich, dass Mitarbeiter zum Abscannen der Tags verpflichtet werden beziehungsweise dies in ihre täglichen Arbeitsabläufe integriert werden würde. Bei jedem Abscannen würde das System einen Marker gesetzt bekommen, wo sich eine Maschine befindet. So wäre es auch für die Disposition einfacher und verlässlicher, Aussagen darüber treffen zu können, wo sich Geräte befinden. Dies würde primär darin münden, Nachforschungen zu verringern, und auch dazu beitragen, dass es nachvollziehbarer wäre, wo sich diese Gerätschaften befinden.

Bei einer funktionierenden Cloud-Computing-Infrastruktur beziehungsweise On-Premises IT-Digitalisierung kann mithilfe von Industrie 4.0 und entsprechenden weiteren Technologien und Organisationsformen auch ein Bauvorhaben digitalisiert werden. Dies gilt selbstredend auch für vergleichbare Projekte und Anforderungen, zum Beispiel im Handwerk beim Decken eines Daches oder der Planung und dem Bau eines Gebäudes. Durch die Nutzung der Möglichkeiten, die durch Smartphones und Tablets entstehen, kann beispielsweise das analoge Arbeiten minimiert werden. Pläne wären unter den Mitarbeitern direkt über die Endgeräte austauschbar. Somit wäre es beispielsweise nicht mehr nötig, bei jeder Aktualisierung eines Plans oder einer Aufgabenstellung neue E-Mails zu senden. Die Aktualisierung würde innerhalb der zentralen Speicherorte in der Cloud erfolgen, Mitarbeiter wären so im Stande, zeitgleich an Plänen und Aufgabenstellungen zu arbeiten. So könnten jederzeit auch von unterwegs problemlos Änderungen vorgenommen werden und direkter Informationsaustausch mit Kollegen in der Verwaltung erfolgen. Es wäre nicht notwendig, Medienbrüche durch das Markieren auf Dokumenten und durch anschließendes Einscannen in Kauf nehmen zu müssen. Dies würde Arbeitszeit, Ressourcen und letztlich Kosten sparen und jegliche Vorgänge durch Digitalisierung je nach Einsatzart und -zweck beschleunigen.

Sie erkennen bereits, dass der Vorstellungskraft im Rahmen der Digitalisierung durch die verschiedenen Möglichkeiten scheinbar keine Grenzen gesetzt zu sein scheinen. Da zum jetzigen Zeitpunkt noch nicht genau voraussehbar ist, welche neuen anderen Formen der Zusammenarbeit oder Automatisierung entstehen werden, ist es durchaus auch angebracht, an neue Formen von Geschäftsmodellen zu denken. Gerade im Anwendungsfall Bauvorhaben liegt Potenzial für neue oder auch weitere Geschäftsbereiche. Da die Geräte mit Sensoren ausgestattet werden könnten, wäre es denkbar, dass diese Daten weiterverkauft oder auch zusammen mit weiteren Daten, wie beispielsweise Drohnenbildern, ausgewertet werden. Aus den Daten könnte mithilfe von Big Data und weiteren Methoden ein neuer Produkt-Mix entstehen. Es wäre so eventuell auch möglich, Arbeitsprozesse, etwa durch das Auswerten von Maschinenauslastungen in bestimmten Regionen, zu vereinfachen. Diese Möglichkeiten und weitere Services könnten dazu führen ein gänzlich neues Geschäftsmodell zu entwickeln (vgl. Kaufmann 2015, S. 16). Letzteres könnte durch das Erkennen eines vorher nicht betrachteten beziehungsweise nicht erkannten Bedarfs entstehen.

2.3.2 Disruptive Geschäftsideen und -modelle

Sicherlich haben Sie gerade in Zusammenhang mit Digitalisierung bereits von sogenannten disruptiven Geschäftsmodellen und -ideen gehört. Disruptiv steht dabei laut dem Duden für zerstörend (vgl. Dudenredaktion o. J.). Rein wörtlich gesehen wird also von zerstörenden Geschäftsmodellen gesprochen. In der Praxis bedeutet dies häufig das Überdenken von Geschäftsmodellen und das Verändern sowie auch das Abschaffen von Teilen bestehender Geschäftsmodelle. Somit kann vereinfacht dargestellt auch davon gesprochen werden und daraus hergeleitet werden, dass sozusagen die „Zerstörung" für die Entstehung neuer oder veränderter Geschäftsmodelle sorgt.

Inwiefern ist dies für diese Ausarbeitung interessant? Im vorangegangenen Unterkapitel zur Industrie 4.0 konnten Sie darüber lesen, dass die fortschreitende Digitalisierung auch zu neuen Geschäftsmodellen oder neuen Produkten führen kann. Deshalb soll in diesem kurzen Exkurs darauf eingegangen werden, was dies im Zuge der Digitalisierung auch für ein KMU bedeuten kann.

Ein Geschäftsmodell basiert in der Regel auf einer Gewinnerzielungsabsicht und somit zum Erfüllen eines gewissen Zwecks beim Abnehmer beziehungsweise Kunden. Letztlich wird angenommen, dass gegen Geld etwa eine Ware, ein Gut oder eine Dienstleistung zum Kauf, zur Miete und oder ähnlichem angeboten werden. Solche aktuell bestehenden Geschäftsmodelle entstanden klassischerweise aus der Notwendigkeit heraus, Business-to-Customer-, Business-to-Business- und auch Customer-to-Business-Geschäftsbeziehungen abzubilden und der Deckung des jeweiligen Bedarfs gerecht zu werden.

Trotz des mitunter seit Jahrzehnten erfolgreichen Einsatzes dieser Geschäftsmodelle, in der Praxis, erhalten diese nun zunehmend Konkurrenz durch Startups oder andere Firmen mit disruptiven Geschäftsideen oder auch Geschäftsmodellen. Dies bedeutet unter anderem, dass diese Firmen durch Digitalisierung neuartige Wege aufdecken, den konkreten Bedarf von Kunden zu decken, und somit ganze Branchen revolutionieren können. Dies bedeutet somit auch, dass sie andere Geschäftsmodelle zu zerstören drohen.

Die zunehmende Brisanz dieser Thematik sollte KMU motivieren, sich für das Geschäftsmodell ihres Unternehmens zu überlegen, ob dieses in der Zukunft in der jetzigen Art und Weise Bestand haben wird. KMU könnten vergleichen und beobachten, welche Schritte Konkurrenten bereits jetzt durch Digitalisierung anders angehen oder verändern. Dazu wurden nachfolgend einige beispielhafte Fragestellungen formuliert, die aus meinen Beobachtungen des Marktes und Gesprächen mit KMU entstanden sind und als grobe Orientierung zur Hinterfragung dienen können.

Fragen

„Hat sich der Absatzmarkt verschoben, weil Kunden durch neue Technologien alternative Zugangsmöglichkeiten zum Produkt bekommen?"

„Ändern sich durch Digitalisierung vielleicht die Anforderungen Ihrer Kunden an Ihr Produkt oder Ihre Dienstleistung?"

„Ist es an der Zeit, die Strategie zu ändern und auch andere Produkte oder Produktvariationen einzuführen?"

Die Liste der Fragen kann beliebig lang fortgesetzt werden. Solche beispielhaften Fragestellungen helfen etwa dabei, dass KMU anhand des Schemas eigene Fragen für den individuellen Fall formulieren können. Ohne externen Input ist es dabei mitunter schwierig, neue Gedankenpfade einzuschlagen. Aus diesem Grund werden Sie in dieser Ausarbeitung an der ein oder anderen Stelle kleine Hinweise auf Gedankenexperimente und mögliche Beispiele aus der Praxis finden.

2.3.3 Cloud-Computing

Auf den vorangegangenen Seiten konnten Sie nun bereits schon mehrfach von Cloud-Computing lesen. Teilweise war dabei die Rede von Public-Cloud, Clouddiensten oder auch Cloud-Computing im Gegensatz zu On-Premises IT-Infrastruktur. Dabei konnten Sie auch dem Abschn. 2.3 entnehmen, dass Cloud-Computing mit zu den aktuellen ‚Enablers' der Digitalisierung gezählt wird. Des Weiteren zeigt auch die Literatur, dass Cloud-Computing zu den wichtigsten Themen der Digitalisierung zählt (vgl. Abolhassan 2016, S. 15). Dennoch ist in der Praxis festzustellen, dass ein Großteil der deutschen Unternehmen dieses überwiegend nur für businessunkritische Daten verwendet. Dies bestätigt auch eine Studie der Bitkom Research GMBH in Zusammenarbeit mit KPMG AG (vgl. Bitkom Research GmbH und KPMG AG 2018, S. 11). Die Verwendung der Cloud ausschließlich für businessunkritische Geschäftsdaten ist zu Beginn eine Möglichkeit, um die möglichen Anwendungszwecke der Cloud zu testen. Dennoch ist verständlich, dass KMU Ängste äußern, möglichen Dritten Zugriff auf Ihre Daten zu gewähren. Inwiefern diese Bedenken berechtigt sind, wird in den nächsten Seiten dieser Ausarbeitung betrachtet.

Wie Sie bereits in den ersten Zeilen dieses Unterkapitels lesen konnten, ist Cloud nicht gleich Cloud. Dies ist gerade am Anfang für den Laien verwirrend. Cloud-Computing ist in verschiedene Bereiche beziehungsweise Gebiete unterteilt. Diese Unterteilung kann anhand der Ebenen und der Art der Betreibung vorgenommen werden. Wie Sie aus Abb. 2.1 erkennen können, gibt es generell drei Ebenen. Die untere Ebene wird als Infrastructure-as-a-Service (IaaS), die mittlere Ebene als Platform-as-a-Service (PaaS) und die obere Ebene als Software-as-a-Service (SaaS) bezeichnet. Des Weiteren gibt es die Anwendungs- beziehungsweise Zugangszwecke Private, Public und Hybrid Clouds.

Um die Digitalisierung mit Cloud-Computing in dieser Ausarbeitung einzugrenzen, wird nachfolgend nur der häufigste der vorangegangenen Verwendungszwecke, in der Praxis, im Fall von KMU betrachtet. Innerhalb von KMU wird erfahrungsgemäß die Ebene SaaS am häufigsten genutzt. Aus der Praxis sind Ihnen eventuell Begriffe und Anbieter wie Microsoft Office 365, Google G Suite oder auch vergleichbare Anbieter beziehungsweise Produkte bekannt. Diese Produkte sind zumeist primär im Public-Cloud-Plattform-Bereich angesiedelt. Public-Cloud meint jedoch nicht, dass all Ihre Daten ab dem Zeitpunkt des Hochladens für jedermann zugänglich sind. Es handelt sich bei dieser Bezeichnung vielmehr um die Art des Zugangs zu dem Bereich der Cloud. Ein Anbieter stellt als Public-Cloud-Anbieter, in der Praxis oft auch als sogenannter Cloud Service Provider (CSP) bezeichnet, vereinfacht dargestellt eine standardisierte Grunddienstleistung zur Verfügung, die dieser Anbieter in seinem Rechenzentrum betreibt. Ab dem Zeitpunkt der Registrierung und Nutzung der Services wird Ihnen ein ‚persönlicher‘ Bereich in diesem Rechenzentrum bereitgestellt, auf den nur Sie Zugriff haben und den Sie je nach Produkt und Anbieter für sich weiter ausbauen und konfigurieren können. Zu den Anwendungszwecken solcher Public-

**Schnellübersicht
Cloudarchitekturen/Zugangspunkte**

Public Cloud

- Bereich in der öffentlichen Cloud
- CSP stellt i.d.R. standardisierten Bereich pro Kunde zur Verfügung
- Bereich ist in sich geschlossen

Private Cloud

- Bspw. Bereitstellung eigener Server (eigenes RZ/ gemietetes RZ)
- Zugang und Infrastruktur im Regelfall selbstverwaltet
- Je nach Konfiguration Zugangspunkt ins Internet oder privater Betrieb mit Zugang in extra Netzwerk, bspw. über VPN

Hybrid Cloud

- Kombination aus Public + Private Cloud
- Nutzung bspw. in Migrationsszenarien oder Verbindung von zwei Services, wie Dateiaustausch

**SaaS
Software-as-a-Service**

- Bereitstellung von Software durch einen betreuenden Dienstleister
- Im Regelfall standardisiert
- Wartung erfolgt i.d.R. durch Dienstleister

**IaaS
Infrastruce-as-a-Service**

- CSP stellt Hardware-Ressourcen zur Verfügung
- Können individuell gebucht werden
- Nutzung bspw. zur Abbildung von Servern im Cloud-RZ
- Einrichtung + Wartung v. Systemen und Netzwerk im Regelfall kundenverwaltet

**PaaS
Platform-as-a-Service**

- Bereitstellung v. Ressourcen bspw. zur/zum Entwicklung/Aufsetzen eigener Softwareprodukte
- i.d.R. stellt CSP Ressourcen bzw. Entwicklungsumgebung zur Verfügung

Abb. 2.1 Übersicht über Ebenen des Cloud-Computings sowie Zugangsarten

Cloud-Lösungen zählen unter anderem das Speichern von Daten. Hierbei spielen vor allem der deutlich schnellere Austausch und die vereinfachte Zusammenarbeit an und mit Daten eine wichtige Rolle. Des Weiteren gehört zu den Standardanwendungszwecken zumeist das Betreiben der E-Mail-Services in den entsprechenden Public-Cloud-Lösungen.

Vergleichen wir nun die IaaS-Systeme mit den bereits vereinfacht angesprochenen SaaS-Systemen, zeigt sich, dass auch diese Systeme zumeist in der sogenannten Public-Cloud liegen, da es sich um eine Dienstleistung handelt, die von Anbietern durch jeden Kunden bezogen werden kann und somit auf öffentlichen Servern zur Verfügung steht. Infrastructure-as-a-Service ermöglicht Ihnen als Endkunde, Ihre Server, die Sie aktuell etwa On-Premises vorhalten, ausschließlich in der Cloud zu betreiben. Im ersten Schritt ist dies sicherlich schwer vorstellbar. Vielleicht überlegen Sie auch gerade, wie dies ablaufen könnte. Senden Sie Ihren Server etwa zum Anbieter und dieser stellt ihn bei sich im Rechenzentrum wieder auf? Bei dieser Art des Betreibens einer Infrastruktur machen sich die Anbieter sogenannte Virtualisierung zunutze. Es wird ein Abbild vorhandener Server erstellt und dieses dann mit der entsprechenden Hardware im Rechenzentrum des Anbieters wieder hochgefahren. In der Praxis sind vereinfacht ausgedrückt rein physisch gesehen im Rechenzentrum des Anbieters sehr leistungsstarke Server vorhanden. Auf diesen Servern werden Virtualisierungs-Systeme betrieben. Diese Systeme verwalten die erzeugten Abbilder der Kundenserver und sind im Stande, diese hochzufahren und Ressourcen wie Hauptprozessor, Arbeitsspeicher, Festplatte und vieles mehr bereit zu stellen.

Rein bei der Nutzung der Server bemerken Sie dabei im Normalfall zu keinem Zeitpunkt, dass die dahinterstehende Hardware nicht nur einen Server, sondern mehrere betreibt. Rein aus Effizienzgründen ist diese Art des Betreibens von Servern kosten- und energieeffizienter. Eventuell überlegen Sie auch gerade, diese Technologie in Ihrer Firma lokal zu verwenden. Auch lokal ist dies umsetzbar. Gerade dann, wenn Sie aktuell mehrere physische Server in Betrieb haben, die teilweise Ihre maximale Leistungsgrenze nicht erreichen, macht es Sinn, diese auf einem System zu virtualisieren. Es bieten sich jedoch noch weitere Vorteile, etwa das vereinfachte und zuverlässigere Erstellen von Backups sowie das Einsparen von Ressourcen und Lagerraum.

Sollten Sie sich für das Betreiben Ihrer IT-Infrastruktur in der Cloud entscheiden, so werden Sie mit großer Wahrscheinlichkeit von sogenannten virtuellen Maschinen oder auch virtuellen Server-Appliances lesen. Damit sind letztlich, vereinfacht dargestellt, die Abbilder der Server gemeint, die virtuell betrieben werden. Sie können beim Anbieter Ihrer Wahl im Regelfall individuelle Ressourcen buchen und diese den Maschinen zuweisen. Bedenken Sie aber, dass es sich bei diesem Betrieb wie auch bei Ihnen lokal um ein in sich geschlossenes Netzwerk handelt, welches nicht ohne Schutz am Internet teilnehmen sollte. Auch der Betrieb einer Firewall ist in diesem Szenario sinnvoll. Diese kann ebenfalls als sogenannte virtuelle Appliance in dieser virtualisierten Umgebung betrieben werden. Sollten Sie dieses Szenario planen, ziehen Sie bitte unbedingt einen Experten hinzu.

Neben diesen komplex erscheinenden Anwendungszwecken existiert auch die Nutzung der Dienste im Private-Cloud-Bereich. Die Ebenen des Cloud-Computings, IaaS, PaaS und SaaS, sind auch in diesem Szenario denkbar. Es unterscheidet sich hierbei jedoch der Zugang zum Cloudserver und die Art des Betreibens. Bei dieser Form der Cloud bleibt das Unternehmen im Prinzip auch die Instanz, die sich im Regelfall um die Administration und die Bereitstellung des Cloudservers kümmert und somit im Regelfall selbst die Datenhoheit besitzt. In der Praxis kann eine solche Private Cloud ein Server am Unternehmensstandort sein, der nur von Mitarbeitern aus dem öffentlichen Internet erreichbar ist. Der Dienst, der auf diesem Server bereitgestellt wird, ist also nicht für jemanden aus dem öffentlichen Internet nutzbar, weil dieser sich nicht in Ihrem System registrieren kann.

Eine solche Anwendungsform lässt sich auch realisieren, indem man den Server nicht selbst betreibt, sondern einen Anbieter damit beauftragt. Dieser Anbieter stellt im Prinzip jedoch nur den physischen Standort für den Server bereit. Letztlich sind Sie als Unternehmen dann jedoch auch vollständig mit der Wartung dieses Systems betraut. Das bedeutet, Anpassungen an der Software sind eventuell sogar nur für Sie programmiert worden und somit für niemand anderen zugänglich. Sollte es also ein Problem mit der Software geben, müssen Sie diese Wartung anstoßen. Nutzen Sie hingegen die standardisierten SaaS-Systeme aus der Public Cloud, sind diese Fragen hinsichtlich standardisierter Vorgänge, im Normalfall, für Sie nicht weiter von Belang, da Sie in erster

Linie nur die Dienstleistung nutzen und den Rest dem Anbieter überlassen.

In der Praxis begegnet man jedoch häufig nicht nur der einen oder der anderen Art des Betreibens einer Cloudlösung. Vielmehr trifft man oft sogenannte Hybrid Clouds an. Vereinfacht gesagt handelt es sich hierbei um das hybride Betreiben einer Lösung, also um eine Mischung aus Private und Public Cloud. In der Praxis sind vor allem in den Bereichen Datenspeicher- und E-Mail-Infrastruktur sowie Anwendungen der Industrie 4.0 solche Modelle zu finden. Im ersten Fall befinden sich auf den Datenspeichern in der Cloud häufig businessunkritische Daten, die jedoch schnell jederzeit von jedem Gerät abgerufen werden können und müssen. Zusätzlich werden große Dateien wie Videodokumentation und businesskritische Daten lokal gehalten. Meist entstehen diese Szenarien jedoch nicht nur aufgrund der Unterteilung von businesskritischen und businessunkritischen Daten. Vielmehr ist dies oftmals auf den Breitbandausbau zurückzuführen.

Wenn ein Unternehmen lokal komplett auf den Datenspeicher verzichtet und alle Daten in einem Bereich der Public Cloud ablegt, so muss es möglich sein, dass diese Daten schnell aus der Cloud auf die Geräte der Mitarbeiter transferiert werden können und anders herum. Da in der Praxis der Breitbandausbau nicht immer ausreichend ist, werden deshalb vor allem große Daten weiterhin lokal gehalten, wenn die meisten Mitarbeiter am lokalen Unternehmensstandort tätig sind. Der Digitalverband Bitkom gibt an, dass sich Internetanschlüsse von KMU und mittelständischen Unternehmen vor allem im Bereich von 50 Mbit/s abwärts befänden (vgl. Bitkom e.V. 2018, S. 36). Dies ist für den Betrieb einer reinen Public-Cloud-Lösung nicht ausreichend, da der Download im Falle einer klassischen asynchronen Internetanbindung deutlich höher ausfällt als der Upload und gerade letzteres entscheidend ist für das effiziente Nutzen einer Public-Cloud-Lösung.

Der Betrieb einer hybriden E-Mail-Infrastruktur kann verschiedene Ursachen haben. Dies bedeutet, dass sich jeweils eine Instanz der E-Mail-Infrastruktur sowohl in der Cloud als auch an Ihrem lokalen Unternehmensstandort befindet. Der Hauptanwendungszweck einer solchen hybriden Bereitstellung der Dienste ist dabei in der Praxis zumeist die Migration von E-Mail-Umgebungen in die Cloud. Da eine Migration ohne hybrides Szenario den E-Mailfluss aufgrund verschiedenster Einflussfaktoren für unbestimmte Zeit beeinflussen kann, werden die Systeme verbunden. Dies ermöglicht, dass E-Mail-Postfächer nach und nach in die Cloud hochgeladen werden können und so die Mitarbeiter vom Transfer nicht beeinträchtigt werden. Andernfalls sind Mitarbeiter mitunter für nicht abschätzbare Zeiträume von der Nutzung der E-Mail-Services abgeschnitten. Auch Kunden erhalten in diesen Zeiträumen in einigen Fällen Zustellungsfehler. Eine solche hybride Lösung ist jedoch auch von den Anwendungen und Anbietern abhängig.

Es ist nachvollziehbar, dass diese Technologien für Sie eventuell noch nicht ganzheitlich verständlich sind. Jedoch führen erfahrungsgemäß die tägliche Anwendung und die Zusammenarbeit mit Experten in den verschiedenen Bereichen des Cloud-Computings zum besseren Verständnis. Vielmehr ist es wichtig, dass Sie als Kunde schon einmal davon gehört haben und auf gewisse Weise etwas mit den angesprochenen Dingen verbinden können.

Aufgrund der Vielzahl der Einsatzmöglichkeiten von Cloud-Computing entstehen gerade für KMU viele Herausforderungen. Die Anforderungen an und durch IT-Compliance und IT-Security und das fehlende Know-how im Unternehmen können daher zum Hemmnis bei der Umsetzung der Digitalisierung werden. Gerade durch die Verbreitung der Nutzung von Public Clouds mit der Teilnutzung von Private Clouds oder generellen Diensten auf lokalen Servern mit Anbindung an das Internet müssen IT-Compliance und IT-Security auf beiden Seiten umgesetzt werden. Beispielsweise müssen beim Betrieb einer Hybrid-Cloud-Infrastruktur auch lokale Maßnahmen getroffen werden, die lokal oftmals schwieriger umzusetzen sind als in der Cloud. Je nach CSP (Cloud Service Provider) stehen Unternehmen umfassende Compliance-Verwaltungsmöglichkeiten zur Verfügung. Des Weiteren sind in einigen Fällen auch einige Tools vorhanden, die Sicherheitsverstöße überprüfbar machen und bei deren Eindämmung helfen können. Dabei wird nicht zuletzt IT-Security bei einigen Providern durch vorkonfigurierte Systeme wie Multifaktor-Authentifizierung, Anti-Phishing, Spamfilter und Antivirensysteme bereits in der Ausgangskonfiguration abgebildet. Dennoch bedarf es auch in einer Cloud-Infrastruktur der ordnungsgemäßen Konfiguration, die genau wie eine lokale Anpassung Normen unterliegt und nicht ohne Experten vorgenommen werden sollte.

2.4 IT-Compliance

Um die Begrifflichkeit ‚Compliance' vereinfacht zu beschreiben, wird nachfolgend deren Verb zur näheren Erklärung genutzt. Wenn etwas als ‚compliant' beschrieben wird, geht man in der Praxis davon aus, dass diese Sache konform mit etwas Bestimmten geht, quasi regelkonform ist. Das heißt für Compliance, dass bestimmte gesetzliche Verpflichtungen, Anforderungen, Regularien und ähnliches eingehalten werden, dies ist für Unternehmen vor allem wichtig, da sie diese kennen und einhalten müssen (vgl. Knoll und Strahringer 2017, S. 5). Einige Unternehmen halten sich zusätzlich jedoch an freiwillige Auflagen. Je nach Geschäftsform ließen sich verschiedene Haftungsrisiken und Handlungsverpflichtungen für Unternehmen ableiten, wie Grünendahl et. al. zum Thema Vorgaben per Gesetz und Regularien zur IT-Sicherheit ausführen (vgl. Grünendahl, et al. 2017, S. 2–4).

Während zunächst der Begriff ‚Compliance' im Allgemeinen betrachtet wurde, gilt es nun, den Begriff ‚IT-Compliance' näher zu definieren, wenngleich die nachfolgende Beschreibung ebenfalls nur oberflächlicher Natur sein kann. IT-Compliance ist ein Teilbereich der sogenannten Corporate-Compliance (vgl. Knoll und Strahringer 2017, S. 6). Sie ist dabei der Bereich der Compliance, der auf die IT entfällt, also jener Bereich, in dem die IT ‚compliant' sein muss (vgl. Falk 2012, S. 37).

Compliance und insbesondere IT-Compliance betrifft generell das gesamte Unternehmen. Sie erkennen bereits, anhand der vorherigen Ausführungen, dass es sich dabei um ein umfassendes Thema mit vielen verschiedenen Bereichen, Anwendungsfällen und Folgen im Unternehmen handelt. Wichtig im Rahmen dieser Ausarbeitung ist jedoch primär, dass Sie, wie im Vorwort angekündigt, für das Verständnis dieser Ausarbeitung und für die Heranführung an das Thema, ein oberflächliches Verständnis für die Thematik und ihre Wichtigkeit entwickeln. Unabhängig davon ist es für ein jedes Unternehmen wichtig, zusammen mit Experten die individuellen Compliance-Anforderungen festzustellen und zu definieren. Daraus folgen IT-Compliance und weitere wichtige Themenbereiche für das Unternehmen.

Im Rahmen von Compliance können außerdem Risiken entstehen beziehungsweise bestehen. Daher sollte einem Unternehmen daran gelegen sein, die Einhaltung der Pflichten durch Compliance zu dokumentieren und ein Risikomanagement für Compliance und IT einzuführen. In diesem Zusammenhang führt Schrey an, dass Risikomanagement in der Verantwortung der Geschäftsleitung läge (vgl. Schrey 2013, S. 504–505). Risikomanagement ist vor allem sinnvoll, um abwägen zu können, welche Folgen aus den identifizierten Risiken entstehen können und wie im Unternehmen damit umgegangen werden soll. Dabei sollte unbedingt zusammen mit Experten die individuelle Compliance-Vorgabe erarbeitet werden. Es existieren außerdem verschiedene Referenzmodelle, die von Experten im Unternehmen eingeführt werden können, um die Corporate Governance und somit in der Folge auch Compliance im Unternehmen konform umzusetzen. Dies ist jedoch nicht Teil dieser Ausarbeitung und sollte individuell mit Experten besprochen werden.

Festzustellen ist im Rahmen der IT-Compliance auch deren Auswirkung auf die IT-Security. Beispielsweise Themenfelder wie die DSGVO fordern von Unternehmen deren Einhaltung. Kranawetter führt in diesem Zusammenhang die resultierenden IT-Security Anforderungen durch Datenschutzbelange an (vgl. Kranawetter 2018, S. 405).

Neben den bereits genannten Anforderungen und Konzepten gilt es jedoch auch zu beachten, das IT-Compliance auf zwei Weisen betrachtet werden kann. Zum einen gibt es Compliance durch IT und zum anderen Compliance der IT (vgl. Falk 2012, S. 37). Im ersten Fall werden Prozesse durch IT an die Vorgaben angepasst und deren Umsetzung geprüft, im zweiten Falle wird die IT selbst konform gemacht und dies überprüft. Mit IT ist dabei der gesamte Bereich IT gemeint und nicht ausschließlich die

Umsetzung durch IT-Security. Wie dies umsetzbar sein könnte, wird in den Abschn. 3.4 und 4.4 beispielhaft beschrieben.

Compliance und mitinbegriffen IT-Compliance ist jedoch nicht nur aus rechtlicher Sicht bedeutend für ein Unternehmen. Es kann aus Verfassersicht auch einen positiven Wettbewerbsfaktor darstellen. Einige Unternehmen im Business-to-Business-Geschäft arbeiten, erfahrungsgemäß, nur mit Unternehmen zusammen, die bestimmte Compliance Auflagen erfüllen und dies auch nachweisen können. Daher kann es als Unternehmen durchaus einen positiven Wettbewerbsfaktor darstellen, sich an die Anforderungen durch Compliance zu halten und dies auch zu kommunizieren. Auf diese Weise könnten Kunden sich etwa sicher wissen, dass beispielsweise die IT-Sicherheit im Sinne der Compliance gewährleistet ist und sie so das Unternehmen nicht meiden, in der Befürchtung, dass etwa zu schützende Daten verloren gehen könnten. Es ist also festzustellen, dass Compliance ein weitgefasster Bereich ist und sich auf die IT im Sinne von IT-Compliance und wie dargelegt auch auf die IT-Security auswirkt. Jedoch ist Compliance eine notwendige Vorstufe, damit IT-Security konform und vor allem mit Erfolg umgesetzt sowie eingesetzt werden kann. Daher werden Sie im Rahmen dieser Ausarbeitung trotz Abgrenzung von IT-Compliance und IT-Security immer wieder inhaltliche Verwandtschaften feststellen, da unter IT-Compliance-Maßnahmen unter anderem auch die Umsetzung von Teilbereichen durch IT-Security fallen. Des Weiteren wird IT-Compliance im Rahmen dieser Ausarbeitung, aufgrund des kompakten Umfangs und aus Verständnisgründen, als beschreibendes Oberthema betrachtet und meint damit sowohl die IT-Compliance als auch die Umsetzung von Compliance durch IT. Sofern Compliance im Allgemeinen angeführt wird beinhaltet dies generell die Compliance als auch die IT-Compliance.

Im Anhang zu diesem Kapitel ist weiterführend zu dieser kurzen Definition von IT-Compliance eine Literaturempfehlung für Compliance in der IT-Sicherheit mit weiterführenden Inhalten zu finden.

2.5   IT-Security

Der Begriff ‚IT-Security' oder zu Deutsch ‚IT-Sicherheit' umfasst eine Vielzahl von Bereichen und ist für die Digitalisierung unabdingbar. Ohne IT-Security kann die Digitalisierung sowohl lokal als auch in der Cloud nicht ordnungsgemäß durchgeführt werden. In diesem Kapitel soll deshalb eine allgemeine vereinfachte Definition von IT-Security stattfinden, während in den später zu betrachtenden IT-Security-Szenarien lokal und in der Cloud verschiedene Aspekte zu Grunde gelegt werden.

Im Allgemeinen lässt sich IT-Security definieren als jegliche Methoden und Maßnahmen des Managements, die für eine sichere IT-Umgebung in einem Unternehmen geschaffen werden. Dazu zählt der Schutz vor Eindringlingen, Ausfällen und das Schützen der Kunden- und Unternehmensdaten. In der Literatur wird häufig die sogenannte CIA der Informationssicherheit als Definition ausgehend von Prinzipien aufgegriffen. Dies steht für confidentiality (Vertraulichkeit), integrity (Integrität) sowie availabilty (Verfügbarkeit), dabei gibt es jedoch zu meist noch einige weitere beschreibende Prinzipien der IT-Sicherheit (vgl. Treibert 2010, S. 491). Gerade aufgrund der vielen Anforderungen, die an IT durch Digitalisicrung, neue IT-Systeme, IT-Compliance und vieles mehr gestellt werden ist es dabei schwierig allen beschreibenden Prinzipien in einer kompakten Definition wie dieser gerecht zu werden. Gerade für ein KMU stellt IT-Security in der Praxis des Öfteren eine Herausforderung dar. Da viele KMU keinen Mitarbeiter angestellt haben, der nur für die Belange der IT zuständig ist, wird die generelle IT oft nur punktuell behandelt. Dies trifft vor allem auf den Bereich IT-Security zu. Akut auftretende Probleme werden erfahrungsgemäß durch einen beauftragten Dienstleister bearbeitet und gelöst, es wird aber nicht auf neue Gefahren reagiert.

IT-Security ist kein für sich alleinstehender Begriff. Auch die Cybersecurity ist für KMU ein wichtiges Merkmal. Eine Forsa-Umfrage des Gesamtverbands der Deutschen Versicherungswirtschaft e.V. nennt dabei bereits jedes dritte KMU als Opfer von Cyberattacken (vgl. Gesamtverband der Deutschen

Versicherungswirtschaft e.V. 2018, S. 3). Deshalb kann nicht explizit formuliert werden, dass nur Großkonzerne von Angriffen aus dem Internet betroffen sind. Prinzipiell kann es jedes Unternehmen mit einem Internetzugang treffen. Dazu gehören auch KMU. In der Praxis hat sich ebenfalls gezeigt, dass KMU sich bezüglich ihrer Sicherheit häufig überschätzen. Die Annahme dabei ist seitens KMU, dass, je kleiner das Unternehmen sei, desto weniger Angriffsfläche man für Cyberangriffe bieten würde und somit uninteressant sei. Die bereits angesprochene Forsa-Umfrage kommt dabei jedoch zu dem Ergebnis, dass gerade Unternehmen, die sich hinsichtlich ihrer Sicherheit überschätzen, häufig Opfer eines erfolgreichen Cyberangriffes werden (vgl. Gesamtverband der Deutschen Versicherungswirtschaft e.V. 2018, S. 3).

Um KMU in Bezug auf ihre IT-Security zu unterstützen, gibt es bereits einige Hilfestellungen vonseiten der lokalen beziehungsweise regionalen Industrie- und Handelskammern sowie Handwerkskammern und bundesweiten Dachverbänden. Diese ermöglichen KMU, gezielt und geplant IT-Security umzusetzen, aufzubauen und sich zu informieren. Auch deutschlandweit gibt es verschiedene Initiativen. Als Beispiele können angeführt werden. https://dsin-sicherheitscheck.de. Zugegriffen am 14.06.2019 und https://www.dihk.de/branchen/informations-und-kommunikationsbranche/daten-informationssicherheit. Zugegriffen am 14.06.2019. Zum expliziten Thema Digitalisierung kann des Weiteren die Initiative Mittelstand-Digital angeführt werden: https://mittelstand-digital.de. Zugegriffen am 14.06.2019.

Bevor jedoch von IT-Security gesprochen werden kann, bedarf es unter anderem der Planung und der Etablierung von IT-Compliance und Prozessen/Konzepten wie etwa des möglicherweise resultierenden IT-Risikomanagement und IT-Notfallmanagement. Diese Konzepte können auch für ein KMU umfangreich sein. Auch wenn KMU im Regelfall von diesen Anforderungen nicht derart umfangreich betroffen sind wie beispielsweise Großunternehmen mit entsprechend umfangreicher IT-Umgebung, ist dies dennoch abhängig vom Einzelfall. Auch das BSI bietet hierzu auf seinen Webseiten verschiedene Informationen in Form von Definitionen und Hilfestellungen an. Dies geschieht unter anderem in Form des BSI-IT-Grundschutzes und in Form von Schulungsvideos (vgl. Bundesamt für Sicherheit in der Informationstechnik BSI 2019, o. S.).

Es muss jedoch auch betrachtet werden, welche Komponenten unter dem Begriff ‚IT-Security' zusammengefasst werden. Allgemein versteht man darunter auch alle technischen Belange zum Schutz der IT-Infrastruktur. Doch wird dabei oft außer Acht gelassen, dass auch der Faktor Mensch dort einzugruppieren ist. Viele IT-Security-Verstöße entstehen dabei vor allem durch Unachtsamkeit oder Unwissenheit von Mitarbeitern (vgl. Lindner 2018, o. S.). Gerade in der Praxis ist es häufig so, dass Mitarbeiter zumeist für Sicherheitsprobleme in der IT verantwortlich sind. Durch unsachgemäßen Umgang mit Informationen oder dem leichtfertigen Öffnen von Dateien erhalten so beispielsweise Viren schnell Zugang zu Bereichen des Systems, die über andere Wege nur mit erheblichem Aufwand oder eventuell sogar gar nicht erreichbar gewesen wären.

Erfahrungsgemäß ist für ein KMU das Thema ‚IT-Security' mit dem Einsatz einer Firewall sowie von Antivirus-Lösungen meist gedanklich abgeschlossen. Problematisch daran ist jedoch, dass das Internet und auch diejenigen, die es für ihre schadhaften Zwecke nutzen, sich stetig weiterentwickeln. Aus diesem Grund ist IT-Security ein Bereich, der niemals zu Ende gedacht oder erledigt ist. Es bedarf auch hier ständiger Weiterentwicklung und Verbesserungen der bestehenden Schutzmaßnahmen. Neben Anpassungen an aktuelle Gesetze, Regularien, Anforderungen, freiweillige Auflagen oder Empfehlungen, die beispielsweise aufgrund der EU-DSGVO entstehen oder etwa an Empfehlungen des BSI IT-Grundschutzes oder Zertifzierungen wie ISO 27001/27002 angelehnt sind, empfiehlt es sich, in regelmäßigen Abständen zu prüfen, ob die Schutzmaßnahmen noch dem aktuellen Stand entsprechen.

Dazu gehört neben dem permanenten Aktualisieren von Anwendungen durch regelmäßiges Einspielen von Updates und der Erneuerung sowie Aktualisierung von Firewall-Systemen und Antivirusprodukten auch die Schulung von Mitarbeitern. Eine Umfrage unter IT-Verantwortlichen und Führungskräften ergab, dass diese zu 75 Prozent das größte Sicherheitsrisiko im leichtfertigen Datenumgang der Mitarbeiter sehen, Hacker-Angriffe werden hingegen mit 50 Prozent als erwartetes Sicherheitsrisiko angegeben (vgl. Statista 2017, o. S.). Besonders zu beachten ist, dass deutschlandweit laut einer Umfrage der Bundesdruckerei aus dem Jahr 2017 nur 46 Prozent der Unternehmen ihre Mitarbeiter regelmäßig zu Fragen der IT-Security schulen (vgl. Bundesdruckerei GmbH und Kantar Emnid 2017, S. 5).

Dies ist insofern problematisch, als Mitarbeiter maßgeblich Einfluss auf die IT-Security haben. Die Sensibilisierung von Mitarbeitern ist wesentlich, da diese in regelmäßigem Kontakt mit dem Internet und der IT-Infrastruktur stehen. So können sich verschiedenartige IT-Security-Probleme durch leichtfertigen Umgang der Mitarbeiter ergeben. Dies kann beispielsweise das unbedachte Verwenden eines USB-Sticks sein, der zufällig gefunden wurde. Aber auch das Öffnen von Dokumenten, die per E-Mail gesendet wurden, kann zu hohen Sicherheitsproblemen führen. So verbreitet sich vor allem Ransomware wie etwa Verschlüsselungstrojaner über Dokumente, die als E-Mail-Anhang gesendet wurden (vgl. Scherschel 2017, o. S.). Ransomware bezeichnet dabei Viren beziehungsweise Trojaner, die sich maßgeblich durch Erpressung von Geldbeträgen und dem damit verbundenen Blockieren von Daten definieren. In der Praxis werden durch solche Viren maßgeblich Unternehmensdaten verschlüsselt, was in der Folge zur völligen Arbeitsunfähigkeit eines kompletten Unternehmens führen kann. Besonders problematisch ist der Versand über E-Mail, da die Viren sich häufig in Makros von versendeten Dokumenten verstecken. Ein Mitarbeiter öffnet somit unbedarft eine E-Mail und entfesselt damit einen solchen Sicherheitsbruch. In der Praxis hat sich nur als hilfreich erwiesen, die Mitarbeiter zu sensibilisieren, um diesen zu ermöglichen, zu erkennen, dass der Absender niemals zur Bewerbung passen kann oder auch die ausgeschriebene Stelle etwa gar nicht existiert. In der Praxis gibt es viele Punkte, an denen ein solcher Virus erkannt werden kann. Dennoch werden auch die Ersteller solcher E-Mails immer raffinierter, was eine Schulung der Mitarbeiter unausweichlich macht.

Des Weiteren können auch Phishing-E-Mails bei mangelhafter Sensibilisierung von Mitarbeitern zum Identitätsdiebstahl führen. Das Bundeskriminalamt stellt dafür auf seinen Webseiten gesonderte Informationen bereit (vgl. Bundeskriminalamt o. J, o. S.).

Besonders problematisch ist dies, da nicht alle Firewalls und Antiviren-Systeme neue Bedrohungen erkennen können. Dies liegt daran, dass es sich zumeist um passive Sicherheitssysteme handelt. Diese können erst dann aktiv werden, wenn die Bedrohung schon einmal auftrat und somit vom Hersteller in die Antivirendatenbank geladen wurde. Tritt die Bedrohung aber zum ersten Mal auf, so sind diese passiven Systeme nicht immer im Stande, anhand bestimmter Verhaltensweisen zu erkennen, dass es sich beispielsweise um Ransomware handelt. So ergab eine Studie von SentinelOne, dass bis März 2018 in einem Zeitraum von einem Jahr 70 Prozent der Unternehmen in Deutschland von Ransomware betroffen waren (vgl. SentinelOne 2018, S. 6). Dabei gaben 76 Prozent der Befragten Phishing per E-Mail als Hauptgrund für die Infektion an (vgl. SentinelOne 2018, S. 7).

Insbesondere für KMU ist Ransomware eine Herausforderung. Da diese meistens wenig IT-Infrastruktur am Standort haben, kann es passieren, dass die Verschlüsselung von Daten zur absoluten Arbeitsunfähigkeit führen kann. So gaben bei einer Umfrage von Osterman Research Inc. im Jahr 2017 21 Prozent der befragten KMU an, dass sie sofort nach Infektion ihre Geschäftstätigkeit einstellen mussten. 14 Prozent der Betroffenen mussten Umsatzeinbußen verzeichnen (vgl. Osterman Research, Inc. 2017, S. 1).

Des Weiteren ist auch das Einsetzen veralteter Betriebssysteme und Produkte kritisch zu betrachten. In Nischenbereichen sind KMU und insbesondere mittelständische Unternehmen oftmals hoch spezialisiert (vgl. Bundesministerium für Wirtschaft und Energie (BMWi) o. J., o. S). Deshalb werden diese gezielt Opfer von Cyberkriminalität (vgl. Kwasniewski 2017, o. S.). So sind auch aus der Praxis einige Fälle bekannt, in denen KMU aus dem produzierenden Gewerbe Opfer von Cyberkriminalität wurden. Unter anderem konnte Produktspionage nachgewiesen werden.

Dennoch zeigt sich auch hier, dass gerade Produktionsstraßen und -prozesse nicht in die Überlegungen von IT-Security miteinbezogen werden. Die Ransomware WannaCry befiel im Jahr 2017 primär veraltete und nicht aktualisierte Systeme. In der Folge wurden nicht nur die Kundeninformationssysteme eines großen Personenbeförderungsunternehmens befallen, sondern fielen auch die Produktionsstraßen vieler Unternehmen aus (vgl. Gierow 2017, o. S.; Briegleb 2017, o. S.).

Neben den bereits angesprochenen möglichen Sicherheitsverstößen und Bedrohungen gibt es jedoch noch deutlich mehr problematische Situationen und Möglichkeiten, wie IT bedroht werden kann. Aus diesem Grund bedarf es auch der zusätzlichen Ausarbeitung eines Backup-Konzeptes und damit verbunden eines Überblicks über die möglichen Ausfall- und Wiederherstellungszeiten der IT. Insofern sind auch Backup-Konzepte wie das sogenannte Disaster-Recovery aufgrund der Praxiserfahrung in den übergeordneten Bereich der IT-Security einzuordnen.

Wurden Server beispielsweise von einem Verschlüsselungstrojaner befallen, so können mit einem gut ausgearbeiteten Backup-Konzept die Daten im besten Falle wiederhergestellt werden. Hierbei gibt es gerade auch aufgrund von zunehmender Virtualisierung der IT-Umgebung auch im lokalen Bereich der IT-Infrastruktur eine Vielzahl an Sicherungsmöglichkeiten. Gerade durch die Nutzung von Virtualisierung ist es unter Einsatz von geeigneter Backupsoftware möglich, Repliken von Servern zu erstellen. Es werden prinzipiell exakte Kopien der Server zum Zeitpunkt der Sicherung erstellt. Nehmen wir an, dass die letzte Sicherung um 10:00 Uhr erfolgte und der Server um 11:00 Uhr durch ein Update oder auch einen Virus zerstört wurde. Somit haben Sie, bei einer erfolgreich eingerichteten Lösung, die Möglichkeit, den Server mit dem Stand von 10:00 Uhr wieder hochzufahren, und müssen nicht alle Daten mühsam rekonstruieren oder gar den kompletten Server neu installieren sowie einrichten lassen. In der Praxis sind jedoch gerade in KMU solche Konzepte nicht vorhanden oder nur unregelmäßig gepflegt.

Aus der Praxis sind einige Unternehmen bekannt, deren Server unter anderem von Verschlüsselungstrojanern befallen wurden. Deren Daten waren unwiederbringlich verloren, da man sie nicht wiederherstellen konnte. Dies lag neben schlecht ausgearbeiteten Backup-Konzepten vor allem daran, dass Mitarbeiter ihre Pflichten vernachlässigt hatten. Es ist gerade für Backup-Konzepte maßgeblich wichtig, dass Mitarbeiter regelmäßig den Erfolg des Backups überprüfen, je nach Sicherungsart die

Datenbänder tauschen und dass regelmäßige Testrücksicherungen stattfinden, um die Konsistenz des Backups zu überprüfen.

Dennoch gilt es auch im Rahmen von IT-Security zu beachten, wie Zugangsberechtigungen vergeben werden. Damit ist sowohl der physische Zugang als auch der Zugang zu Bereichen der IT-Infrastruktur selbst in Form von Zugriffen auf Server gemeint. Aus der Praxis ist bekannt, dass IT-Räumlichkeiten selten durch einen Zutrittsschutz versehen waren. Dies kann im einfachsten Falle ein Zugang durch eine Tür mit einem dedizierten Schließzylinder sein, aber auch der Schutz durch ein Türschloss mit PIN-Abfrage. So kann vermieden werden, dass sich unbefugte Mitarbeiter oder auch Besucher des Unternehmens Zugang zu den IT-Räumlichkeiten verschaffen können. Aus der Praxis sind viele Unternehmen bekannt, in denen selbst Kunden auf einfachste Weise Zugriff zu den Systemen hätten erlangen können. Dies war möglich, weil die kritische IT-Infrastruktur unmittelbar in den Bereichen gelagert wurde, in denen sich Kunden jederzeit unbeaufsichtigt bewegen und ohne Weiteres Zutritt erhalten konnten. Somit wäre es auch möglich gewesen, dass Mitarbeiter, um dem Unternehmen zu schaden, gezielt die Server vom Stromnetz trennen oder auch die Festplatten aus den Servern entfernen konnten. Dies sind nur wenige Beispiele dafür, was möglich ist. Aus diesem Grund sollten diese Tatsachen mit in Überlegungen zur IT-Security und in die Anforderungen durch IT-Compliance einbezogen werden und mit einem Experten über weitere mögliche Risiken gesprochen werden, die für Ihr Unternehmen gelten könnten.

Neben dem physischen Zugang ist es jedoch in der Praxis auch wichtig, ein Berechtigungskonzept zu erarbeiten, welcher Benutzer auf welches System Zugriff haben darf. Dies gilt zum einen auf Dateiebene. So ist es nicht sinnvoll, dass beispielsweise Praktikanten Zugriff auf Daten der Geschäftsleitung bekommen. Zum anderen ist es wichtig, die Berechtigungen so zu vergeben, dass nicht jeder Benutzer volle administrative Rechte besitzt. Ausgehend vom Computer des Benutzers können so verschiedene Risiken entstehen. Wenn der Benutzer keine Rechte besitzt, auf seinem Computer Programme zu installieren, besteht auch ein geringeres Risiko, dass Schadsoftware installiert werden kann.

Außerdem kann so vermieden werden, dass Benutzer potenziell unerwünschte Software im Unternehmen installieren. Sinnvoll ist es in diesem Zusammenhang, dass es nur wenige Personen im Unternehmen gibt, die über administrative Rechte verfügen. Im besten Falle ist dies ein Angestellter für die IT. Letztlich muss jedoch auch hier eine Trennung zwischen dem eigentlichen Benutzer-Account und dem administrativen Account stattfinden. So ist es sinnvoll, dass es zwei Accounts gibt. Auch einem Administrator kann es passieren, dass er einen falschen Klick ausführt und somit die IT-Infrastruktur lahmlegt. Daher ist diese Trennung nicht als Schikane zu verstehen, sondern als zusätzlicher Schutz.

Gerade, wenn in einem Unternehmen mehrere Personen mit administrativen Berechtigungen arbeiten, empfiehlt es sich die administrativen Accounts zusätzlich personengebunden zu erstellen, sodass nicht jeder Anwender mit dem identischen Account arbeitet. In der Praxis kann dies sinnvoll sein, da so nachvollziehbar ist, welche Änderungen durch welchen Benutzer durchgeführt wurden. Außerdem kann es sich in der Praxis durchaus ergeben, dass nicht jeder ‚Administrator' uneingeschränkte administrative Zugriffe auf alle Bereiche des Systems haben soll und darf. Dies kann nur auf diese Weise getrennt werden.

Wie ich Ihnen bereits nahegelegt habe, sollten Sie nicht aufgrund der Informationen in dieser Ausarbeitung sofort eigenverantwortlich aktiv werden. Sie können diese Informationen und Beispiele jedoch für sich zu sammeln und im Gedächtnis behalten, wenn Sie mit einem Experten eine Strategie für Ihr Unternehmen ausarbeiten oder Sie Argumente benötigen, um einen Entscheidungsträger zu überzeugen. Gerade im Bereich der IT-Security sowie der IT-Compliance kann eigenmächtiges Handeln ungewollt und unwissentlich zu Fehlkonfigurationen führen und der gut gemeinte Eingriff Angreifern das Eindringen im schlimmsten Falle sogar erleichtern, da im individuellen Fall andere Anforderungen herrschen können und die Ausgangssituationen sich unterscheiden können. Die beschriebenen Szenarien sind in der Praxis bereits aufgetreten.

Abschließend kann zusammenfassend formuliert werden, dass IT-Security ein weitgefasster Bereich ist. Es kann nicht nur als das technische Absichern von Angriffen oder dem Schutz von Datenbeständen verstanden werden, sondern vielmehr auch als das Sensibilisieren derer, die täglich in Kontakt mit der IT des Unternehmens stehen. Auch die richtige Planung und das Umsetzen von Maßnahmen wie das angesprochene Backup-Konzept sind bedeutsame Teilbereiche der IT-Security.

Literaturempfehlung Grünendahl R-T, Steinbacher AF, Will PHL (2017) Das IT-Gesetz: Compliance in der IT-Sicherheit: Leitfaden für ein Regelwerk zur IT-Sicherheit im Unternehmen. 3. Auflage. Springer Vieweg, Wiesbaden

---

Literatur

Abolhassan F (2016) Digitalisierung als Ziel – Cloud als Motor. In: Abolhassan F (Hrsg) Was treibt Digitalisierung? Warum an der Cloud kein Weg vorbeiführt. Springer, Wiesbaden, S 15–26

Amberland A (2016) Fachkräftemangel bremst digitale Transformation aus. https://www.springerprofessional.de/fachkraeftemangel/industrie-4-0/fachkraeftemangel-bremst-digitale-transformation-aus/10102476. Zugegriffen am 31.03.2019

Bitkom e.V. (2017) Unternehmen wünschen sich Digital-Offensive der Politik. https://www.bitkom.org/Presse/Presseinformation/Unternehmen-wuenschen-sich-Digital-Offensive-der-Politik.html. Zugegriffen am 31.03.2019

Bitkom e.V. (2018) Bitkom Digital Office Index 2018. https://www.bitkom.org/noindex/Publikationen/2018/Studien/180813-Studienbericht-Bitkom-Digital-Office-Index-2018.pdf. Zugegriffen am 15.10.2018

Bitkom Research GMBH, KPMG AG (2018) Cloud-Monitor 2018. https://www.bitkom.org/Presse/Anhaenge-an-PIs/2018/180607-Bitkom-KPMG-PK-Cloud-Monitor-2.pdf. Zugegriffen am 15.10.2018

Briegleb V (2017) Ransomware WannaCry befällt Rechner der Deutschen Bahn. https://www.heise.de/newsticker/meldung/Ransomware-WannaCry-befaellt-Rechner-der-Deutschen-Bahn-3713426.html. Zugegriffen am 03.10.2018

Bundesamt für Sicherheit in der Informationstechnik (BSI) (2019) IT-Grundschutz-Kompendium – Edition 2019. https://www.bsi.bund.de/DE/Themen/ITGrundschutz/ITGrundschutzKompendium/itgrundschutz-Kompendium_node.html. Zugegriffen am 13.04.2019

Bundesdruckerei GmbH, Kantar Emnid (2017) Digitalisierung und IT-Sicherheit in deutschen Unternehmen. https://www.bundesdruckerei.de/de/system/files/dokumente/pdf/Studie-Digitalisierung_und_IT-Sicherheit.pdf. Zugegriffen am 29.09.2018

Bundeskriminalamt (o. J.). https://www.bka.de/DE/IhreSicherheit/Richtiges Verhalten/StraftatenImInternet/Identitaetsdiebstahl/identitaetsdiebstahl_node.html. Zugegriffen am 13.04.2019

Bundesministerium für Wirtschaft und Energie (BMWi) (2018) Wirtschaftsmotor Mittelstand Zahlen und Fakten zu den deutschen KMU. https://www.bmwi.de/Redaktion/DE/Publikationen/Mittelstand/wirtschaftsmotor-mittelstand-zahlen-und-fakten-zu-den-deutschen-kmu.pdf?__blob=publicationFile&v=32. Zugegriffen am 15.10.2018

Bundesministerium für Wirtschaft und Energie (BMWi) (o. J.) Politik für den Mittelstand. https://www.bmwi.de/Redaktion/DE/Dossier/politik-fuer-den-mittelstand.html. Zugegriffen am 13.04.2019

Bundesministerium für Wirtschaft und Energie (BMWi), Kantar TNS (2017) Monitoring-Report | Kompakt Wirtschaft DIGITAL 2017. https://www.bmwi.de/Redaktion/DE/Publikationen/Digitale-Welt/monitoring-report-wirtschaft-digital.pdf?__blob=publicationFile&v=8. Zugegriffen am 31.03.2019

Bundesministerium für Wirtschaft und Energie (BMWi), Kantar TNS (2018) Monitoring-Report Wirtschaft DIGITAL 2018 Kurzfassung. https://www.bmwi.de/Redaktion/DE/Publikationen/Digitale-Welt/monitoring-report-wirtschaft-digital-2018-kurzfassung.pdf?__blob=publicationFile. Zugegriffen am 31.03.2019

Deutsche Telekom AG (2017) Digitalisierungsindex Mittelstand – der digitale Status Quo des deutschen Mittelstandes. https://www.digitalisierungsindex.de/wp-content/uploads/2017/11/Digitalisierung-Studie-Mittelstand-web.pdf. Zugegriffen am 15.10.2018

Dudenredaktion (o. J.) „disruptiv" auf Duden online. https://www.duden.de/node/822630/revisions/1745288/view. Zugegriffen am 15.02.2019

Falk M (2012) IT-Compliance in der Corporate Governance: Anforderungen und Umsetzung. Springer, Wiesbaden

Gesamtverband der Deutschen Versicherungswirtschaft e.V. (2018) Cyberrisiken im Mittelstand. https://www.gdv.de/resource/blob/32708/d3d1509db-b080d899fbfb7162ae4f9f6/cyberrisiken-im-mittelstand-pdf-data.pdf. Zugegriffen am 15.10.2018

Gierow H (2017) Ransomware: Honda stoppt Produktion wegen Wanna Cry. https://glm.io/128491. Zugegriffen am 03.10.2018

Grünendahl R-T, Steinbacher AF, Will PHL (2017) Das IT-Gesetz: Compliance in der IT-Sicherheit: Leitfaden für ein Regelwerk zur IT-Sicherheit im Unternehmen, 3. Aufl. Springer, Wiesbaden

Günterberg B, Kayser G (2004) SMEs in Germany Facts and Figures 2004. https://www.ifm-bonn.org/uploads/tx_ifmstudies/IfM-Materialien-161_2004.pdf. Zugegriffen am 31.03.2019

Heyse V (2018) Einleitung: Mittelstand 4.0 im Spannungsfeld des digitalen Wandels. In: Heyse V, Erpenbeck J, Ortmann S, Coester S (Hrsg) Kompetenzmanagement in der Praxis: Band 11. Mittelstand 4.0 – eine digitale Herausforderung: Führung und Kompetenzentwicklung im Spannungsfeld des digitalen Wandels. Waxmann, Münster/New York, S 9–16

Hochschule für Wirtschaft und Recht Berlin, forcont business technology GmbH (2017) Deutscher Mittelstand auf Wolke 7? – Cloud Computing in kleineren und mittleren Unternehmen 2015 und 2017 – eine Umfrage unter Anwendern und Anbietern von Software-as-a-Service. https://www.forcont.de/files/user_upload/umfragen/cloud_computing_2017/forcont_hwr_ergebnisbericht_cloudumfrage_2017.pdf. Zugegriffen am 15.10.2018

Institut für Mittelstandsforschung Bonn (IfM Bonn) (2016) KMU-Definition des IfM Bonn. https://www.ifm-bonn.org/definitionen/kmu-definition-des-ifm-bonn/. Zugegriffen am 31.03.2019

Institut für Mittelstandsforschung Bonn (IfM Bonn) (2017) Digitalisierung stellt Mittelstand in vielerlei Form vor neue Herausforderungen. https://www.ifm-bonn.org/home/newsdetail/?tx_ifmstudies_newsdetail%5Bnews%5D=396&cHash=ce68c77a1e748bb7b38503d507768e93. Zugegriffen am 31.03.2019

Institut für Mittelstandsforschung Bonn (IfM Bonn). (o. J. a) Mittelstand im Überblick. https://www.ifm-bonn.org/statistiken/mittelstand-im-ueberblick. Zugegriffen am 31.03.2019

Institut für Mittelstandsforschung Bonn (IfM Bonn). (o. J. b) Definitionen. https://www.ifm-bonn.org/definitionen/. Zugegriffen am 31.03.2019

Kaufmann T (2015) Geschäftsmodelle in Industrie 4.0 und dem Internet der Dinge: Der Weg vom Anspruch in die Wirklichkeit. Springer, Wiesbaden

Klodt H (2018) Mittelstand. https://wirtschaftslexikon.gabler.de/definition/mittelstand-40165/version-263557. Zugegriffen am 01.10.2018

Knoll M, Strahringer S (2017) IT-GRC-Management im Zeitalter der Digitalisierung. In: Knoll M, Strahringer S (Hrsg) IT-GRC-Management – Governance, Risk und Compliance: Grundlagen und Anwendungen. Springer, Wiesbaden, S 1–24

Kranawetter M (2018) Die digitale Transformation. In: Bartsch M, Frey S (Hrsg) Cybersecurity Best Practices: Lösungen zur Erhöhung der Cyberresilienz für Unternehmen und Behörden. Springer, Wiesbaden, S 393–440

Kwasniewski N (2017) Cyberangriffe auf Unternehmen: ein Hack, eine versetzte Schweißnaht – fatale Folgen. http://www.spiegel.de/wirtschaft/unternehmen/cyberangriffe-so-gefaehrdet-ist-die-deutsche-wirtschaft-a-1178050-druck.html. Zugegriffen am 03.10.2018

Lindner A (2018) Der Faktor Mensch in der Cyber Security. https://www.com-magazin.de/news/sicherheit/faktor-mensch-in-cyber-security-1531813.html. Zugegriffen am 03.10.2018

Noack A, Litzel N (2018) Big Data und Predictive Maintenance bei der Roth-Gruppe. https://www.bigdata-insider.de/big-data-und-predictive-maintenance-bei-der-roth-gruppe-a-713389/?cmp=nl-282&uuid=F0D0A343-2494-4B61-BBB8A92703A%E2%80%A6. Zugegriffen am 01.10.2018

Osterman Research, Inc. (2017) Studie zu Ransomware in deutschen KMU. https://www.schwartzpr.de/de/newsroom/Malwarebytes/Osterman%20 2017/Osterman_Studie_zu_Ransomware_in_deutschen_KMU.pdf. Zugegriffen am 15.10.2018

Paulus S, Kowalski M, Sobania K. (2016) Industrie 4.0 – aber sicher!. https://
www.ihk.de/documents/38722/99521/dihk-broschuere-sicherheit-indust-
rie-4-0.pdf/b25c60db-e2cd-cbbc-5c7d-00aad5e5ed2c?version=1.0.   Zugegriffen am 01.10.2018

Schallmo DRA (2016) Jetzt digital transformieren: So gelingt die erfolgreiche Digitale Transformation Ihres Geschäftsmodells. Springer, Wiesbaden

Scherschel FA (2017) Locky ist wieder da: Erpressungstrojaner grassiert jetzt
als Diablo6. https://www.heise.de/security/meldung/Locky-ist-wieder-
da-Erpressungstrojaner-grassiert-jetzt-als-Diablo6-3806833.html?vie-
w=print. Zugegriffen am 03.10.2018

Schrey J (2013) 6. Kapitel B IT/elektronische Kommunikation. In: Inderst C,
Bannenberg B, Poppe S (Hrsg) Compliance: Aufbau – Management – Ri-
sikobereiche, 2. Aufl. C. F. Müller, Heidelberg, S 503–517

SentinelOne (2018) SentinelOne: Global Ransomware Study 2018. https://
go.sentinelone.com/rs/327-mnm-087/images/ransomware%20rese-
arch%20data%20summary%202018.pdf. Zugegriffen am 15.10.2018

Statista (2017) Sicherheitsrisiko Mitarbeiter. https://de.statista.com/infogra-
fik/12314/groesste-it-risikofaktoren-in-unternehmen/.   Zugegriffen   am
03.10.2018

Statistisches Bundesamt (2018) Gesamtwirtschaft & Umwelt – kleine & mittlere Unternehmen, Mittelstand. https://www.destatis.de/DE/ZahlenFak-
ten/GesamtwirtschaftUmwelt/UnternehmenHandwerk/KleineMittle-
reUnternehmenMittelstand/KleineMittlereUnternehmenMittelstand.
html. Zugegriffen am 31.03.2019

Stüber J (2017) Neuron Soundware erkennt Fehler in Maschinen am Klang.
https://www.welt.de/wirtschaft/webwelt/article172051138/Start-up-Neu-
ron-Soundware-erkennt-Fehler-in-Maschinen-am-Klang.html. Zugegriffen am 01.10.2018

Treibert R (2010) IT-Sicherheit. In: Abts D, Mülder W (Hrsg) Masterkurs
Wirtschaftsinformatik: kompakt, praxisnah, verständlich – 12 Lern- und
Arbeitsmodule. Vieweg+Teubner, Wiesbaden, S 483–564

WIK Wissenschaftliches Institut für Infrastruktur und Kommunikationsdienste
GmbH (2017) Aktuelle Lage der IT-Sicherheit in KMU – Kurfassung der
Ergebnisse der Repräsentativbefragung. https://www.wik.org/fileadmin/
Sonstige_Dateien/IT-Sicherheit_in_KMU/Aktuelle_Lage_der_IT-Sicher-
heit_in_KMU_-_WIK.pdf. Zugegriffen am 15.10.2018

Lokale Herausforderungen durch Digitalisierung

3

Nachfolgend soll auf die Problematiken der Digitalisierung in KMU hinsichtlich IT-Security und IT-Compliance in der Praxis eingegangen werden, wie bereits in den vorausgegangenen Kapiteln angeschnitten und beschrieben wurde. Zunächst wird dazu eine Übersicht über den Bereich der lokalen Herausforderung an sich gegeben. Dazu wird des Weiteren auf die Notwendigkeit der Digitalisierung lokaler IT-Infrastruktur an sich sowie damit einhergehende Problemstellungen eingegangen. Abschließend wird eine Abgrenzung zwischen On-Premises IT-Infrastruktur und cloudbasierten IT-Systemen vorgenommen, damit eine Unterscheidung und eine Beurteilung der Sinnhaftigkeit der jeweiligen Möglichkeiten gegeben sind. Des Weiteren werden Vor- und Nachteile der lokalen Digitalisierung anhand von Beispielen abgewogen.

Die lokalen Herausforderungen sind deshalb der Ausgangspunkt für den Start der Betrachtung von Digitalisierung in KMU im Zusammenhang mit Problematiken bei IT-Compliance und IT-Security, da diese für KMU im Regelfall den Ursprung darstellen. KMU besitzen, wie vorausgehend bereits angenommen, eine lokale Infrastruktur. Je nach Unternehmen weist diese jedoch einen anderen Umfang und mitunter auch bereits digitalisierte Prozesse auf. Aus Autorensicht ist dies vor allem auch ein sinnvoller Ausgangspunkt, weil beispielhafte Praxisbezüge sich leichter darstellen lassen und es das Verständnis erleichtert, beim bereits Bekannten zu starten, um dann in den anschließenden Kapiteln zu den neuen Themenbereichen zu gelangen.

© Springer-Verlag GmbH Deutschland, ein Teil von
Springer Nature 2020 D. C. Leeser, *Digitalisierung in KMU kompakt*, IT kompakt, https://doi.org/10.1007/978-3-662-59738-5_3

3.1   Lokale IT-Infrastruktur

Im Regelfall besitzen KMU bereits eine lokale Infrastruktur. Sie beginnen also den Schritt in Richtung Digitalisierung nicht, ohne bereits auf Erfahrungswerte und lokale IT-Dienste zurückzublicken. Diese Infrastruktur ist jedoch je nach Kunde deutlich unterschiedlich aufgebaut und konfiguriert. In der Praxis gestaltet sich diese Verschiedenheit oft auch als Problematik hinsichtlich der IT-Infrastruktur. Dies ist damit zu begründen, dass nicht jedes KMU bereits positive Effekte durch IT für sich erkennen konnte, andere wiederum durch beschränkte IT-Ausstattung bereits an ihre Grenzen gestoßen sind und wieder andere IT offen gegenüberstehen und gewillt sind, deren Potenziale für sich gewinnbringend einzusetzen.

Zunächst muss betrachtet werden, warum Digitalisierung für KMU zum einen eine Problematik darstellt und zum anderen absolut notwendig erscheint. Wie bereits im Abschn. 2.1 dargelegt, machen KMU über 99 Prozent der deutschen Unternehmen aus und sind somit Arbeitgeber für rund 60 Prozent aller sozialversicherungspflichtigen Beschäftigten in Deutschland (siehe Abschn. 2.1). Dadurch, dass KMU durch zunehmende Konkurrenz aus dem Ausland in Bedrängnis geraten, sind auch Arbeitsplätze, Innovationen und letztlich auch Steuereinnahmen gefährdet. Diese Verschärfung des Preiskampfes und auch die Qualität der Produkte können letztlich nur durch Prozesse der Digitalisierung für KMU entschieden werden. In diesem Szenario können KMU also nur bestehen, wenn sie ihre Prozesse optimieren, selbst Potenziale erkennen, diese aktivieren und gewillt sind, diese auch mit lokaler IT-Infrastruktur sinnvoll einzusetzen. In der Praxis ist mir in den letzten Jahren aufgefallen, dass KMU digitale Technologie verstärkt in ihrer Geschäftsstrategie verankern und IT zunehmend als wichtigen Geschäftsfaktor ansehen. Bestätigt wird dies auch durch die Studie ‚Digitalisierung im deutschen Mittelstand‘ der Ernst & Young GmbH (vgl. Ernst & Young GmbH 2018, S. 3).

Jedoch sind gerade kleine KMU oftmals sehr auf ihre täglichen und in den meisten Fällen seit Jahrzenten ausgeübten Tätigkeiten fixiert. Lokale IT wird objektiv gesehen, durch KMU, eher als reiner Kostenfaktor betrachtet und wahrgenommen, dies wurde bereits 2011 durch das BSI angeführt (vgl. Bundesamt für Sicherheit in der Informationstechnik 2011, S. 100). Insofern werden die Prozesse und somit auch die lokale IT in diesen Fällen nur peripher weiterentwickelt. In der Praxis hat sich dies in der Vergangenheit an laienhaft konfigurierten oder nicht vorhandenen Sicherheitssystemen gezeigt. Auch ist in diesem Zusammenhang auffällig gewesen, dass neben IT-Security die Anforderungen an IT-Compliance ebenso eingeschränkt abgebildet waren. Einige KMU sind, in Praxissituationen, aufgrund fehlender Sicherheits- und Compliance-Checks deshalb nicht im Stande, Aussagen darüber treffen zu können, wie deren Datenhaltung funktioniert beziehungsweise wo die Bestandteile der IT-Infrastruktur und letztlich auch die Daten gelagert sind, da Dokumentationen fehlen oder unvollständig sind. Gerade auch hinsichtlich der Vorgehensweise bei Belangen der IT-Security bestehen Defizite. Dennoch schätzen sich KMU hinsichtlich der beschriebenen Situation selbst subjektiv besser ein. Zu diesem Entschluss kam 2011 bereits eine Studie des BSI (vgl. Bundesamt für Sicherheit in der Informationstechnik 2011, S. 99). Laut WIK erkennen KMU zunehmend die Wichtigkeit des Schutzes der Daten des Unternehmens. Zeitgleich existiere jedoch ein dem nicht entsprechendes Verhalten. So haben nur 20 Prozent der kleinen KMU mit unter 50 Mitarbeitern bis zum Befragungszeitpunkt eine systematische IT-Sicherheitsanalyse absolviert (vgl. WIK Wissenschaftliches Institut für Infrastruktur und Kommunikationsdienste GmbH 2017, S. 4).

In der Praxis ist dies nicht verwunderlich, da die tägliche Beschäftigung der KMU im Normalfall nicht im Betrieb der IT-Infrastruktur liegt. Des Weiteren fühlen sich viele KMU sofort sicherer, wenn ein IT-Dienstleister Fehler behoben oder Verbesserungen vorgenommen hat. Dabei wird leider oft nicht bedacht, dass IT und ihre Bestandteile ein ständiger Prozess sind, der nicht mit einem einzigen Handlungsschritt als erledigt markiert werden kann. Außerdem sind KMU und deren Entscheidungsträger nicht unbedingt in der IT-Thematik beheimatet. Es fehlt also erfahrungsgemäß neben dem Verständnis für IT-Abläufe auch das grundlegende Verständnis für die Prozesse und die Notwendigkeiten im Hintergrund. Aus diesem Grund folgt in

Kap. 5 ein beispielhafter Fragenkatalog, anhand dessen Verbes-serungspotenziale auch im Hinblick auf das Know-how aufge-deckt werden können.

In der Praxis zeigt sich zusätzlich, dass gerade die Mitarbeiter in KMU nicht in die Entwicklung der IT-Prozesse miteinbezogen werden. Dies ist gerade deshalb problematisch, da Mitarbeiter im Regelfall den größten Anteil an der Erstellung der Dienstleistung oder des Produktes des Unternehmens haben. Durch diese Ent-wicklung kann es zur Ablehnung neuer Prozesse oder neuer Hard- und Software durch die Mitarbeiter kommen. Letztendlich führt dies, wie auch oft in der Praxis beobachtet werden kann, dazu, dass Mitarbeiter sich ebenfalls nicht mit den Prozessen und mög-lichen Potenzialen befassen, sondern IT-Infrastruktur und -Pro-zesse als gegeben oder sogar als vorgesetzt betrachten und sich somit nicht integriert fühlen. Mitarbeiter sollten im Mittelpunkt eines solchen Change-Prozesses stehen, damit auch die Motiva-tion für solche Veränderungsprozesse hochgehalten werden kann (vgl. Bär et al. 2018, S. 14–16).

Das fehlende Einbeziehen der Mitarbeiter wird gerade dann problematisch, wenn es beispielsweise in Richtung der Digitali-sierung mit ihren vielen verschiedenen Ausprägungen geht. Da Digitalisierung nicht nur rein auf IT bezogen werden kann, son-dern auch viele andere Unternehmensbereiche betrifft, zum Bei-spiel betriebliche Organisation, kann dies im schlimmsten Fall zum Boykott durch die Mitarbeiter führen. Dies kann, wie bereits angesprochen darauf zurückzuführen sein, dass diese sich nicht integriert fühlen oder befürchten, ihren Arbeitsplatz zu verlieren. Bezieht man in der Praxis Mitarbeiter im Vorfeld in die Entschei-dungsfindung so wie die Umsetzung ein, kann dies helfen, die Unsicherheiten zu beseitigen. Im weiteren Verlauf dieser Ausar-beitung wird auf diese Thematik noch einmal genauer Bezug ge-nommen, da sie in der Praxis bereits zu einigen Problemstellun-gen geführt hat.

Dadurch, dass die Mitarbeiter keine Potenziale aktivieren können, entsteht jedoch noch ein weiteres Problem, nämlich die erschwerte Rekrutierung geeigneter Nachwuchskräfte für KMU. Dies zeigt sich nicht nur im Fachkräftemangel im Zuge des demographischen Wandels, sondern auch in nicht besetzten

Ausbildungsstellen. Da Mitarbeiter oftmals nicht alle ihre Potenziale auch im Hinblick auf Digitalisierung einbringen können oder wollen, findet eine junge Person häufig ein gewachsenes IT-System mit schwergängigen Prozessen vor. Solch eine Person, die mit Smartphone, Dateiaustausch via Internet und neuen PC, Tablets sowie generell neuen Kommunikationsmitteln aufgewachsen ist, wird deshalb erfahrungsgemäß eher abgeschreckt sein. Sie stellt ihre Arbeitskraft somit eher einem moderneren Unternehmen zur Verfügung (vgl. Lohmann 2018, S. 41). Ein Arbeitgeber muss für diese jungen Personen also attraktiv sein (vgl. Sackmann 2017, S. 201). Außerdem ist es zusätzlich problematisch, dass junge Nachwuchskräfte sich an flachen Hierarchien sowie flexiblen Arbeitszeitmodellen orientieren (vgl. Lohmann 2018, S. 42–43), was in KMU in der Praxis selten möglich ist. Lange Entscheidungswege sind erfahrungsgemäß für einen jungen Erwachsenen, der in seinem privaten Umfeld oftmals schon stark digitalisiert ist, hinderlich und sind ebenso hinderlich für eine schnelle Entwicklungsförderung sowie Entscheidungsfindung in KMU. Dies ist außerdem insofern von Nachteil für KMU, als diese aufgrund ihrer verhältnismäßig kleinen Mitarbeiteranzahl Managementstrukturen und Prozesse besser verändern könnten als Großunternehmen und so ihre Attraktivität für jüngere Mitarbeiter steigern könnten.

Digitalisierung ist somit auch auf lokaler Ebene nicht nur wichtig für den Erfolg der Unternehmung, sondern auch, um Mitarbeiterzufriedenheit zu erreichen, das Betriebsklima zu stärken und Nachwuchskräfte zu gewinnen.

3.2 Anforderungen und Probleme aus Sicht von KMU

Zunächst muss festgehalten werden, dass die Digitalisierung gerade KMU in Deutschland vor einige Herausforderungen stellt. Laut des Digitalverbandes Bitkom sehen sich mehr als die Hälfte der Mittelständler als Nachzügler bei der Digitalisierung (vgl. Bitkom e.V. 2019a, o. S.). Auch im europäischen Vergleich wird die Digitalisierung von deutschen Firmen eher verlangsamt vorangetrieben. So ist Deutschland beim ‚Index für digitale Wirtschaft und Gesellschaft 2018' nur im Mittelfeld angesiedelt (vgl. Rötzer 2018, o. S.). In der Praxis ist ebenfalls erkennbar, dass KMU Digitalisierung lange Zeit unterschätzt haben und deren Auswirkungen und ihre Bedeutung erst spät oder noch nicht erkannt haben. Es bedarf an dieser Stelle häufig noch der Initiierung von Weiterbildungsmaßnahmen seitens KMU, aber auch von Seiten IHK, Handwerkskammer o. ä. sowie Bund und Ländern, die auf die Unternehmen mit entsprechenden Angeboten zukommen sollten.

Daraus resultiert die bereits in Abschn. 3.1 angesprochene Problematik, dass eine im Vergleich zu internationalen Konkurrenten sinkende Wettbewerbsfähigkeit ein KMU in den Konkurs führen kann. Die fehlende Geschwindigkeit entsteht aber auch in Anbetracht dessen, was KMU lokal bereits an IT-Security- und Compliance-Vorgaben beispielsweise durch den Gesetzgeber erfüllen müssen. Somit sind die Unternehmen an mehreren Stellen im Zugzwang, obgleich sie Schwierigkeiten haben, die entsprechenden Prioritäten zu setzen und gezielte Investitionen durchzuführen, da die Anforderungen und auch entstehende Möglichkeiten häufig zu undurchsichtig für den Laien sind. Dies zeigt sich immer wieder in persönlichen Gesprächen mit Geschäftsführern.

Bitte beachten Sie, dass die nachfolgenden Informationen zu Grundsätzen und Gesetzen nur oberflächlich sind und diese bereits, zum Zeitpunkt der Veröffentlichung, durch neue Gesetze verändert sein können. Für eine vollständige und in der Tiefe ausgeführte Ausführung suchen Sie bitte einen Juristen/Experten mit entsprechendem Fachgebiet auf. Die nachfolgenden Informationen dienen nur der Veranschaulichung und zur Einordnung der Thematik anhand von Beispielen.

Die einführend genannten Problematiken sind mir in der Praxis zunehmend ab dem Zeitpunkt des Ablaufs der Übergangsfrist und dem Gültigwerden der EU-DSGVO am 25. Mai 2018 (Art. 99 EU-DSGVO) sowie in den Monaten davor begegnet. Des Weiteren sind beispielsweise noch immer viele Unternehmen erfahrungsgemäß nicht konform mit den Grundsätzen zur ordnungsgemäßen Führung und Aufbewahrung von Büchern, Aufzeichnungen und Unterlagen in elektronischer Form sowie zum Datenzugriff, kurz GoBD. In der Praxis sind mir diese Themen gerade in KMU tagtäglich begegnet, da durch die GoBD unter anderem Archivierungsanforderungen hinsichtlich Revisionssicherheit für Unternehmen entstanden sind, die durch die IT abgebildet werden mussten, beziehungsweise durch verschiedene Softwarelösungen abgebildet werden können.

In beiden Fällen hatten die Unternehmen eine Schon- beziehungsweise Übergangsfrist bis zum vollständigen Wirksamwerden der Regelungen. Im Falle der EU-DSGVO waren, beziehungsweise sind KMU jedoch durch die drohenden Strafen bei Verstößen stark verunsichert, dies wurde in der Praxis seitens KMU argumentiert. Allerdings muss betont werden, dass es dabei maßgeblich davon abhängig ist, ob die Unternehmen die entsprechenden, vor der Gültigkeit der EU-DSGVO, gültigen Vorgaben bereits eingehalten hatten und somit eine solide Grundlage geschaffen haben, um darauf die neuen Vorgaben der EU-DSGVO aufsetzen zu können.

Dennoch zeigt sich auch hier, dass viele KMU über Jahre hinweg diese wichtigen Auflagen und somit auch Anforderungen an Compliance und damit einhergehend auch an IT-Security vernachlässigt haben. Dies wird auch anhand einer Veröffentlichung des Digitalverbandes Bitkom vom 27.09.2018 deutlich. Demnach hatten bis zum Zeitpunkt vier Monate nach Ablauf der Übergangsfrist der EU-DSGVO nur ein Viertel aller deutschen Unternehmen die Vorgaben der EU-DSGVO umgesetzt, außerdem forderten KMU Erleichterungen der Regelungen und stellten fest, dass sie Nachholbedarf beim Thema Datenschutz im Unternehmen haben (vgl. Bitkom e.V. 2018a, o. S.).

In der Praxis ist vor allem auffällig geworden, dass einige KMU nicht erklären konnten, wo in den IT-Systemen Kundendaten und Geschäftsdaten gelagert werden und welche Berechtigungskonzepte beispielsweise auf Dateiebene im Dateiserver erstellt wurden. Generell war es aufgrund der Datenhaltung und fehlenden Berechtigungskonzepten oftmals so, dass jeder Mitarbeiter Zugriff auf alle geschäftskritischen Daten hatte. Dies war in der Praxis den Mitarbeitern und der Geschäftsführung aber selten bewusst und führte glücklicherweise in keinem mir bekannten Fall zu einem Missbrauch. Dennoch hätte jemand mit entsprechenden Fähigkeiten und entsprechendem Wissen sich auf einfache Weise Zugang verschaffen können.

Darüber hinaus ist auffällig, dass in der Praxis die EU-DSGVO in KMU Schwierigkeiten verursachte. Da KMU in den meisten Fällen nicht darauf vorbereitet waren, häuften sich somit in der Praxis auch die entsprechenden Fragen in Richtung Umsetzung durch die IT. Laut einer Forsa-Befragung des Gesamtverbandes der Deutschen Versicherungswirtschaft e.V. waren zwei von drei mittelständischen Unternehmen nicht auf die EU-DSGVO vorbereitet (vgl. Gesamtverband der Deutschen Versicherungswirtschaft e.V. 2018, S. 10).

In Bezug auf lokale IT-Infrastrukturen ist in der Praxis in einigen KMU aufgefallen, dass oftmals keine einheitlichen E-Mail-Systeme beziehungsweise E-Mail-Anbieter genutzt wurden. Dies zeigte sich in solchen Konfigurationen gerade durch den parallelen Einsatz solcher Systeme. So nutzen innerhalb des Unternehmens einige Mitarbeiter öffentliche Webserver mit Mailweiterleitungen sowie lokale E-Mail-Server wie etwa Microsoft Exchange oder vergleichbare Linux-E-Mail-Lösungen. In der Praxis war so die Ausarbeitung eines Konzeptes zur Archivierung der E-Mails mit Hilfe zertifizierter Software- oder Hardwarelösungen nur erschwert oder gar nicht möglich, ohne weitgehende infrastrukturelle Anpassungen vorzunehmen. Auch hier zeigte sich in diesen Fällen, dass niemand genau sagen konnte, wo sich E-Mails und versendete Daten genau befinden. Diesen Zustand trifft man in der Praxis noch immer vereinzelt an.

Insofern zeigt sich, dass zu den lokalen Anforderungen an IT-Infrastruktur weitreichende Probleme durch historisch bedingte Erweiterung und laienhafte Anpassungen hinzukommen. Daraus resultierend ist auch zu erkennen und nachvollziehbar, dass einige Geschäftsführer von KMU im Hinblick auf das Durcheinander von Technologien, Prozessen, Umsetzung und gesetzlichen Vorgaben eher negativ zur Digitalisierung stehen. Sie sehen die negativen Aspekte der aktuellen Umgebung, anstatt die Potenziale einer geplanten und im Anschluss umgesetzten IT-Infrastruktur zu betrachten. So äußern etwa 56 Prozent der Handwerker, die im Rahmen einer Studie des Digitalverbandes Bitkom und des Zentralverbandes des Deutschen Handwerks zur Digitalisierung befragt wurden, dass diese für sie eine große Herausforderung darstelle (vgl. Bitkom e.V. und Zentralverband des Deutschen Handwerks 2017, S. 2). Eine weitere Umfrage von Ernst & Young im Mittelstand ergab, dass vor allem kleinere Unternehmen eine geringere Chance für die Digitalisierung sehen als Großunternehmen (vgl. Ernst & Young GmbH 2018, S. 12).

Zu den eingehenden Beispielen EU-DSGVO und GoBD gesellen sich in der Praxis eines KMU noch weitere Anforderungen und Verpflichtungen etwa durch den Gesetzgeber, Regularien sowie Kunden und Geschäftspartner. Einige Kunden und Geschäftspartner setzen beispielsweise voraus, dass bestimmte Compliance-Anforderungen erfüllt sind und prüfen dies auch nach.

Neben den bereits genannten Anforderungen formulieren KMU in der Praxis auch Wünsche an die IT-Infrastrukturen auf lokaler Ebene. Zu diesen gehört die vereinfachte Zusammenarbeit innerhalb der Firma, aber auch mit Geschäftspartnern und Kunden. So ergab auch der ‚Monitoring-Report Wirtschaft DIGITAL 2018' des BMWi, dass 69 Prozent der befragten deutschen Unternehmen aller Größen verbesserte Kundenkommunikation in Folge der Digitalisierung sehen (vgl. Bundesministerium für Wirtschaft und Energie (BMWi) und Kantar TNS 2018, S. 14). Des Weiteren besteht, erfahrungsgemäß, der Wunsch nach Einhaltung der EU-DSGVO sowie dem Besitz einer verlässlichen und wartungsarmen IT-Infrastruktur.

In der Praxis war es in der Vergangenheit jedoch immer ein großer Wunsch seitens KMU, durch Digitalisierung Zeitersparnisse aktivieren zu können. Somit war beziehungsweise ist ein klarer Wunsch, die Produktivität erhöhen zu können. Dies wird beispielsweise immer wieder durch die konkreten Wünsche nach Workflows deutlich. Gerade im Zusammenhang mit einem Dokumenten-Management-System macht dies Sinn und kann zu höherer Produktivität sowie Zeitersparnis führen, da Medienbrüche vermieden und Unterlagen damit von so gut wie jedem Ort digital zugänglich gemacht werden können. Es steigt jedoch auch der Wunsch nach vereinfachter Datenerfassung und deren Bündelung, und zwar meist dann, wenn sich die Entscheidungsträger bereits mit den vielen Möglichkeiten und verschiedenen Ausprägungen der Digitalisierung beschäftigt haben. In der Praxis stehen viele KMU vor der Herausforderung, dass Informationen wie beispielsweise Dokumentationen nicht einheitlich vorzufinden sind und somit die Erfassung der notwendigen Daten immer wieder zum Problem wird. Daher wird in diesem Zusammenhang auch der Wunsch nach Business-Intelligence-Systemen und Big Data ausgedrückt, um etwa Kennzahlen besser auswerten zu können. Aus der Praxis heraus kann ich jedoch feststellen, dass dies jedoch eher eine Minderheit betrifft und meist erst geäußert wird, wenn diese die Potenziale selbst erkannt haben, ohne dass ein externes Unternehmen eine solche Lösung aggressiv verkaufen wollte. Dennoch wird auch hier in der Praxis immer wieder deutlich, dass man künstliche Intelligenz in diesem Zusammenhang als Problem ansieht. Die Gründe sind dabei sehr unterschiedlich.

Viele Geschäftsführer von KMU haben jedoch aufgrund der hohen Anforderungen durch Regelwerke auch die Angst, dass Daten ungewollt das Unternehmen verlassen könnten, und stehen deshalb vor dem Problem, dass sie Digitalisierung nicht greifen können. Im angesprochenen Report des BMWi äußerten rund 34 Prozent der Unternehmen Bedenken wegen zu strikter Datenschutzreglungen und 33 Prozent hinsichtlich unzureichender IT-Sicherheit (vgl. Bundesministerium für Wirtschaft und Energie (BMWi) und Kantar TNS 2018, S. 15). Die KMU, auf die diese Punkte zutreffen, neigen in der Praxis dazu, sich von neuartigen Prozessen und Potenzialen des Internets und daraus folgenden Technologien weitestgehend abzuschotten und für sich Insellösungen zu entwickeln. Aus solchen Insellösungen entstehen in der Praxis jedoch häufig Problematiken, da diese schwer zu warten sind und nicht immer problemlos an alle IT-Systeme angebunden werden können. Zur Digitalisierung der Geschäfts- und Produktionsprozesse ist es daher notwendig, dass KMU diese Potenziale erkennen. Zudem ist zentral, dass sie erkennen, dass auch Digitalisierung zu Problemen hinsichtlich Compliance und IT-Security führen kann. Beispielsweise können solche Sicherheitsprobleme bei der Einführung von IoT-Hardware auftreten, dies kann etwa sein nicht das Standardkennwort bei der Einführung zu ändern. Unerlässlich ist es deshalb, dies strategisch zu planen und zusammen mit IT-Security- und Compliance-Spezialisten zu implementieren. Eine Maschine soll, wenn sie einen Defekt an den Hersteller meldet, nicht aus Versehen Kunden und Produktionsdaten mitschicken oder aus dem Internet frei erreichbar und somit manipulierbar sein. Unternehmer geben sogar an, dass neue Technologien auf Platz sieben der zehn kritischsten Geschäftsrisiken liegen, zu diesem Ergebnis kam das Allianz Risk Barometer 2018 (vgl. Allianz Global Corporate & Security 2018, S. 2). In den nachfolgenden Kapiteln wird dies genauer behandelt und betrachtet.

3.3 Anforderungen an IT-Security in lokaler IT-Infrastruktur abbilden

Anforderungen an lokale IT-Security entstehen unter anderem durch die in Abschn. 3.2 genannten Regelungen. Jedoch haben KMU sowie Großunternehmen selbst Anforderungen hinsichtlich des Schutzes ihrer Daten. Denn eine der größten Sorgen der Geschäftsführer ist, dass sensible Daten das Unternehmen durch Zugriff von Dritten verlassen könnten (vgl. Bitkom Research GmbH und KPMG AG 2018, S. 6).

Im Hinblick auf den letzteren Punkt ist dabei vor allem der Faktor Schatten-IT maßgeblich. In Unternehmen, deren IT-Infrastruktur noch einen geringen Grad der Digitalisierung aufweist, aber in denen überwiegend innovative Mitarbeiter tätig sind, ist in der Praxis zu beobachten, dass Schatten-IT entsteht. Schatten-IT kennzeichnet dabei einen Zustand der IT-Infrastruktur, der durch die IT-Abteilung nicht zu durchschauen, zu verwalten und somit auch nicht kontrollierbar ist, da Fachabteilungen eigene IT-Lösungen für sich einsetzen (vgl. Zimmermann und Rentrop 2012, S. 60–61). Selbst eine IT-Abteilung in Großunternehmen steht daraus resultierend vor der Herausforderung, Schatten-IT einzudämmen. Nachfolgend sollen einige Problemstellungen aus der Praxis in KMU betrachtet werden. Häufig passiert dies, wenn es sich um ein Unternehmen handelt, dessen Mitarbeiter junge Fachkräfte sind oder diese sich häufig im Außendienst befinden.

Junge Mitarbeiter sind es, wie bereits in Abschn. 3.1 erwähnt, aus ihrem privaten Umfeld oder auch der Schule oder Studium gewohnt, von überall aus Zugriff auf ihre Daten zu haben. Dabei kommen mitunter Dienste wie Dropbox, Google Drive, Microsoft OneDrive und viele mehr zum Einsatz. Diese sind leicht einzurichten und auch für den Laien gut verständlich aufgebaut. Schatten-IT wird also durch Cloud-Dienste begünstigt, wie auch Zimmermann und Rentrop anführen (vgl. Zimmermann und Rentrop 2012, S. 63). Da sie nahezu auf jeglicher Art von mobilem Endgerät genutzt werden können, sind so für den Anwender, in der Praxis, sofort positive Effekte in seiner Produktivität zu erkennen, was auch für das private Umfeld gilt.

Schatten-IT in Bezug auf die Daten eines Unternehmens entsteht in der Praxis in diesen Fällen, weil Mitarbeiter die Daten auf ihre privaten Cloudspeicherdienste auslagern. Ein besonderes Problem stellt jedoch auch die Auslagerung auf externe Speichermedien wie USB-Sticks und externe Festplatten dar. Diese Daten können dann nicht mehr vom Unternehmen selbst verwaltet werden. Da auch das „Abziehen" der Daten auf einen anderen Speicherort im Regelfall nicht nachvollzogen werden kann, führt dies dazu, dass ein KMU keine genaue Aussage darüber treffen kann, wo sich die Daten von Kunden oder auch Unternehmensinterna befinden. Als besonders problematisch hat sich auch der Einsatz privater Notebooks herausgestellt. Eine Problematik in Bezug auf Schatten-IT ist in der Praxis häufig das Szenario, dass Geschäftsdaten auf private Notebooks verlagert werden, damit der Mitarbeiter auch nach Feierabend weiterarbeiten kann. Bedacht wird dabei jedoch nicht, dass dieses Gerät durch Viren befallen werden kann und nicht genau klar ist, welche Dienste somit noch Zugang zu den Daten erhalten könnten. In den nachfolgenden Kapiteln wird dieses Szenario genauer betrachtet. Zu beachten ist in diesem Zusammenhang, dass durch eine solche Auslagerung, in welcher Form auch immer sie stattfinden mag, niemand genau bezeichnen kann, welche Daten betroffen sind, wenn externe Speichermedien verloren gehen oder gestohlen werden.

Des Weiteren kann bei Auslagerung auf unautorisierte Cloudprovider niemand sicherstellen, in welchen Ländern sich die kritischen Daten befinden und somit auch nicht, ob dies ein Compliance- und möglicherweise Sicherheitsproblem darstellt. Diese Beispiele zeigen deutlich, dass IT-Security einen ständigen Prozess darstellt. Dieser muss immer wieder neu durchdacht, betrachtet und überarbeitet werden. Zusätzlich ist es nötig, dass bei der Einführung von Sicherheitsmaßnahmen bereits darauf geachtet wird, welche Anforderungen es in der lokalen IT-Infrastruktur durch das Unternehmen selbst und durch externe Einflüsse gibt.

Im Regelfall ist es daher unabdingbar, zunächst eine Bestandsaufnahme durchzuführen und dabei auf die Hilfe und Beratung eines Experten zurückzugreifen. Da KMU oftmals keinen IT-Administrator mit nötigem Know-how anstellen, ist dies umso wichtiger. Viele KMU haben keine tiefergehenden Vorstellungen davon, welche Punkte bei IT-Security oder in der Folge von IT-Compliance zu beachten sind. Deshalb benötigen diese Expertenwissen.

Daher kann aufgrund der gemachten Praxiserfahrungen und weiterer angeführten Informationen festgehalten werden, dass eine Aufgabe von IT-Security ist, schnell IT-Security- und Compliance-Verstöße festzustellen und vor diesen zu schützen beziehungsweise Maßnahmen einzuleiten. Dies kann beispielsweise das unbefugte Zugreifen Dritter auf Daten der Firma oder das Eindringen von Angreifern über das Internet sein. Aber auch das Schulen und Sensibilisieren der Mitarbeiter im Umgang mit IT ist wichtig und notwendig. Letzteres wird auch durch das WIK in einer Veröffentlichung angeführt (vgl. WIK Wissenschaftliches Institut für Infrastruktur und Kommunikationsdienste GmbH 2017, S. 7).

In Bezug auf die Mitarbeiter des Unternehmens gibt es jedoch auch einen eher unangenehmen Punkt zu betrachten. Der Fall, dass das Unternehmen aufgrund eigener oder einer durch die Firma ausgesprochenen Kündigung verlassen wird, birgt in der Folge ebenfalls verschiedene Sicherheitsrisiken und Anforderungen in Bezug auf IT. Da es verschiedene Szenarien gibt, in denen Kündigungen ausgesprochen werden, bestehen auch unterschiedliche Reaktionen der Mitarbeiter darauf. So sollte in jedem Fall bewusst sein, dass es notwendig ist, den Zugang zu den systemkritischen Bereichen der IT für diesen Mitarbeiter sofort zu sperren. Aus der Praxis sind einige Szenarien bekannt, in denen ein Mitarbeiter durch nicht gesperrte Zugänge noch Zugriff auf Unternehmensdaten über das Internet hätte haben können. So hätte dieser Daten abgreifen oder auch manipulieren und dem Unternehmen schaden können. Deshalb sollte das Sperren der Zugänge und andere wichtige Folgemaßnahmen im Zuge einer Kündigung direkt durch das Unternehmen selbst erfolgen, da es mitunter einige Tage dauern kann, bis ein IT-Dienstleister den Auftrag zum Sperren und Entfernen der Zugangsdaten eines ehemaligen Mitarbeiters umsetzen kann.

Aus der Praxis ist auch bekannt, dass viele Unternehmen keinen Handlungsplan hinsichtlich der notwendigen Schritte in Bezug auf die IT-Sicherheit beim Kündigen eines Mitarbeiters besitzen. So werden häufig auch einige Schritte vergessen. Deshalb ist es neben der Dokumentation des Netzwerkes wichtig, zusammen mit den beteiligten Experten einen Handlungsplan auszuarbeiten. Dies sollte erfolgen, da diese besser identifizieren können, welche Software und Systeme bzw. in manchen Fällen auch welche externen Zugänge genutzt werden. Daher sollte auch im jeweiligen Interesse des KMU klar sein, welcher Mitarbeiter Zugriff auf welche Dienste und vielleicht auch Webseiten besitzt. Nur so kann ermöglicht werden, dass nichts vergessen wird. In diesem Zusammenhang sollte auch von vornherein beachtet werden, personenbezogene Accounts zu erstellen, da sonst viele Benutzer das Kennwort für einen einzigen Account kennen, dessen Deaktivierung zur Arbeitsunfähigkeit vieler Mitarbeiter führen würde.

In der Praxis hat sich empfohlen, zunächst den Haupt-Account des Benutzers zu deaktivieren. In der Folge sollten alle weiteren Dienste entweder deaktiviert oder das Kennwort geändert werden, sofern andere Mitarbeiter noch Zugriff auf Geschäftsdaten im jeweiligen Account benötigen. Des Weiteren sollten die Gerätschaften des Mitarbeiters sofort eingezogen werden. Es ist in der Praxis schon häufiger vorgekommen, dass Mitarbeiter so noch Daten des Unternehmens entwenden konnten. Im besten Falle besitzt Ihr Unternehmen ein sogenanntes Mobile Device Management (MDM), mit dem das Fernlöschen der Geräte möglich ist. So werden alle Geräte sofort beim Aufbau einer Internetverbindung unbrauchbar gemacht. Auf den nächsten Seiten wird das Thema MDM noch einmal behandelt. Es ist notwendig, diese Schritte mit einem Experten im Sinne eines Handlungsplan zu erarbeiten und dabei auch geltendes Recht zu beachten.

Um zur Verdeutlichung der Wichtigkeit noch einmal auf das genannte Praxisbeispiel zurück zu kommen: Aus der Praxis ist ein Szenario bekannt, in dem über einen Account eines ehemaligen Mitarbeiters von externer Seite aus Daten hätten gelöscht oder manipuliert werden können. Wenn Sie im Internet zu diesem Thema suchen, werden Sie zusätzlich auch verschiedene Erfahrungsberichte von anderen Firmen entdecken. Mit diesem Thema wird in der Praxis häufig unbewusst zu leichtfertig umgegangen. Daher möchte ich Sie darauf hinweisen und ermutigen, diesbezüglich eine Strategie mit Experten auszuarbeiten, damit Sie nicht in der Folge Opfer einer solchen betrieblich bedingten Handlung werden.

In der Praxis fällt auf, dass es für KMU in den meisten Fällen selbstverständlich ist, eine Firewall zu besitzen. Sie sind sich jedoch meist nicht bewusst, dass das bloße Bereitstellen einer Firewall alleine nicht IT-Security bedeutet und nicht alleine ausreichend ist (vgl. Bundesamt für Sicherheit in der Informationstechnik (BSI) 2017, S. 23). Von daher sollte von einem Experten genau betrachtet werden, welche Art von Firewall zum Einsatz kommen muss. In den meisten Fällen, dies gilt für Firewalls und Antivirensysteme, handelt es sich, wie in Abschn. 2.5 beschrieben, nur um passive Systeme. Das bedeutet, wenn ein Angriff stattfindet, reagieren diese meist erst, wenn die Bedrohung bereits bekannt ist. Ist der Angriff aber der erste seiner Art, helfen die Geräte nicht zwangsläufig weiter, sondern bedürfen eines erweiterten Funktionsumfangs und notwendiger Weise einer Anpassung der Konfiguration.

Eine Beratung durch einen externen Experten ist jedoch auch deshalb empfehlenswert, weil KMU die Lagerung und Haltung ihrer IT-Infrastruktur vernachlässigen. Aus der Praxis sind mir Beispiele bekannt, in denen KMU gänzlich auf den Schutz der IT-Infrastruktur vor externen physischen Einflüssen verzichtet haben. Die Geräte waren dabei für jedermann, auch für Kunden und Zulieferer, zugänglich und gänzlich ungeschützt. Dabei ist jedoch nicht nur der bloße Zugang zu den Servern gemeint, sondern auch, dass eine Manipulation der Daten direkt am Server problemlos möglich war. In allen mir bekannten Fällen war dabei neben Maus, Tastatur und Monitor auch das Administratorkennwort am Server angebracht. Da die Server zusätzlich meist in Bereichen standen, die durch Kunden einfach zu erreichen waren und dennoch für Mitarbeiter nicht immer sofort einsichtig waren, erleichterte dies eine Manipulation am IT-System ungemein. Da Mitarbeiter jedoch nicht sensibilisiert waren, war ein Zutritt ohne weiteres möglich. Bestätigt wird dies auch durch eine Veröffentlichung des WIK aus dem Jahr 2018, nach der nur 24 Prozent kleiner KMU Zugangskontrollen zu Serverräumen bis zu diesem Zeitpunkt umgesetzt hatten (vgl. WIK Wissenschaftliches Institut für Infrastruktur und Kommunikationsdienste GmbH 2018, S. 18).

Um IT-Security konform abzubilden, bedarf es in der Praxis jedoch der Ausarbeitung einer unternehmensweiten IT-Compliance-Richtlinie für den individuellen Fall zusammen mit einem Experten. In dieser Richtlinie sollte unter anderem festgehalten sein, wie IT gelagert wird und wer Zugang zu dieser haben darf. Außerdem sollte eine IT-Strukturanalyse, wie etwa in Anlehnung an den BSI IT-Grundschutz möglich wäre, durchgeführt werden, mit Hilfe derer im weiteren Verlauf weitere schützenswerte Dinge im Zusammenhang mit IT aufgedeckt und festgehalten werden sollten. Des Weiteren muss definiert sein, welche Benutzer administrative Zugänge zum System erhalten. Im besten Falle wird außerdem protokolliert, wer den Serverraum betreten hat und aus welchem Grund. Dies dient nicht nur der Manipulationsüberwachung, sondern auch dazu, leichter Fehler finden zu können. So kann beispielsweise eingegrenzt werden, dass um eine bestimmte Uhrzeit eine bestimmte Tätigkeit verrichtet wurde, und eine mögliche Fehlerursache kann so schneller eruiert werden.

In den IT-Compliance-Richtlinien sollte auch definiert sein, welche Kennwortrichtlinien es gibt. Diese sollten Komplexitätsvoraussetzungen entsprechen und müssen in bestimmten Zeiträumen erneuert werden. Dazu zählt auch die Frage, ob Kennwörter im Browser gespeichert werden dürfen. Gerade bei letzterem Punkt wird häufig unterschätzt, wie schnell diese gespeicherten

Kennwörter zum Verhängnis werden können. Beispielsweise könnte ein Virus, der als getarnter PDF-Anhang über eine E-Mail auf einem Kundensystem eingetroffen ist, dabei eventuell, je nach Virus, solche Passwörter abgreifen. Dabei machen sich diese Viren verschiedene Sicherheitslücken zunutze, die beispielsweise in einer nicht gepflegten IT-Umgebung häufig in einer Vielzahl vorliegen.

Zum Schutz der Unternehmensdaten empfiehlt sich jedoch außerdem, festzulegen, wie die Endgeräte der Benutzer hinsichtlich Umsetzung der IT-Sicherheit ausgestattet sein sollen. Es sollte festgelegt werden, welches Antivirensystem genutzt wird und welche weiteren Maßnahmen lokal getroffen werden. Dazu zählt auch das Verschlüsseln von Notebooks der Mitarbeiter. Gerade für ein Gerät, welches im Außendienst genutzt wird, ist dies sehr empfehlenswert. Durch die Verschlüsselung kann erreicht werden, dass nur eine autorisierte Person beziehungsweise eine solche mit den entsprechenden Zugangsdaten die Daten auf dem Gerät öffnen kann. Diesem Anwendungszweck wird beispielsweise das windows-eigene Programm Bitlocker gerecht. Dennoch sollte auch unternehmensweit festgelegt sein, welche Kennwörter für eine solche Verschlüsselung genutzt werden können. Kennwörter wie der Firmenname, die Seriennummer des Gerätes oder andere leicht zu erratende Folgen sind nicht empfehlenswert. Vielmehr sollte auch hier, wie beim Kennwort des Betriebssystems, auf die Komplexität geachtet werden. Denn auch hier gilt, dass jemand mit genügend krimineller Energie auch durch einfaches Erraten bereits schnellen Zugang zum System erhalten könnte.

Bei der Verwendung von komplexen Kennwörtern ist in der Praxis häufig aktives Boykottieren der IT-Compliance-Richtlinie durch Mitarbeiter festzustellen. Diese lagern ihre Kennwörter dann meist für jeden ersichtlich in der Nähe des Monitors. Beliebte Orte sind dabei unter der Tastatur, direkt am Bildschirm und auf oder unter der Schreibtischunterlage. Einige schreiben ihr Kennwort sogar in den Kennworthinweis des Betriebssystems. Machen Sie selbst einmal den Test und versuchen Sie, mit den Dingen, die Sie auf dem Schreibtisch eines Kollegen finden, in dessen Computer einzudringen. Sie werden erschrocken sein, wie einfach es oft ist, Zugang zu erhalten. Die angesprochene Problematik kann durch erweiternde Sicherheitsfeatures vermieden werden. Wenn die Entsperrung des Gerätes mit sogenannten Smartcards oder auch dem Fingerabdruck gestattet wird, ist noch immer eine hohe Sicherheit gewährleistet, wenngleich es den Mitarbeitern nun zumeist leichter fällt, die Vorgabe einzuhalten.

Während hinsichtlich der Kennwortlagerung eher ein Angriff aus dem Inneren des Unternehmens beschrieben wurde, so ergeben sich durch den leichtfertigen Umgang mit Kennwörtern auch durchaus Probleme mit dem Zugriff von außen. Dadurch, dass in der Praxis häufig ganze Unternehmen oder auch Abteilungen identische Kennwörter ohne Komplexitätsanforderungen haben, kann der Verlust eines einzigen Geräts schon zum Verhängnis werden, denn Kennwörter können zumeist ausgelesen werden. Gerade wenn der Zugriff auf die Server des KMU von externer Seite über das Internet möglich ist, wird ein Hack vereinfacht. In der Praxis ist aufgefallen, dass es einige Unternehmen gibt, mit deren Administratorenbenutzern man sich aus dem Internet an den Servern anmelden kann. Dabei ist das Kennwort im Regelfall häufig der Firmenname oder andere leicht zu erratene Dinge aus dem Unternehmensumfeld. Erschreckend ist, dass dieses Sicherheitsrisiko in der Praxis vielen Unternehmen bekannt ist, man dies aber hinnimmt, weil man nicht damit rechnet, einmal betroffen zu sein. Gerade, wenn Sie ein selbstverwaltetes E-Mail-System mit externem Serverzugriff angebunden haben, besteht ein Risiko, gehackt zu werden, wenn Faktoren wie unregelmäßige Patches und Updates sowie einfache Kennwörter und Sonstiges zutreffen.

Folgendes Beispiel soll verdeutlichen, wieso die Chance gehackt zu werden, auch bei einem KMU besteht. Stellen Sie sich vor, dass Sie in einem Stadtteil in Ihrer Umgebung sind. Sie stellen fest, dass außer einigen wenigen Grundstücken alles bebaut ist. Das heißt, egal wo Sie hingehen und klingeln würde Ihnen, sofern jemand zuhause ist, geöffnet werden, oder Sie würden zumindest jemanden über die Freisprecheinrichtung erreichen. Nun stellen Sie auch fest, dass bei manchen Grundstücken der Zugang in das Innere eines Gebäudes wirklich einfach ist. Bei manchen steht die Hintertür offen, bei anderen liegt der Schlüssel, wie zu erwarten, unter der Fußmatte, und bei wieder anderen steht sogar die Haustür offen. Nun gibt es aber auch Gebäude, bei denen Sie nicht einmal das Grundstück betreten können, weil ein großer Zaun darum ist. An manchen Zäunen ist sogar eine Videokamera angebracht.

Sie können sich eventuell schon denken, worauf ich hinaus möchte. Der beschriebene Stadtteil ist wie das Internet. Anstelle von Hausnummern werden im Internet IP-Adressen verwendet. Diese wechseln in den meisten Fällen regelmäßig zwischen den verschiedenen Anschlüssen. Dort spricht man von dynamischen Adressen. Es gibt jedoch auch IP-Adressen, die immer gleichbleiben. Dies sind sogenannte statische IP-Adressen. Dort erreicht man also in der Regel immer denselben Anschluss. Dazu kommt, dass ein Großteil dieser IP-Adressen im IPv4-Adressraum liegen. In diesem Adressraum sind fast alle verfügbaren Adressen vergeben. Es ist also wie eine Straße, die so groß ist, dass es keine Hausnummern mehr für Sie gibt. Es steigt somit auch die Chance, egal bei welcher IPv4-Adresse Sie es versuchen, jemanden zu erreichen. Nun noch einmal das obige Beispiel zum Vergleich. Ein Hacker schaut sich also um, indem er die IPv4-Adressen immer wieder scannt. Dabei beobachtet er im Prinzip auch, ob die Hintertür offensteht und er einfach direkt hineingehen kann. Stellt er fest, dass ein Sicherheitssystem installiert ist, was ihn nicht ohne größere Bemühungen eindringen lässt, so ist die Chance erhöht, dass er weiterzieht und sich ein ‚leichteres Opfer' sucht. Es sei denn, Sie sind sein erklärtes Ziel oder er hat andere Absichten.

Ich hoffe, dass ich Ihnen mit diesem Beispiel erklären konnte, warum Sie auch als KMU mit einer verhältnismäßig kleinen IT-Infrastruktur ein Ziel darstellen können und ohne ausreichende Schutzmaßnahmen sogar ein leichtes Ziel darstellen.

Letzterer Fall wird vor allem auch dann zum Problem, wenn Unternehmen ihre Geräte nicht regelmäßig den neuesten Updates unterziehen oder Mitarbeiter uneingeschränkten Zugriff auf alle Unternehmensdaten haben. Lokaler IT-Infrastruktur wird erfahrungsgemäß meist mangelndes Updatemanagement sowie das fehlende Sensibilisieren von Mitarbeitern zum Verhängnis.

Es ist abschließend also zusammenzufassen, dass zu IT-Security auf lokaler Ebene einige Maßnahmen getroffen werden müssen und es dazu eines Leitfadens zur Umsetzung bedarf. Diese sind zumeist nur von Experten zu erkennen, zu formulieren und durchzuführen. Des Weiteren können diese definieren, welche Schritte notwendig sind, um die IT-Security täglich in entsprechendem Maße zu gewährleisten. Dazu kann unter anderem das Sensibilisieren der Mitarbeiter durch konkrete Maßnahmen zählen. In den nachfolgenden Punkten soll daher aufgezeigt werden, welchen lokalen Herausforderungen KMU sich in der Praxis weitestgehend stellen müssen und welche Möglichkeiten in diesen Fällen zum Schutz führen könnten. Aber es sollte auch immer bedacht werden, dass es einen 100-prozentigen Schutz nicht gibt und die Schutzmaßnahmen im konkreten Einzelfall abweichen können. Deshalb sollte immer ein Experte den Einzelfall betrachten und entsprechende Maßnahmen etablieren. Gerade auch für die in diesem Kapitel genannten Punkte gilt, dass diese nicht auf jedes Unternehmen zutreffen und es daher der individuellen Betrachtung und Umsetzung durch einen Experten bedarf.

3.3.1 Lokale Herausforderungen in KMU

Neben den bereits beschriebenen Problemen haben KMU auf lokaler Ebene weitere Herausforderungen hinsichtlich IT-Sicherheit, die es zu betrachten gilt.

Zu den größten Risiken für die eigene IT-Infrastruktur zählen in der Praxis die letztlichen Anwender. Wie bereits in Abschn. 2.5 angeführt, werden diese von Experten im Vergleich zu Hacker-Angriffen als höheres Sicherheitsrisiko eingeschätzt. Dies entsteht in der Praxis nicht zuletzt durch unzureichende Sensibilisierung der Mitarbeiter, aber auch durch fehlendes Change-Management. Bei der Einführung einer neuen Software oder der Umstellung eines bestehenden IT-Systems werden Mitarbeiter zumeist nicht in die Weiterentwicklung des Unternehmens integriert. Gerade einmal 25 Prozent der Betriebe unternahmen, laut Heyse, demnach in den Jahren 2016/17 eine Umstellung der Führungsmodelle, um ihren Mitarbeitern in der Folge unter anderem generell Mitgestaltung einzuräumen (vgl. Heyse 2018, S. 13). Dies ist auch aus wirtschaftlicher Sicht problematisch, da die Mitarbeiter in der Praxis Prob-

leme bei der Digitalisierung von Geschäfts- und Produktionsprozessen für sich identifizieren und Erfahrungen gewinnbringend
miteinfließen lassen können.

Zumeist ist der Mitarbeiter diejenige Instanz, die fehlerhafte
Abläufe genauer erkennt und diese definieren sowie Verbesserungsvorschläge nennen kann. Im besten Fall hat ein solcher Mitarbeiter sich bereits mit Potenzialen für Digitalisierung in seinem
Unternehmen beschäftigt (vgl. Bär et al. 2018, S. 15). Zum anderen ist gerade jüngeres Personal, wie in Abschn. 3.3 beschrieben,
im Stande, Potenziale zu benennen und auf Prozesse im Unternehmen zu übertragen. Da KMU jedoch IT sowie die Gestaltung
von Geschäfts- und Produktionsprozessen häufig zur alleinigen
Chefsache erklären, fallen weitere Verbesserungsvorschläge in
der Praxis häufig aus der Entscheidungsfindung heraus. Dies führt
nicht zuletzt dazu, dass Mitarbeiter sich den neuen Prozessen ver-
weigern und letztlich die Potenziale einer neuen IT-Infrastruktur
nicht ausgeschöpft oder gar nicht erst aktiviert werden können.
Darum sollten Mitarbeiter an dieser Stelle in die Entscheidungsfindung miteinbezogen werden. Dies hat erfahrungsgemäß auch
den positiven Effekt, dass sie gerne und motivierter mit den neuen
Technologien arbeiten, da sie feststellen, einen Anteil an der Entscheidungsfindung gehabt zu haben. Eine weitere wünschens-
werte positive Folge eines durchgeführten Change-Managements
wäre, dass Mitarbeiter sensibler mit den neuen Technologien umgehen, da sie eine Vorstellung davon haben, welche Risiken vorliegen.

Durch das Nichteinbeziehen von Mitarbeitern entsteht erfahrungsgemäß neben Unzufriedenheit und eventuell sogar auch einem beschädigten Betriebsklima allerdings auch die Problematik,
dass Mitarbeiter sich selbst digitalisieren. Wie bereits in Abschn.
3.3 angesprochen, beginnen diese dann, auf eigene Lösungen zurückzugreifen und die Produkte zu nutzen, die sie aus dem privaten Umfeld für sich selbst als produktivitätssteigernd und einfach
nutzbar ansehen.

Jedoch ist dies nicht, wie beschrieben, nur auf Softwaree-
bene zu beobachten. Viele Mitarbeiter nutzen auch ihre eigene
Hardware im Betrieb. Das heißt, sie bringen eigene Smartphones, Speichermedien und auch Notebooks etc. mit in den Be-

trieb und die tägliche Arbeit ein. Dieses sogenannte ‚Bring your own Device'-Konzept (BYOD) beinhaltet aber auch verstärkte Risiken für IT-Sicherheit und Compliance, wie auch die von Schwartmann und Ohr aufgeführten Risiken darlegen (vgl. Schwartmann und Ohr 2018, S. 512). Hierbei bestehen die Herausforderungen in der Praxis darin, dass das Risiko seine Wurzel nicht im eigentlichen Mitbringen der Geräte hat, sondern darin, wie ein KMU mit BYOD umgeht. Aus der Praxis sind mir einige Unternehmen bekannt, die es begrüßen, wenn Mitarbeiter ihre Smartphones, Tablets und auch Notebooks mit in die Arbeitsprozesse einbringen. Für diese Unternehmen ergibt sich unter anderem der Vorteil, dass dies Geräte sind, die sie nicht selbst anschaffen müssen.

Bei diesen angesprochenen KMU wird im Zuge dessen der Wunsch geäußert, eine WLAN-Lösung zu etablieren, über die Mitarbeiter Zugriff auf die Daten des Unternehmens und auf das Internet erhalten können. In der Praxis steht dabei jedoch meist nicht direkt im Vordergrund, die Daten zu schützen oder IT-Sicherheit zu bedenken. So passiert es, dass der Gedanke, ein WLAN zu betreiben, rein aus dem Praxisnutzen entsteht, aber aus Mangel an Know-how die Sicherheit nicht bedacht wird. Dahinter steht erfahrungsgemäß keine böse Absicht, sondern der Wunsch, die Hardware produktivitätssteigernd einbinden und nutzen zu können. So kann es passieren, dass jeder Mitarbeiter ein nicht weiter geschütztes WLAN betritt und darin Zugriff auf alle Daten des Unternehmens erhält.

Auf den Endgeräten der Mitarbeiter befindet sich dabei jedoch zumeist kein Virenschutz. Des Weiteren wird im Regelfall keine Überprüfung durchgeführt, welche Software ebenfalls Zugriff auf die Daten erhalten könnte. Unabhängig davon wird zusätzlich auch nicht überprüft, ob die Gerätschaften die neuesten Updates eingespielt haben und ob das Betriebssystem überhaupt noch mit Updates unterstützt wird.

Dass diese Gefahr auch beim Zugriff über Smartphones bestehen kann, ist vielen KMU ebenfalls nicht bewusst. Gerade bei günstigen Geräten sind nach weniger Zeit keine Updates mehr vorhanden, wodurch die Risiken in Bezug auf Sicherheitslücken im Gerät und in der Software steigen. In diesem Zusammenhang hat beispielsweise das BSI bei Tests auf günstigen Tablets bereits vorinstallierte Schadsoftware entdecken können (vgl. Tonekaboni 2019, o. S.). Diese hätte in einem solchen Falle auch Zugriff auf das Netzwerk des KMU. In der Praxis könnte hier ein Mobile-Device-Management (MDM) Abhilfe schaffen. Mit diesem System ist in der Praxis unter anderem möglich, die privaten Geräte mit einer Richtlinie unternehmenskonform und somit auch konform mit den IT-Compliance-Anforderungen zu konfigurieren. Je nach MDM-System könnte auch überprüft werden, ob die Geräte mit einem Virus infiziert wären oder die neuesten Updates des Betriebssystems erhalten. Werden die notwendigen Anforderungen nicht erfüllt, könnte eingestellt werden, dass die entsprechenden Geräte automatisiert keinen Zugang mehr zum Netzwerk erhalten. Zusätzlich können viele MDM-Lösungen auch Notebooks und Computer verwalten. Dies ermöglicht die erleichterte Überprüfung aller Systeme auf die neuesten Updates hin. Des Weiteren kann über ein MDM im Regelfall auch die Trennung von privater und Firmennutzung durchgeführt werden. Dies wird jedoch nicht von jedem Endgerät unterstützt. Aufgrund der genannten Punkte empfiehlt sich vor der Einführung einer solchen Lösung das Gespräch mit einem Experten, um auch das Produkt mit dem notwendigen Funktionsumfang im individuellen Fall auswählen zu können.

Neben den Sicherheitslücken durch Konzepte wie BYOD stellt jedoch auch ein ungesichertes beziehungsweise schlecht gesichertes Netzwerk regelmäßig ein Problem dar. Denn auch veraltete oder nicht mit den neuesten Updates versehene WLAN-Hardware kann Sicherheitslücken enthalten, die sich ein Angreifer von außen zunutze machen kann. Dazu später jedoch noch mehr.

Die Herausforderung für ein KMU in der angesprochenen Problemstellung liegt darin, die Mitarbeiterwünsche abzubilden und gleichzeitig IT-Security zu gewährleisten. Durch das Eingehen auf Mitarbeiter- beziehungsweise Kundenwünsche kann jedoch in der Praxis auch das Entstehen von Schatten-IT beschränkt werden und die Abbildung von IT-Security strukturierter und im Sinne der IT-Compliance erarbeitet und umgesetzt werden.

Neben den angesprochenen Themen ist aber auch der Schutz vor Eindringlingen in das Netzwerk und Vireninfektionen über verschiedenste Wege eine Herausforderung für ein KMU. Wenn die Digitalisierung auf lokaler Ebene vorangetrieben und beispielsweise eine Transformation mithilfe von IoT-Technologie angestrebt wird, entstehen weitere Risiken. Die fortschreitende Digitalisierung von Geschäfts- und Produktionsprozessen durch neue Technologien führt zwangsläufig dazu, dass auch Anpassungen an den IT-Security-Systemen vorgenommen werden müssen. Des Weiteren muss die Einrichtung dieser Gerätschaften konform mit den Vorgaben des Gesetzgebers, unternehmenseigenen Auflagen und auch den Anforderungen, die durch Kunden etc. formuliert werden, sein. Gerade die EU-DSGVO beschäftigt KMU in diesem Zusammenhang in Bezug auf IT-Sicherheitskonzepte aktuell (vgl. Mayer 2018, S. 227).

Durch fortschreitende Digitalisierung steigt für ein KMU beispielsweise auch das Risiko, Opfer eines Hacks aufgrund einer Sicherheitslücke oder nicht geänderter Standardpasswörter in IoT-Sensoren zu werden. Dabei können je nach Einsatzort beispielsweise auch interne Zugriffe aus dem Produktionsnetzwerk in das normale Datennetzwerk auftreten. Häufig ist es ebenfalls so, dass einige Sensoren bereits nach kurzer Zeit keine Sicherheitsupdates mehr erhalten oder aufgrund anderer Probleme keine Weiterentwicklung dieser Geräte stattfindet. Darum empfiehlt sich eine genaue Planung, um solche Problemstellungen vermeiden zu können. Es sollte des Weiteren darauf geachtet werden, dass die Geräte regelmäßige Sicherheitsupdates erhalten, weiterentwickelt werden und auch für die Zukunft skalierbar sind. Dabei sollte natürlich immer der Anwendungszweck genau definiert und ein Blick über den Tellerrand gewagt werden.

In der Praxis ist man auf die laienhafte Nutzung von ersten IoT-Geräten als Vorbote der Industrie 4.0 gestoßen. Diese sind vor allem bei KMU im produzierenden Gewerbe zu finden und dort in erster Linie zum Testen eingeführt wurden. Dabei wurde jedoch nicht darauf geachtet, dass die Einbindung mit Risiken verbunden sein kann. Des Weiteren erwiesen sich diese Tests häufig eher als Langzeitlösung, sodass teilweise auch viele verschiedene Geräte ohne Schutzmaßnahmen eingebunden wurden. Dadurch, dass diese Geräte in der Praxis selten vom Verwaltungsnetzwerk getrennt sind, kann durch eine Sicherheitslücke in einem IoT-Gerät auch der Zugriff auf den Rest des Netzwerks erfolgen.

Um Ihnen die Brisanz des Themas aufzuzeigen, empfiehlt sich der Blick in Richtung Smart Home. Dort nutzen viele Privatleute mitunter seit Jahren günstige IoT-Sensoren, beispielsweise zur Heimüberwachung, zur Sprachsteuerung und vielleicht auch zum Öffnen der Haustür, um nur einige mögliche Anwendungsfälle zu nennen. In der Praxis ist es jedoch immer häufiger so, dass diese Sensoren mitunter ungeschützt aus dem Internet erreicht werden können und so im schlimmsten Falle auch ein externer Zugriff beispielsweise auf die Überwachungskameras möglich wäre. All dies kann auch in einem Unternehmen auftreten, wenngleich hierbei andere Problematiken in Hinsicht auf Compliance und IT-Security auftreten. Deshalb möchte ich an dieser Stelle noch einmal darauf hinweisen, nicht zu unterschätzen, welche Angriffsmöglichkeiten bei der ungeplanten Integration von IoT- und IIoT-Sensoren entstehen können. Außerdem sind diese Systeme regelmäßigen Wartungen zu unterziehen.

Zusätzlich kann im Falle eines Hacks oder eines Datenverlustes auf lokaler Ebene in den seltensten Fällen eindeutig festgestellt werden, was die Ursache war oder woher der Angriff kam. Mitunter fällt ein solcher Hack in der Praxis aufgrund mangelnder Sicherheitssysteme erst nach Monaten auf, was das Betreiben von Schadensbegrenzung zu einer großen Herausforderung machen kann. Aufgrund von fehlenden Backups, die darauf zurückzuführen sind, dass die Datensicherungskonzepte nicht verfolgt wurden, kann auch häufig keine Datenwiederherstellung eingeleitet werden. Dadurch, dass Daten nicht automatisiert gesichert wurden oder die Sicherung nur auf externen HDDs ohne ein Rotationskonzept oder andere Sicherungskonzepte und -prinzipen im Hintergrund durchgeführt wurde, kann dies je nach KMU ernsthafte Konsequenzen für den Geschäftsbetrieb mit sich bringen.

Die größte Herausforderung für ein KMU auf lokaler Ebene liegt also vor allem darin, die Einfallstore für mögliche Risiken zu minimieren und sein wertvollstes Gut, den Mitarbeiter, in die Entscheidungsfindung einzubeziehen. Dabei kommt es auch darauf an, dass Entscheidungsträger sich ebenfalls weiterbilden und zusammen mit Experten individuelle Anforderungen ausarbeiten und umsetzen. Zusätzlich sollte Change-Management unterstützend genutzt werden, um Veränderungen im Zuge von Digitalisierung möglichst mit vollem Potenzial einsetzen zu können. Letzteres empfiehlt auch der Digitalverband Bitkom (vgl. Bitkom e.V. 2018b, S. 4–5). Sind diese Ausarbeitungen erstellt und Prozesse in diesem Sinne umgesetzt, können aus den vorherigen Herausforderungen mit genauen Ablaufplänen und Sicherheitskonzepten für ein KMU schnell Potenziale werden. Somit könnte die Digitalisierung von Geschäfts- und Produktionsprozessen erfolgreich vorangetrieben werden.

3.3.2   Möglichkeiten zum Schutz lokaler IT-Infrastruktur

Dass KMU beziehungsweise der generelle Mittelstand die Notwendigkeit von Digitalisierung erkennt und somit damit einhergehend auch IT-Security in diesem Zusammenhang als wichtig erachtet sowie die Potenziale von Digitalisierung erkennt, lässt sich beispielsweise auch an den Initiativen der Industrie- und Handelskammern feststellen. So sind nebst Plakatkampagnen auch immer mehr Informationen von Institutionen verfügbar, die in direktem Kontakt mit KMU stehen. Somit finden sich auf deren Webseiten viele und teilweise auch sehr umfangreiche Informationen zu den Potenzialen und möglichen Risiken von Digitalisierung (siehe Abschn. 2.5). Der deutsche Industrie- und Handelskammertag hat in diesem Zusammenhang eigene Whitepaper wie „Industrie 4.0 – aber sicher!" veröffentlicht (vgl. Paulus et al. 2016, o. S.).

Diese Initiativen zeigen nicht nur, dass Digitalisierung für Unternehmen sinnvoll ist, um weiterhin konkurrenzfähig zu bleiben, sondern auch, dass ein grobes Verständnis der Prozesse und Technologien im Hintergrund und somit auch der Schutz von Daten sowie generelle IT-Security unerlässlich sind.

Neben den Hilfestellungen der genannten Institutionen müssen KMU sich jedoch auch Hilfe durch IT-Security-Experten zur Ausarbeitung von Konzepten und deren Umsetzung einholen. Um eine Übersicht über mögliche IT-Security-Szenarien zu geben, werden diese nachfolgend exemplarisch anhand einiger Beispiele aufgezeigt. Dabei werden vor allem die vorausgehend betrachteten Szenarien und angeführten Risiken aus den vorangegangenen Kapiteln betrachtet.

Zunächst muss jedoch festgehalten werden, dass Digitalisierung von Geschäfts- und Produktionsprozessen sowie konforme IT-Security niemals ohne Investitionsbereitschaft funktioniert. Bevor ein Digitalisierungsprojekt durchgeführt wird, bedarf es daher unbedingt der vorherigen Planung des Budgets, einer Abwägung der Chancen und Risiken sowie der Einführung eines Change-Management-Prozesses.

In der Praxis ist mir aufgefallen, dass seit dem Aktivwerden der EU-DSGVO die Nachfrage seitens KMU nach Firewall-Systemen sowie E-Mail-Archivierungssystemen angestiegen ist, was aber auch eine rein subjektive Wahrnehmung sein kann. Jedoch besteht hierbei der Eindruck, dass der Grundsatz ‚Haben ist besser als Brauchen‘ im Vordergrund zu stehen scheint. Viele KMU beziehen eine Firewall, lassen diese nur grundkonfigurieren und machen keinen Gebrauch aller Möglichkeiten des Systems. Auch nach dem expliziten Hinweisen auf weitere Möglichkeiten, die bereits erworben wurden, werden diese meist nicht umgesetzt beziehungsweise in Auftrag gegeben. Das volle Potenzial einer Sicherheitslösung kommt erfahrungsgemäß in der Praxis leider selten zum Tragen.

Um die Problematik des ungewollten Datenzugriffs von einem IoT-Sensor- beziehungsweise Produktionsnetz aus auf das normale Datennetzwerk zu vermeiden, bedarf es notwendigerweise einer Nutzung von Firewall-Systemen. Dabei sollte auf die Funktionen der demilitarisierten Zone (DMZ) sowie getrennte IP-Bereiche zurückgegriffen werden. Diese eignen sich auch bei der in Abschn. 3.3.1 beschriebenen Problematik bei der Nutzung von WLAN-Geräten. Die DMZ ermöglicht, vereinfacht dargestellt, das Abtrennen von Netzwerken, deren beinhaltete Geräte Informationen für das öffentliche Internet bereitstellen. Eine jeweilige DMZ wird dabei für das restliche Netzwerk wie ein externes Netzwerk dargestellt. Durch die Trennung in verschiedene Netzbereiche bedarf es dazu des Routings, damit aus den Netzwerken aufeinander zugegriffen werden kann.

Vergleichbar ist dies mit einem Navigationssystem und dem Fahren auf der Autobahn. Wenn Sie eine andere Stadt erreichen möchten, fahren Sie nach den Anweisungen des Navigationssystems. Manche Abfahrten sind jedoch gesperrt, sodass die Stadt aktuell nicht erreichbar ist. Dies ist stark vereinfacht dargestellt ebenfalls, was Routing und das Nutzen einer Firewall im Netzwerk eines KMU ausmachen.

Auf diese Weise ist es in der Praxis möglich, für dieses gesonderte Netzwerk Regelwerke in der Firewall einzurichten. In diesen Regelwerken können dann klare Sperren und Freigaben vorgenommen werden. So kann vermieden werden, dass beispielsweise das Produktionsnetzwerk oder ein WLAN-Netzwerk Zugriff auf Server oder Datenbestände erhalten, auf die sie keinen Zugriff erhalten dürfen.

Des Weiteren können zusätzliche Firewall-Funktionen verwendet werden, um den Schutz vor Angreifern aus dem Internet so gering wie möglich zu halten. Doch auch hier gilt wieder, wie bereits mehrfach angeführt, dass es keinen 100-prozentigen Schutz gibt. Dies kann kein System gewährleisten. Um den Schutz gegen Angreifer aus dem Internet möglichst hoch zu halten, empfiehlt sich der Einsatz von Next-Gen-Firewalls. Diese haben einen erweiterten Funktionsumfang im Vergleich zu klassischen Unified Threat Management Firewalls (UTM). Bevor auf die Next-Gen-Firewalls Bezug genommen wird, werden zunächst die UTM-Firewalls betrachtet. Wie die direkte deutsche Übersetzung von UTM bereits aussagt, handelt es sich hierbei um einen zentralen Punkt, an dem das Eindringen von Bedrohungen auf Netzwerkebene gestoppt werden soll. Zu den Funktionen gehören im Regelfall die klassische Firewall-Anwendung, Ereignisprotokollierung sowie Sandboxing und vieles mehr. In letzterem Falle werden Programme beim Download zunächst in ein abgeschottetes System der Firewall geladen und auf schadhaften Inhalt hin untersucht. Da Viren jedoch zunehmend mehr ‚Intelligenz besitzen‘, empfiehlt es sich, zusätzlich auf externe Lösungen wie Antiviren-Scanner mit zusätzlichem Malwareschutz zurückzugreifen. Die verschiedenen Funktionen der Firewalls werden im Regelfall gesondert lizensiert. Dies bedeutet, dass die Nutzung einer weiteren Funktion zumeist mit der Bezahlung einer Lizenzgebühr verbunden ist.

Next-Gen-Firewalls wurden allerdings um weitere Funktionen wie Intrusion Prevention System (IPS) und Deep Packet Inspection (DPI) erweitert. Im ersten Fall handelt es sich um ein System, das nicht nur aktiv Angriffe anhand ihrer Verhaltensweisen zu erkennen versucht, sondern diese auch abzuwehren versucht. Im zweiten Fall werden Netzwerkpakete auf deren Inhalte untersucht, um abnormales Verhalten zu erkennen, abzuwehren und blockieren zu können. Es ist jedoch in diesen Praxisfällen festzustellen, dass die damit verbundene gesteigerte IT-Security maßgeblichen Einfluss auf den Durchsatz des Netzwerkverkehrs in der Firewall sowie die Verbindung zwischen getrennten Netzen hat. Dies liegt daran, dass für die gesteigerte Sicherheit viele Rechenoperationen vom Firewall-System durchgeführt werden müssen. Aus diesem Grund sollte zu Next-Gen-Firewalls gegriffen werden, da diese im Normalfall mehr Datendurchsatz als klassische UTM-Firewalls bieten. Dennoch muss bei der Dimensionierung der Firewall-Hardware genau durch einen Experten ermittelt werden, welche Dienste benötigt werden und welcher Durchsatz für den täglichen Geschäftsbetrieb vorhanden sein muss. Next-Gen-Firewalls eignen sich auch deshalb besser zum Schutz von lokaler Infrastruktur, weil sie neben den bereits in Abschn. 2.5 angesprochenen passiven Schutzkomponenten auch mehr aktive Komponenten beherbergen.

Einige Firewall-Hersteller bieten zusätzlich einheitliche Lösungen an, die die Administration deutlich vereinfachen. So haben sie neben Firewalls auch Antivirensoftware für Computer und Server im Angebot. Beispielsweise bieten einige Hersteller vereinfacht gesagt eine Möglichkeit, zentral an einer Stelle die Ereignisse aus der Firewall mit denen der Clients zusammenzuführen und zu administrieren. Der Vorteil des Systems ist unter anderem, dass beim Entdecken eines Verschlüsselungstrojaners im Produktionsnetzwerk durch das Antivirenprogramm die Firewall den entsprechenden Bereich automatisch vom Rest des Netzwerkes abtrennen kann. Voraussetzung dafür ist jedoch das Nutzen von getrennten Netzwerksegmenten. Dieser automatisierte Schutz bringt für KMU auch den Schutz, dass nicht automatisch alle Unternehmensbereiche, beispielsweise durch eine Sicherheitslücke eines IIoT-Gerätes in der Produktionsstraße, von einem Sicherheitsverstoß betroffen sein müssen, sofern diese erkannt wird.

Neben der bereits angesprochenen notwendigen Sensibilisierung der Anwender für mögliche Sicherheitsrisiken im Rahmen von IT-Security durch Schulungen bieten sich in der Praxis weitere Maßnahmen an. So offerieren einige Hersteller auch interaktive Sensibilisierungstools. Diese versenden unter anderem simulierte Phishing-E-Mails an die Mitarbeiter des Unternehmens und überprüfen, ob diese von den Mitarbeitern erkannt werden oder nicht. Dazu können beispielsweise E-Mails gesendet werden, die Bankzugangsdaten abfragen. Gibt der Mitarbeiter diese ein, wird er auf eine Webseite umgeleitet, die ihm erklärt, dass er gerade eine Phishing-E-Mail geöffnet habe. Durch weitere simulierte Angriffe können die Mitarbeiter während des täglichen Arbeitsgeschehens für die IT-Security sensibilisiert und geschult werden. Jedoch ist hinzuzufügen, dass auch diese Sensibilisierungsprogramme von einem Experten angepasst und verschiedene Angriffsvektoren ausgespielt werden sollten, damit das Ziel erfüllt werden kann. In den beiden vorangegangenen Beispielen wurde kein Herstellername genannt, da je nach Marktlage bereits andere Hersteller eine hochwertigere Lösung entwickelt haben könnten, als dies zum Zeitpunkt der Veröffentlichung dieser Ausarbeitung der Fall war. Außerdem sollte die Wahl des Produktes dem jeweiligen Experten überlassen werden.

Abschließend soll noch einmal auf den Beispielfall WLAN eingegangen werden. Damit WLAN-Systeme sicher in einem Unternehmen implementiert werden können, bedarf es der Unterteilung in verschiedene Anwendungsbereiche. In der Praxis hat sich häufig der Einsatz von drei WLAN-Netzwerken angeboten: ein Netzwerk für Notebooks mit Zugriff auf die Verwaltungs- und/oder Produktionsdaten, ein Netzwerk für reine mobile Endgeräte mit eingeschränktem und überwachtem Zugang sowie ein Gastnetzwerk. So darf zum Beispiel ein Gastnetzwerk niemals Zugriff auf die Server oder andere Geräte im Netzwerk erhalten. Am sinnvollsten ist auch hier die Nutzung von DMZ und verschiedenen Authentifizierungsmethoden. Bei einem Netzwerk, innerhalb dessen auf die Produktivumgebung zugegriffen werden kann, empfiehlt sich in einigen Fällen der Einsatz eines RADIUS-Servers mit LDAP-Abfrage. Dieser stellt sicher, dass sich nur Benutzer und Computer in das WLAN einloggen können, die auch tatsächlich einen Benutzer- beziehungsweise

Computer-Account im Verzeichnis auf dem Domänenserver besitzen.

In die Überlegungen für IT-Security sollten im Rahmen des IT-Notfallmanagements auch Maßnahmen zur redundanten Auslegung von Servern, Backups, Switches etc. sowie zum Schutz vor Stromausfällen miteinfließen.

Bezüglich der Redundanz von Serversystemen ist in der Praxis gerade bei KMU häufig der Kostenaspekt jener, der die redundante Auslegung von Systemen verhindert. Es gibt jedoch auch einige Grundsicherungen, die im Verhältnis keine hohen Investitionen verlangen, jedoch keiner vollumfassenden Absicherung entsprechen.

Beim Kauf eines Serversystems sollte zunächst betrachtet werden, welche Ausgangsvoraussetzungen im KMU herrschen. Es sollte ein Konzept von einem Experten erarbeitet werden, der Ihnen anschließend verschiedene Handlungsalternativen vorlegen und diese erklären sowie begründen sollte. In diesen Konzepten sollte dabei auch in Betracht gezogen werden, dass das Serversystem redundante Netzteile besitzt, die Festplatten eine Sicherheit durch RAID-Level gewährleisten und ein geeignetes Backupszenario vorliegt. Des Weiteren ist es empfehlenswert, den Einsatz von ‚unabhängigen Stromversorgungen' (USV) zu planen, um im Falle eines Stromausfalles keinen Datenverlust zu erleiden. Es empfiehlt sich dabei, je ein Netzteil eines Serversystems an eine andere USV anzuschließen. Somit wäre es auch möglich, Änderungen an der Verkabelung im laufenden Betrieb vorzunehmen. Außerdem würde der Server von der USV im Falle eines tatsächlichen Stromausfalles noch einige Minuten mit Strom versorgt werden können und dann durch ein Signal der USV geordnet heruntergefahren werden können. Es sollte darauf geachtet werden, dass die USV netzwerkfähig sind und somit auch virtuelle Maschinen mit einer Zusatzsoftware herunterfahren können. Zusätzlich können die USV auf diese Weise auch überwacht werden und einfacher mit neuen Firmwareständen versorgt werden. Eine USV ist im Regelfall eine Anschaffung, die sich auf viele Jahre bewährt und im Normalfall Wartungskosten nur durch den Tausch der Akkus verursacht.

Neben der Absicherung der Stromversorgung sollte auch erarbeitet werden, ob die Virtualisierung der Server sinnvoll ist. Durch die Virtualisierung können Sicherungen und Rücksicherungen bei ordnungsgemäßer Konfiguration mitunter schneller durchgeführt werden. Ebenso gibt es verschiedene Szenarien, in denen die virtuellen Server automatisiert auf eine andere Serverhardware umziehen können und dort normalerweise ohne merkliche Unterbrechung für die Anwender weiterarbeiten. Dies hat neben Ausfallsicherheit auch den Vorteil, dass Wartungsarbeiten an den Serversystemen auch während der normalen Arbeitszeit durchgeführt werden können. Durch die Trennung von Servern in virtuelle Maschinen entsteht außerdem der Vorteil, dass der Neustart einer Anwendung oder der damit verbundene Neustart des Servers nicht zwangsläufig zum Ausfall aller Systeme führt. Es kann in einem solchen Fall explizit die betreffende virtuelle Maschine gewartet werden, ohne andere Systeme zu beeinflussen.

Sie merken bereits, dass es in diesem Zusammenhang sehr viele verschiedene Möglichkeiten gibt und diese an dieser Stelle nicht alle näher erläutert werden können. Zum einen wäre dies zu umfangreich, und zum anderen ergeben sich je nach Kundenanforderungen sowie abhängig vom System durchaus auch andere Variationen der genannten beispielhaften sowie weiterer Möglichkeiten. Wichtig ist in diesem Zusammenhang nur, dass Sie von den verschiedenen Möglichkeiten gelesen haben und somit in einem Angebotsgespräch oder der Erarbeitung eines Konzeptes diese Ideen miteinbringen können. Auch wenn viele Dinge den Kostenrahmen eines KMU übersteigen, sollte zumindest eine Grundsicherung bestehen, wie vorausgehend grob angesprochen. Bedenken Sie: Sie müssen sich auf Ihre IT-Infrastruktur verlassen können, denn je nachdem, welche Dienste Sie darauf nutzen, kann dies im Falle eines Ausfalls durchaus zu weitreichenden Konsequenzen für Ihr Unternehmen führen. An dieser Stelle sollte es deshalb nicht durch einen Mangel an Informationen über die Beschaffenheit der Systeme zu Einsparungen kommen, die später zum Verhängnis werden könnten.

Generell ist festzuhalten, dass es zahlreiche Systeme gibt, die IT-Security auf lokaler Ebene gewährleisten sollen. Es ist niemals möglich, einen 100-prozentigen Schutz zu erreichen. Es ist aber nicht empfehlenswert, keine der genannten Schutzmaßnahmen im Sinne der IT-Sicherheit und auch im Sinne des Ausfallschutzes einzusetzen. Aus diesem Kapitel sollte vor allem zu erkennen sein, dass ein KMU nicht ohne IT-Security auskommt und dass lokale Datenhaltung sowie lokale fortschreitende Digitalisierung auch Investitionsbereitschaft und Verständnis für die IT-Prozesse voraussetzen. Ein KMU sollte IT-Security deshalb nicht unterschätzen. Darum empfiehlt es sich, mit Experten zusammen zu arbeiten und/oder einen Mitarbeiter für die IT einzustellen. IT ist, wie eingehend erwähnt, eine notwendige Serviceabteilung und wird in den nächsten Jahren durch die Digitalisierung deutlich als wichtige Säule des Unternehmens und somit auch als Geschäfts- und Produktionsfaktor an Bedeutung gewinnen.

3.4 Umsetzung von Compliance-Maßnahmen

In diesem Kapitel sollen die in Abschn. 2.4 bereits angesprochenen Compliance-Vorgaben für die Verwendung von IT auf lokaler Ebene anhand von Praxisbeispielen beispielhaft erörtert werden. Wie bereits in Abschn. 2.4 aufgezeigt wurde, gibt es IT-Compliance und Compliance, die durch IT umgesetzt wird. In der Praxis ist häufig jedoch ein fließender Übergang der beiden Bereiche erkennbar. Nachfolgend wird zur Vereinfachung deshalb keine Unterscheidung zwischen den beiden Begrifflichkeiten und deren Anwendungsfällen vorgenommen. Beachten Sie, dass diese beschriebenen Maßnahmen beispielhaft sind und in jedem Unternehmen andere Voraussetzungen und Anforderungen und resultierende Umsetzungsmaßnahmen herrschen und entstehen können. Es empfiehlt sich in jedem Fall, einen Experten mit der Ausarbeitung einer Lösung zu beauftragen und diese zusammen umzusetzen.

Um Maßnahmen der IT-Compliance umsetzen zu können beziehungsweise deren Anforderungen gerecht zu werden, sollte ein IT-Risikomanagement und im individuellen Fall ein IT-Notfallmanagement sowie die Ausarbeitung eines Compliance-Konzeptes oder eines konkreten Compliance-Managements in Zusammenarbeit mit Experten angestrebt werden. Dies ist nicht nur sinnvoll, um die IT-Security und Compliance zu gewährleisten, sondern vor allem auch, um eine Dokumentation zu besitzen, welche Risiken entstehen, welche Schritte beispielsweise im Falle eines Sicherheitsverstoßes oder dem Ausfall der kritischen IT-Infrastruktur zu setzen sind und um die Anforderungen identifizieren zu können und umsetzen zu können. Außerdem empfiehlt es sich, einen Überblick über die Software und somit auch die Lizenzen und eventuelle Lizenzverstöße im Unternehmen zu gewinnen. Unbewusste Lizenzverstöße können in der Praxis schnell und ungewollt entstehen.

Dies passiert unter anderem, wenn jeder Mitarbeiter vollen administrativen Zugriff auf seinem Computer oder Notebook besitzt und somit im Stande ist, jegliches Programm zu installieren und vollen administrativen Zugriff auf seinem Gerät auszuüben. Zumeist wird dann Software installiert, die für den Privatgebrauch kostenfrei ist, aber für die Verwendung im Unternehmen einer Lizensierung bedarf. Dies wird zumeist nicht mit Absicht überlesen. Im Falle einer Prüfung beziehungsweise eines Audits kann dies zu hohen vermeidbaren Strafen führen. Einige Unternehmen führen Prüfungen in Unternehmen durch, um diese auf Lizenzverstöße zu überprüfen. In den letzten Monaten ist außerdem aufgefallen, dass diese Unternehmen gerade auch über Werbung in sozialen Netzwerken die Benutzer auffordern, Lizenzverstöße in ihrem Unternehmen zu melden. Gerade, wenn der Mitarbeiter in diesem Beispiel unzufrieden mit seinem Unternehmen ist oder die Prämie für die Meldung für sich beanspruchen möchte, kann dies zu erheblichen Problemen für das zu prüfende Unternehmen führen.

Auch prüfen beispielsweise einige Unternehmen im Business-to-Business-Bereich, ob und wie ein Unternehmen, mit dem zusammengearbeitet werden soll, die Compliance-Vorgaben umsetzt bevor eine Zusammenarbeit stattfindet. In diesen Bereich können beispielsweise fallen: der Zugang zu Geschäftsräumen sowie etwa Richtlinien, wie den Kennwortrichtlinien und generelle Datenschutzrichtlinien.

Es ist auffällig, dass der Zutritt zu Geschäftsräumen mit IT-Infrastruktur oftmals ungeschützt ist. Ein Angreifer könnte so Zugriff auf Daten erhalten, die sich in den Räumen befinden. Es handelt sich hierbei also um einen Angriff innerhalb des Betriebes, während Unternehmen in der Praxis vielmehr den Angriff von außerhalb durch einen Hack fürchten. Eventuell könnten durch den Zutritt in die Geschäftsräume Kennwörter oder Datenbestände in digitaler Form entwendet werden. Im ungünstigsten Fall bemerkt das Unternehmen davon nicht einmal etwas. Dies wird in der Praxis tatsächlich begünstigt, da meist in der Folge einer fehlenden unternehmensweiten IT-Richtlinie meist keine automatischen Bildschirmsperren und komplexe Kennwörter eingerichtet sind. Ein weiteres Problem ist, dass Mitarbeiter, wie vorausgehend bereits ausgeführt, ihre Kennwörter häufig für jeden ersichtlich unmittelbar in der Nähe des Computers lagern.

Anhand der eingehend beschriebenen Beispiele ist zu erkennen, dass Compliance in Bezug auf ihre Umsetzung vorwiegend mit dem Faktor Mensch zusammenhängt, da dieser für die Einhaltung verantwortlich ist. Die Mitarbeiter sollten deshalb sensibilisiert werden für unbewusst eingehbare Risiken und ihren Umgang mit Datenhaltung im privaten sowie im geschäftlichen Umfeld überdenken. In der Praxis sind Schulungen durch Experten hier sehr angebracht, da diese sowohl die gesetzlichen Hintergründe genauer beschreiben können und zum anderen praktische Beispiele aufzeigen sowie Fragen beantworten können. Auch sollten die Mitarbeiter in die Prozesse miteinbezogen werden. In der Praxis sind mir bereits häufiger Situationen begegnet, in denen Mitarbeiter aktiv den Prozess boykottieren. Dies kann beispielsweise auf mangelnde Kommunikation im Unternehmen zurückzuführen sein oder auch einfach daran liegen, dass die Vorschläge der Mitarbeiter nicht von den Entscheidungsträgern aufgenommen und beantwortet werden. Ein konkretes Beispiel aus der Praxis war die Einführung einer automatischen Bildschirmsperre in einem KMU. Diese Sperre wurde jeweils nach fünf Minuten aktiviert und hatte den Zweck, dass es beim Verlassen des Büros einem Eindringling erschwert wird, am ungeschützten Arbeitsplatz agieren zu können. Diese Einführung führte zu Beschwerden, Boykott und Unverständnis, da diese vorher nicht angekündigt wurde. Deshalb sollte ein Change-Management-Prozess für alle Belange der IT und Compliance, die unmittelbar die Mitarbeiter betreffen, genutzt werden. Die Mitarbeiter des Unternehmens sollten somit alle zusammen die Entwicklung der sie betreffenden Maßnahmen zur Umsetzung der Compliance gemeinsam durchlaufen.

Weitere Informationen, die sich neben anderen Themen auch mit Compliance und vor allem mit IT-Security beschäftigen, können beispielsweise dem aktuellen BSI-Grundschutzkompendium 2019 entnommen werden (vgl. Bundesamt für Sicherheit in der Informationstechnik (BSI) 2019 o. S.). Empfehlenswert sind in der Praxis, als resultierende Maßnahmen aus IT-Compliance, zum Beispiel die Einführung eines Berechtigungskonzeptes für den Zugriff auf Dateien, die Absicherung der Geschäftsräume, die Einführung einer Kennwortrichtlinie, die automatische Sperre von Computern, die Verschlüsselung von Notebooks sowie der geschützte Zutritt zu Serverräumen, um Manipulationen zu vermeiden. Auch die Sensibilisierung der Mitarbeiter darf hier nicht außer Acht gelassen werden. Des Weiteren müssen, wie in Abschn. 3.3 bereits genannt, weitere Maßnahmen zur Umsetzung durch IT-Security gewährleistet werden können. Dazu sollte, wie bereits mehrfach angesprochen, ein Experte hinzugezogen werden. Dies ist ebenfalls wichtig, da weitere Vorgaben hinsichtlich Compliance, beispielsweise Datenschutz, aus der EU-DSGVO und anderen Verordnungen, Gesetzen und Regularien entstehen und entstehen können. Zur Identifikation sollte jedoch ein Experte hinzugezogen werden.

Um Compliance im Unternehmen zu etablieren gibt es, wie in Abschn. 2.4 angesprochen verschiedene Möglichkeiten. Hierzu sollte jedoch ein Experte hinzugezogen werden, da die Einführung eines solchen Modells neben Kosten auch mit der Ausarbeitung und Überarbeitung verschiedener Prozesse verbunden ist. Hierbei sollte auch bedacht werden, dass solche Prozesse ständiger Prüfung und gegebenenfalls Anpassungen an Anforderungen und Gesetzeslage bedürfen.

Bei der Umsetzung von Compliance-Maßnahmen im Bereich der IT kann ein KMU durch eine Vielzahl von Experten, wie etwa von einem externen Datenschutzberater sowie einem externen IT-Experten für das IT-Risikomanagement sowie IT-Security unterstützt werden. Es sollte des Weiteren ein Change-Management-Prozess aufgesetzt werden, der hilft, alle Mitarbeiter in den Prozess zu involvieren und Widerstände zu vermeiden. Dies ist insbesondere wichtig, um die Entstehung von Schatten-IT und somit auch die Umgehung von IT-Compliance einzudämmen. Ein zertifizierter Nachweis der Einhaltung von Compliance-Vorgaben kann, wie in Abschn. 2.4 bereits aufgezeigt, Geschäftsbeziehungen stärken und dem Unternehmen Handlungssicherheiten bieten.

3.5 Abgrenzung zu Cloudsystemen

Im Folgenden soll ein Ausblick auf das Kap. 4 und zum Abschluss des Kapitels 3 eine Abgrenzung von On-Premises-Infrastruktur zu Cloudsystemen vorgenommen werden. Dafür wird generell definiert, inwiefern sich On-Premises-Infrastruktur von Cloudsystemen unterscheidet. Das Hauptaugenmerk soll in diesem Kapitel jedoch auf erstere gelegt werden. Hierzu werden sowohl Vorteile sowie Potenziale als auch Nachteile der On-Premises-Umgebung betrachtet und diese genauer aufgeschlüsselt. In Kap. 4 wird ebenfalls eine Abgrenzung von Cloudsystemen zu On-Premises vorgenommen. Abschließend werden die Ergebnisse in Kap. 5 diskutiert.

Generell ist festzuhalten, dass ohne eine gewisse minimale lokale Infrastruktur eine Cloudlösung für KMU nicht funktionieren kann. Ohne ein Endgerät und einer Infrastruktur beispielsweise in Form von LAN oder WLAN mit Internetanschluss vor Ort kann nicht auf Clouddienste zugegriffen werden. Diese einfachste Form des Netzwerkes unterscheidet sich von den On-Premises-Strukturen, die sich bei KMU häufig vor Ort befinden. Diese haben im Praxisfall in der Regel einen eigenen Server, strukturierte Verkabelung des LAN und im besten Falle ein Firewall-System sowie einen geeigneten Router.

Daher sind es KMU gewohnt, am lokalen Unternehmensstandort IT vorzuhalten. Meine Praxiserfahrung ist dabei, dass viele Entscheidungsträger in KMU beim Stichwort Cloud erschrocken reagieren, da sich weitläufig die Meinung hält, dass Cloud bedeute, man müsse alles aus der Eigenverwaltung nehmen und an einen Clouddienstleister übergeben. Dies entspricht jedoch nicht der Realität einer Cloud. Welche Dienste und Services letztlich in diese verlagert werden, obliegt jedem Kunden und Unternehmen selbst. Inwiefern es sinnvoll ist, über eine lokale Infrastruktur zu verfügen, soll nachfolgend betrachtet und erläutert werden. Dabei soll auch berücksichtigt werden, wie Digitalisierung in lokalen IT-Strukturen stattfinden und somit der Weiterentwicklung von Geschäfts- und Produktionsprozessen dienlich sein kann.

3.5.1 Vorteile und Potenziale aus Sicht von KMU

In den meisten Fällen verfügen KMU bereits über lokale IT-Infrastrukturen. Dabei ergeben sich für Entscheidungsträger in KMU verschiedene Vorteile, die mir gegenüber in Kundengesprächen immer wieder formuliert wurden und sich ebenfalls mit den Ergebnissen von Studien decken. So geben viele Geschäftsführer an, dass ihnen die lokale IT-Infrastruktur einen schnelleren Datenaustausch ermöglichen würde. Dadurch würden die Mitarbeiter Zugriff auf freigegebene Ordner haben und würden beispielsweise über Netzlaufwerke zügig Daten austauschen können. Des Weiteren sei der Ausbau des Internets nicht fortgeschritten genug, dass die Mitarbeiter ihre Daten mit ihren Kollegen oder anderen Firmen über Cloudservices austauschen könnten. Bei KMU, deren Internetanbindung ausreichend für die Benutzung von Clouddiensten ist, kommt es im Regelfall zur Nutzung von VPN-Verbindungen auf die Server am Standort des Unternehmens. Die Nutzung von VPN-Verbindungen ist jedoch meist bei größeren KMU der Fall, wie auch das WIK festhält (vgl. WIK Wissenschaftliches Institut für Infrastruktur und Kommunikationsdienste GmbH 2017, S. 6). Außerdem wird in der Praxis häufig angeführt, dass das KMU selbst über die Datenzugriffe verfügen könne und wüsste, wo sich die Daten des Unternehmens befinden würden. Man habe außerdem die Kontrolle über die Backup-Prozesse und wisse, an welchen Stellen sich Backups befänden und wie man diese schnell wieder einspielen könne. Zusätzlich werden Sicherheitsbedenken, wie etwa in Form von Datenschutzbedenken, gegenüber Clouddiensten angeführt (vgl. Bundesdruckerei GmbH und Kantar Emnid 2017, S. 26). Lokal könne man als Unternehmen selbst überprüfen, ob man einem Hack ausgesetzt war oder sonstige Sicherheitsrisiken zu befürchten habe. Insofern sei man sich sicher, dass man als KMU mit lokaler IT-Infrastruktur ein schlechteres Ziel abgeben würde, in der Cloud jedoch angreifbarer sei.

Diese Punkte zählen zu den häufigsten Gründen bei KMU, deren Geschäftsmodelle Zugriffe auf das Internet und den Austausch von Dateien voraussetzen. Dennoch gibt es auch KMU, deren Geschäftsmodelle nicht gänzlich abhängig vom Internet sind. So existieren in der Praxis auch KMU, deren Anforderungen nur der Austausch von E-Mails mit Kunden waren. Ein Arbeiten von Remote, also im Home-Office oder der Austausch von Dateien war dort nicht gewünscht und nicht erforderlich. Bei diesen Unternehmen handelt es sich um solche, deren Endkunden oder auch das Unternehmen selbst häufig hohe Anforderungen an die Sicherheit und Vertraulichkeit stellen. Die Anforderungen sehen dabei in vielen Fällen unter anderem vor, dass keine physische Verbindung des Produktionsnetzes zum Internet bestehen darf. Vor Ort verifizieren diese Unternehmen dann, ob die Auflagen etabliert wurden.

In solchen Fällen entstehen häufig Umgebungen, die vor Ort in zwei Bereiche getrennt sind. So gibt es ein komplett autarkes Produktionsnetzwerk. Dieses hat an keiner Stelle eine physische Verbindung zu dem Netzwerk, das Zugriff auf das Internet hat. Dabei hat häufig jeder Mitarbeiter an seinem Arbeitsplatz einen bis zwei Computer. Jeder Computer ist dabei an eines der beiden Netzwerke angeschlossen. Es besteht dabei auch zumeist die Anforderung, dass keine Daten zwischen beiden Netzwerken von Hand übertragen werden dürfen, beispielsweise über USB-Sticks. In einem solchen Fall findet der Einsatz von Clouddiensten und Transformation zu einer Optimierung der Produktion mit Industrie 4.0 keine Einsatzgrundlage.

Jedoch können KMU auch bei der Verwendung von lokalen Ressourcen mit Anbindung an das Internet Potenziale für sich geltend machen. So müssen nicht zwangsläufig alle Dienste der lokalen IT in die Cloud transferiert werden. Vor allem Geschäfts- und Produktionsprozesse können auf lokaler Ebene durch Industrie 4.0 mit IoT- und IIoT-Geräten sowie neuen Prozessmodellen digitalisiert werden. Dazu bedarf es nicht zwangsläufig des Austausches von Daten über Dienste wie OneDrive, Dropbox und ähnlichen. Vielmehr kommen hier IIoT-Sensoriken zum Einsatz, die beispielsweise helfen können, die Auslastung von Maschinen zu optimieren und unter anderem Fehlerfrüherkennung zu ermöglichen.

Zusätzlich ist es möglich, mit entsprechender Software auch lokal den Datenaustausch zu vereinfachen. Die Nutzung von Diensten wie Microsoft OneDrive kann auch auf lokaler Ebene etabliert werden. Dies übersteigt jedoch im Normalfall erheblich das Budget von KMU, da neben der Anschaffung von Lizenzen, Software und Servern auch enorme Konfigurationen und regelmäßige Wartungen vorgenommen werden müssen. Da dies im Normalfall nicht von einer fachfremden Person oder einer Person ohne Expertise in den jeweiligen Produkten vorgenommen werden kann, muss in solchen Fällen auf die Dienstleistung von Experten in genau diesen Gebieten zurückgegriffen werden.

Darüber hinaus können ERP-und CRM-Systeme auf lokalen Datenbankservern liegen und externe Mitarbeiter trotzdem Zugriff auf diese haben. In der Praxis empfehlen sich solche Szenarien je nach Kundenanforderungen und nach Anforderungen an IT-Security sowie Datenhaltung. Beispielsweise könnte dies unter bestimmten Ausgangsvoraussetzungen in Unternehmen sinnvoll sein, in denen so gut wie jeder Mitarbeiter ein Smartphone besitzt, um neben Telefonaten auch E-Mails empfangen zu können. Unter dieser Prämisse können auch die weiteren Potenziale der Geräte genutzt werden. So können über bestimmte Apps beispielsweise Zugriffe auf die Server in der Firma vorgenommen werden, die dann beispielsweise die Verfügbarkeit von Baugerätschaften und Auslastungen messbar machen können. Des Weiteren ist auch die Zeiterfassung oder ähnliches über diese Weise übermittelbar. Die Daten werden dabei direkt auf die lokalen Server in der Firma übertragen. Diese Szenarien sind auch mit Clouddiensten abzubilden, hängen jedoch von den Auflagen, an die die jeweilige Firma gebunden ist, sowie deren eigenen Entscheidungen hinsichtlich IT-Security und Compliance sowie Datenhaltung und nicht zuletzt deren Internetanbindung ab.

Damit Potenziale und Vorteile auf lokaler Ebene gewinnbringend für ein KMU genutzt werden können, ist auch die Betrachtung von Nachteilen und eventuellen Problemstellungen notwendig. Diese treten auch bei der fortschreitenden beziehungsweise voranschreitenden Digitalisierung im Umfeld von On-Premises auf. Diese sollten jedoch genutzt werden, um Potenziale aktivieren zu können und abwägen zu können, welche Modelle der Digitalisierung unter Zuhilfenahme welcher Technologie für ein KMU sinnvoll sind. Daraus resultiert in der Folge auch, ob man sich rein für die Cloud, eine lokale oder eine hybride Lösung entscheiden sollte. Nachfolgend sollen die angesprochenen Nachteile und Problemstellungen dargelegt werden.

3.5.2 Nachteile und Problemstellungen

In diesem Kapitel soll, wie bereits im vorangegangenen Kapitel angesprochen, auf die Nachteile und Problemstellungen lokaler IT-Infrastruktur eingegangen werden. Dafür werden die genannten Punkte aus Abschn. 3.5.1 hinsichtlich ihrer Nachteile und Probleme betrachtet und Cloud-Diensten gegenübergestellt.

Generell ist es nachvollziehbar, dass KMU, deren explizite Anforderung es ist, die Verbindung in das Internet zu unterbinden, die Digitalisierung durch Einflüsse internetgestützter Dienste nicht nutzen werden. Allerdings besteht an diesem Punkt auch kein Bedarf und keine Möglichkeit, da das Geschäftsmodell dieser Unternehmen solche Möglichkeiten nicht zulassen. Dennoch machen sich diese Unternehmen in diesen Fällen meist stark abhängig von den Auflagen einzelner Geschäftsbeziehungen. Inwieweit die Abhängigkeit von einzelnen Geschäftsbeziehungen die Zukunft des Unternehmens sichert, hängt dabei jedoch stark vom jeweiligen Markt ab und liegt generell im Entscheidungsraum des Unternehmens selbst. Dennoch betrachten wir nachfolgend auch die weiteren vorausgehend andiskutierten Aussagen von KMU, die in ihrem Umfang deutlich größer sind als das gerade angeführte Beispiel.

Die genannten Aussagen in Abschn. 3.5.1 setzen voraus, dass KMU auf lokaler Ebene bereits geeignete Sicherheitsmaßnahmen getroffen haben. Dazu zählt unter anderem auch, dass IT-Security im Sinne der mit Experten ausgearbeiteten Standards umgesetzt wurde, siehe hierzu Abschn. 3.3. Des Weiteren sollten Maßnahmen für die Einhaltung von Compliance-Anforderungen zusammen mit Experten ausgearbeitet und umgesetzt worden sein, siehe hierzu Abschn. 3.4.

Dies setzt mitunter hohe Investitionen auf lokaler Ebene voraus. Bereits in diesem Punkt ist eine Problemstellung seitens mittelständischer Unternehmen erkennbar, was oft auch so angeführt wird. So befürchten laut einer Studie der TU Darmstadt in Zusammenarbeit mit creditshelf AG 71 Prozent der Unternehmen im mittelständischen Dienstleistungssektor, dass ihnen die finanziellen Mittel während der Umsetzung von Umstrukturierungsmaßnahmen zur Digitalisierung ausgehen könnten, wenngleich sie dem Thema Digitalisierung in der Investitionsplanung eine hohe Bedeutung einräumen würden (vgl. Waschbusch 2019, o. S.).

Des Weiteren wird vorausgesetzt, dass KMU über IT-Know-how im eigenen Haus verfügen oder regelmäßig durch einen IT-Dienstleister betreut werden. Weiterbildung der Mitarbeiter im Sinne digitaler Arbeitsprozesse ist ebenfalls notwendig. Jedoch ist laut dem Digitalverband Bitkom die Ausgangslage so, dass in 6 von 10 Unternehmen Mitarbeiter generelle Weiterbildungen einfordern (vgl. Bitkom e.V. 2019b, o. S.). Aus diesem Grund sollten KMU in die finanzielle Planung hinsichtlich neuer Arbeitsprozesse oder sonstiger neuen Anforderungen unbedingt auch Weiterbildungsmaßnahmen für deren Mitarbeiter in die Finanzplanung miteinbeziehen. In der Praxis ist es jedoch häufig so, dass in KMU selten ein Mitarbeiter das notwendige Know-how besitzt, um eine IT-Infrastruktur selbst zu administrieren und in der Folge auch keine Empfehlungen für Weiterbildungen ausgesprochen werden können.

Zu diesem Problem kommt hinzu, dass auch im Falle der Betreuung durch einen Dienstleister oftmals keine Weiterentwicklung der IT-Infrastruktur stattfindet und somit im weitesten Sinne die Digitalisierung der Arbeitsprozesse nur langsam vorangetrieben wird. Dies liegt in der Praxis daran, dass IT-Dienstleister meist nur auf akute Probleme eingehen und aufgrund finanzieller Einschränkungen durch den Kunden nichts zur Weiterentwicklung und Festigung der bestehenden IT-Infrastruktur beitragen können, dies wurde auch in Abschn. 2.5 angesprochen.

Neben den genannten Anforderungen bestehen jedoch auch Nachteile bei der reinen Nutzung lokaler IT-Dienste. Es muss deshalb immer abgewogen werden, welchen Nutzen ein KMU durch die jeweilige Verwendungsart und -form erhält und ob dieser sinnvoll ist. Diejenigen KMU, die Daten mit ihren Unternehmenskunden, also Business-to-Business, austauschen oder mit diesen sogar zeitgleich an Datensätzen arbeiten müssen, können dies in der Regel auf lokaler Ebene nicht ohne größere Aufwände oder umständliche und schwer administrierbare Lösungen abbilden. Eine solche Anbindung erfordert neben hochverfügbaren Servern und einer gut gepflegten Backup-Strategie auch geeignete Sicherheitsmaßnahmen. Somit kommen auf KMU noch weitere Anforderungen durch Compliance und IT-Security hinzu. Des Weiteren muss in einem solchen Szenario auch bedacht werden, dass die Konfiguration der Systeme nur durch Experten in den jeweiligen Software- und Hardwarebereichen vorgenommen werden kann. Dies kann selten bis gar nicht durch eigene Mitarbeiter erfolgen. Außerdem bedarf es der regelmäßigen Pflege und Weiterentwicklung der Systeme. In den meisten Fällen wird diese Lösung bei der Aufrechnung aller Kosten die möglichen finanziellen Aufwendungen weit übersteigen.

Es kann in diesem Anwendungsfall daher sinnvoller sein, auf Cloudprovider zurückzugreifen. Dort ist das simultane Arbeiten an Dateien im Browser in den meisten Fällen bereits problemlos ohne zusätzliche Konfigurationen möglich. Zusätzlich ist es möglich, mit nur wenigen Klicks eine Datei an firmeninterne und -externe Personen freizugeben. Ergänzend kann vereinfacht gesteuert werden, welche Kunden oder mitarbeitende Unternehmen Zugriff auf Datenbestände haben dürfen. Die Verwaltung der Berechtigungen kann dabei außerdem in den meisten Fällen auch so eingeschränkt werden, dass keine Daten an Personen ohne bestimmte geschäftliche E-Mail-Adressen gesendet werden können. Dies ist beispielsweise durch explizite Domainfilter möglich. Die jeweiligen Konfigurationen sind in der Praxis jedoch meist nur durch Experten im Sinne der jeweiligen Anforderung durchführbar und abhängig von der eingesetzten Lösung.

In diesem Zusammenhang ist festzustellen, dass vor allem Handwerksbetriebe zunehmend auf digitale Zusammenarbeit mit Kunden setzen. Dies bestätigt auch eine Veröffentlichung des Digitalverbandes Bitkom und des Zentralverbandes des Deutschen Handwerks (vgl. Bitkom e.V. und Zentralverband des Deutschen Handwerks 2017, S. 5). Im Querschnitt aller deutschen Unternehmen sind laut

BMWi bereits 61 Prozent der Unternehmen mit ihren Geschäftskunden vernetzt (vgl. Bundesministerium für Wirtschaft und Energie (BMWi) und Kantar TNS 2017, S. 16).

Abhängig von der Digitalisierungsrate der Mitarbeiter entsteht für ein KMU aber bei ausschließlich lokaler Nutzung von IT ein weiterer bereits angesprochener Nachteil: Es kommt in der Praxis zur Entstehung von Schatten-IT. Dies passiert unter anderem dann, wenn Mitarbeiter Potenziale in der Digitalisierung von Arbeitsprozessen in ihrem jeweiligen Unternehmensbereich oder ihrer Abteilung entdecken, aber etwa durch die Geschäftsleitung eine abteilungs- oder unternehmensweite Digitalisierungsstrategie abgelehnt wird. Diese Entstehung von Schatten-IT ist dabei erfahrungsgemäß kaum zu unterbinden, wenn ein Unternehmen sich weiterhin den Potenzialen der Digitalisierung verschließt. An dieser Stelle werden Potenziale verpasst und Sicherheitslücken geöffnet. Aus der Praxis sind mir einige Szenarien bekannt, in denen Schatten-IT unternehmensweit zu großen Problemen führte. So begannen einige Abteilungen in einem Unternehmen, PDFs zu bearbeiten. Jedoch nutzte jeder Mitarbeiter für sich eine andere Software. Jede hatte ihre Vorzüge und auch Nachteile. Doch das Problem bestand letztlich darin, dass jeder Mitarbeiter mit seiner Software in einigen Dingen immer langsamer war als andere Mitarbeiter und letztlich auch einige Funktionen gänzlich fehlten, als weitere Programme im Zuge der Digitalisierung hinzukamen. Dies ist gewiss nur ein verhältnismäßig kleines Beispiel für die Problematik Schatten-IT. Weitere Praxisbeispiele sind vor allem im Bereich der unautorisierten Datenauslagerung angesiedelt.

Auch traf ich häufiger die Nutzung verschiedener Speichermedien und Ablagesysteme an, da unternehmensweit kein Standard definiert wurde. So kam es in vielen Fällen dazu, dass Daten des Unternehmens sowohl auf vielen verschiedenen Onlinespeichern als auch auf externen Speichermedien und lokal auf den Geräten der Mitarbeiter verteilt waren. Im Nachgang führt dies nicht nur zu einer organisatorischen Herausforderung, sondern vor allem zu unüberschaubaren Risiken hinsichtlich IT-Security und der Einhaltung von Compliance-Anforderungen.

In Abschn. 3.5.1 wurde zudem angesprochen, dass KMU sich auf lokaler Ebene sicherer hinsichtlich Angriffe aus dem Internet einschätzen. Doch ist dies nur auf subjektiver Ebene aus Sicht des KMU wahrnehmbar. Aus Verfassersicht betrachtet ist die Nutzung von Clouddiensten oftmals, jedoch nicht in jedem Fall, sicherer, da sich Angriffe auf einen Teilbereich der Cloud direkt zum Vorteil anderer Cloudnutzer ergeben könnten. Sicherlich muss auch hier unterschieden werden, wem die Administration der Sicherheitssysteme obliegt. So ergeben sich diese Effekte im Regelfall nur, wenn die Administration den Betreibern der Cloud unterliegt und die Konfiguration auf Kundenseite durch Experten vorgenommen wird. Sicherheitslücken werden dann nicht nur für einen, sondern für alle Endnutzer geschlossen. Passiert auf lokaler Ebene ein Hack bei einem KMU, so erlangen andere KMU daraus keinen direkten Vorteil. Bis der Hack oder Sicherheitsverstoß erkannt wurde, vergehen in der Praxis mitunter Wochen und Monate. Erst wenn entsprechende Unternehmen manuell Updates eingespielt und ihre Hardware aktualisiert haben, kann sich ein verstärkter Schutz gegen das neue Risiko ergeben. Diese Szenarien sind beim Cloudanbieter sicherlich abhängig davon, welche Dienstleistungen er bietet, und müssen je nach Fall unterschieden werden. Außerdem kann eine 100-prozentige Sicherheit nie durch einen Anbieter oder Dienstleister gewährleistet werden. Auf lokaler Ebene ist das Schließen von Sicherheitslücken mitunter auch mit dem Austausch von Hardware verbunden, da häufig je nach Alter der Hardware keine neuen Sicherheitsupdates verfügbar sind.

Die verstärkten Schutzmaßnahmen in Cloudarchitekturen sind vor allem durch ihre Größe und Skalierungsmöglichkeiten vorhanden. Da eine Cloudinfrastruktur im Verhältnis allein wegen ihrer Größe öfter als die On-Premises IT-Struktur eines KMU angegriffen wird, sind somit auch deren Schutzmaßnahmen höher. Dennoch unterschätzen KMU das Risiko eines Angriffs. Laut dem Gesamtverband der Deutschen Versicherungswirtschaft sind gerade Hacks bei kleineren KMU zumeist erfolgreich (vgl. Gesamtverband der Deutschen Versicherungswirtschaft e.V. 2018, S. 2). Aufgrund dessen und durch die fehlenden Sicherheitschecks sowie die fehlende regelmäßige Weiterentwicklung der IT-Sicherheitssysteme sehen

KMU sich daher in falscher Sicherheit. Der Gesamtverband der Deutschen Versicherungswirtschaft führt des Weiteren an, dass Unternehmen sich optimistisch bezüglich ihrer IT-Sicherheit geben würden wenngleich Ihnen die Folgen eines möglichen Hacks bewusst seien (vgl. Gesamtverband der Deutschen Versicherungswirtschaft e.V. 2018, S. 6).

Zusammenfassend ist für dieses Kapitel festzuhalten, dass die Vor- und Nachteile sich vor allem aus den individuellen Anwendungsfeldern der jeweiligen KMU ergeben. Dennoch ist festzustellen, dass KMU Potenziale durch das fehlende Einbeziehen neuer Technologien verlieren und sich hinsichtlich IT-Sicherheit der lokalen IT-Strukturen oftmals in falscher Sicherheit wägen. Dies könnte beispielsweise durch die Umstellung der Dateiablage und des Dateiaustausches auf eine größtenteils in der Cloud betriebene Lösung verschlankt und vermieden werden. Somit könnte auch dazu beigetragen werden, die Entstehung von Schatten-IT zu vermeiden. Des Weiteren sollten Potenziale miteinbezogen werden, die Mitarbeiter für das Unternehmen als positiv identifiziert haben. Dennoch bedarf es auf lokaler Ebene auch bei reinem lokalen IT-Betrieb regelmäßiger Investitionen, die in der Praxis, wie zu Beginn geschildert, häufig nicht erfolgen und daher ein Risiko darstellen könnten. Außerdem bedarf es im jeweiligen Fall der Bewertung, Analyse und Durchführung der identifizierten Maßnahmen durch Experten. Diese können im Regelfall weitere individuelle Potenziale im Unternehmen benennen und umsetzen.

Literatur

Allianz Global Corporate & Specialty (2018) Allianz Risk Barometer 2018. https://www.allianz.com/content/dam/onemarketing/azcom/Allianz_com/migration/media/press/document/2018-01-16_AGCS-Medienmitteilung-Risk-Barometer-2018.pdf. Zugegriffen am 15.10.2018

Bär C, Weiß M, Seyd S (2018) Der digitale Change. In: Bär C, Grädler T, Mayr R (Hrsg) Digitalisierung im Spannungsfeld von Politik, Wirtschaft, Wissenschaft und Recht, 1. Band: Politik und Wirtschaft. Springer, Berlin, S 11–20

Bitkom e.V. (2018a) Kaum Fortschritt bei der Umsetzung der Datenschutz-Grundverordnung. https://www.bitkom.org/Presse/Presseinformation/

Kaum-Fortschritt-bei-der-Umsetzung-der-Datenschutz-Grundverordnung.html. Zugegriffen am 29.09.2018

Bitkom e.V. (2018b) Herausforderungen bei der Digitalisierung von Geschäftsprozessen meistern: Hinweise und Hilfestellungen von Experten. https://www.bitkom.org/noindex/Publikationen/2018/Leitfaeden/Digital-Office/180710-Bitkom-LF-Geschaftsprozesse.pdf. Zugegriffen am 15.10. 2018

Bitkom e.V. (2019a) Mittelstand sieht sich bei Digitalisierung noch als Nachzügler. https://www.bitkom.org/Presse/Presseinformation/Mittelstand-sieht-sich-bei-Digitalisierung-noch-als-Nachzuegler. Zugegriffen am 13.04.2019

Bitkom e.V. (2019b) Weiterbildung: Mitarbeiter ergreifen Initiative. https://www.bitkom.org/Presse/Presseinformation/Weiterbildung-Mitarbeiter-ergreifen-Initiative. Zugegriffen am 14.04.2019

Bitkom e.V., Zentralverband des deutschen Handwerks (2017) Digitalisierung des Handwerks. https://www.bitkom.org/Presse/Anhaenge-an-PIs/2017/03-Maerz/Bitkom-ZDH-Charts-zur-Digitalisierung-des-Handwerks-02-03-2017-final.pdf. Zugegriffen am 15.10.2018

Bitkom Research GMBH, KPMG AG (2018) Cloud-Monitor 2018. https://www.bitkom.org/Presse/Anhaenge-an-PIs/2018/180607-Bitkom-KPMG-PK-Cloud-Monitor-2.pdf. Zugegriffen am 15.10.2018

Bundesdruckerei GmbH, Kantar Emnid (2017) Digitalisierung und IT-Sicherheit in deutschen Unternehmen. https://www.bundesdruckerei.de/de/system/files/dokumente/pdf/Studie-Digitalisierung_und_IT-Sicherheit.pdf. Zugegriffen am 29.09.2018

Bundesamt für Sicherheit in der Informationstechnik (2011) Studie zur IT-Sicherheit in kleinen und mittleren Unternehmen – Grad der Sensibilisierung des Mittelstandes in Deutschland. https://www.bsi.bund.de/SharedDocs/Downloads/DE/BSI/Publikationen/Studien/KMU/Studie_IT-Sicherheit_KMU.pdf?__blob=publicationFile. Zugegriffen am 15.10.2018

Bundesamt für Sicherheit in der Informationstechnik (BSI) (2017) Die Lage der IT-Sicherheit in Deutschland 2017. https://www.bsi.bund.de/SharedDocs/Downloads/DE/BSI/Publikationen/Lageberichte/Lagebericht2017.pdf?__blob=publicationFile&v=4. Zugegriffen am 15.10.2018

Bundesamt für Sicherheit in der Informationstechnik (BSI) (2019) IT-Grundschutz-Kompendium – Edition 2019. https://www.bsi.bund.de/DE/Themen/ITGrundschutz/ITGrundschutzKompendium/itgrundschutz-Kompendium_node.html. Zugegriffen am 13.04.2019

Bundesministerium für Wirtschaft und Energie (BMWi), Kantar TNS (2018) Monitoring-Report Wirtschaft DIGITAL 2018 Kurzfassung. https://www.bmwi.de/Redaktion/DE/Publikationen/Digitale-Welt/monitoring-report-wirtschaft-digital-2018-kurzfassung.pdf?__blob=publicationFile. Zugegriffen am 31.03.2019

Bundesministerium für Wirtschaft und Energie (BMWi), Kantar TNS (2017) Monitoring-Report I Kompakt Wirtschaft DIGITAL 2017. https://www.

bmwi.de/Redaktion/DE/Publikationen/Digitale-Welt/monitoring-re-port-wirtschaft-digital.pdf?__blob=publicationFile&v=8. Zugegriffen am 15.10.2018

Ernst & Young GmbH (2018) Digitalisierung im deutschen Mittelstand. https://www.ey.com/Publication/vwLUAssets/ey-digitalisierung-im-deut-schen-mittelstand-maerz-2018/$FILE/ey-digitalisierung-im-deut-schen-mittelstand-maerz-2018.pdf. Zugegriffen am 15.10.2018

Gesamtverband der Deutschen Versicherungswirtschaft e.V. (2018) Cyberrisiken im Mittelstand. https://www.gdv.de/resource/blob/32708/d3d1509dbb080d899fbfb7162ae4f9f6/cyberrisiken-im-mittel-stand-pdf-data.pdf. Zugegriffen am 15.10.2018

Heyse V (2018) Einleitung: Mittelstand 4.0 im Spannungsfeld des digitalen Wandels. In: Heyse V, Erpenbeck J, Ortmann S, Coester S (Hrsg) Kompetenzmanagement in der Praxis: Band 11. Mittelstand 4.0 – eine digitale Herausforderung: Führung und Kompetenzentwicklung im Spannungs-feld des digitalen Wandels. Waxmann, Münster/New York, S 9–16

Lohmann T (2018) Die neuen Spielregeln unserer Arbeitsgesellschaft – die Millenniumgeneration am Werk. In: Werther S, Bruckner L (Hrsg) Arbeit 4.0 aktiv gestalten: Die Zukunft der Arbeit zwischen Agilität, People Analytics und Digitalisierung. Springer, Berlin, S 40–44

Mayer M (2018) Digital-Business-Recht. In: Fend L, Hofmann J (Hrsg) Digitalisierung in Industrie-, Handels- und Dienstleistungsunternehmen: Konzepte – Lösungen – Beispiele. Springer, Wiesbaden, S 211–228

Paulus S, Kowalski M, Sobania K (2016) Industrie 4.0 – aber sicher!. https://www.ihk.de/documents/38722/99521/dihk-broschuere-sicherheit-industrie-4-0.pdf/b25c60db-e2cd-cbbc-5c7d-00aad5e5ed2c?version=1.0. Zugegriffen am 01.10.2018

Rötzer F (2018) Deutschland schneidet bei der Digitalisierung nur mittelmä-ßig ab. http://www.heise.de/-4063654. Zugegriffen am 03.10.2018

Sackmann S (2017) Unternehmenskultur: Erkennen – Entwickeln – Verändern: erfolgreich durch kulturbewusstes Management, 2. Aufl. Springer, Wiesbaden

Schwartmann R, Ohr S (2018) 11. Kapitel Rechtsfragen beim Einsatz sozia-ler Medien. In: Schwartmann R (Hrsg) Praxishandbuch: Medien-, IT- und Urheberrecht, 4. Aufl. C. F. Müller, Heidelberg, S 432–532

Tonekaboni K (2019) BSI warnt vor vorinstallierter Schadsoftware auf Bil-lig-Smartphones und Tablets. https://www.heise.de/security/meldung/BSI-warnt-vor-vorinstallierter-Schadsoftware-auf-Billig-Smartpho-nes-und-Tablets-4320198.html. Zugegriffen am 14.04.2019

Waschbusch LM (2019) Mittelständler fürchten finanzielle Überforderung, https://www.industry-of-things.de/mittelstaendler-fuerchten-finanziel-le-ueberforderung-a-804041/. Zugegriffen am 14.04.2019

WIK Wissenschaftliches Institut für Infrastruktur und Kommunikationsdienste GmbH (2017) Aktuelle Lage der IT-Sicherheit in KMU – Kurfassung der Ergebnisse der Repräsentativbefragung. https://www.wik.org/fileadmin/

Sonstige_Dateien/IT-Sicherheit_in_KMU/Aktuelle_Lage_der_IT-Sicherheit_in_KMU_-_WIK.pdf. Zugegriffen am 15.10.2018

WIK Wissenschaftliches Institut für Infrastruktur und Kommunikationsdienste GmbH (2018) Aktuelle Lage der IT-Sicherheit in KMU. https://www.prozesse-mittelstand.digital/images/PDF/180426-Expertenforum-Hillebrand.pdf. Zugegriffen am 04.10.2018

Zimmermann S, Rentrop C (2012) Schatten IT. HMD Prax Wirtschaftsinform 49(6):60–68. (Springer Gabler)

Cloud-Computing als Herausforderung für KMU

4

In diesem Kapitel sollen ähnlich wie in Kap. 3 die Herausforderungen für KMU bei der Digitalisierung mithilfe der Cloud betrachtet werden. In Abschn. 2.3.2 wurde der Begriff des Cloud-Computing bereits näher definiert. Nachfolgend soll auf die dort angesprochenen Möglichkeiten von Cloud-Computing eingegangen werden. Um einen geeigneten Vergleich mit Möglichkeiten der Digitalisierung auf lokaler Ebene vorliegen zu haben, wurde der Aufbau dieses Kapitels deshalb ähnlich wie beim vorhergehenden gestaltet.

4.1 Anforderungen und Probleme aus Sicht von KMU

Wie bereits in Abschn. 3.5.1 angesprochen, äußern KMU hinsichtlich der Nutzung von Clouddiensten einige Ängste beziehungsweise sehen sie verschiedenste mögliche Problemstellungen und Herausforderungen. Zu den im Mittelstand häufigsten Bedenken gehören dabei unter anderem, dass keine Kontrolle mehr über die eigenen Daten stattfinde und dass man hinsichtlich IT-Sicherheit und Compliance die Anforderungen nicht erfüllen könne. So führen in einer bereits angeführten Umfrage etwa 88 Prozent Bedenken zur Datensicherheit an und 91 Prozent, dass Daten nicht sicher seien (vgl. Hochschule für Wirtschaft

© Springer-Verlag GmbH Deutschland, ein Teil von Springer Nature 2020 D. C. Leeser, *Digitalisierung in KMU kompakt*, IT kompakt, https://doi.org/10.1007/978-3-662-59738-5_4

und Recht Berlin und forcont business technology GmbH 2017, S. 5). Dicht darauf folgen in der Praxis häufig diejenigen, die Cloud-Computing nicht nutzen, weil ihre Internetanbindung nicht für den Betrieb einer solchen Lösung geeignet ist.

Zu weiteren Praxisproblemen gehört die bereits angesprochene Schatten-IT. Entdecken Geschäftsführer beziehungsweise die Entscheidungsträger Potenziale in den Dingen, die Mitarbeiter im Rahmen von Schatten-IT eingeführt haben, so ist dies im besten Fall bereits die Nutzung von Clouddiensten bei einem Anbieter, der geltende Auflagen erfüllen kann und deren Umsetzung erleichtert. Dies ist jedoch leider nicht immer der Fall, wenngleich auch die Nutzung anderer Cloudanbieter in der Praxis generell für die Anwendung von Cloud spricht, da die Mitarbeiter so zeigen, dass es sie in ihrer Produktivität stärkt.

Die von Mitarbeitern ausgehende, nennen wir sie ‚schleichende Digitalisierung‘ kann insofern zur Herausforderung werden. Dies kann insofern geschehen, als diese nicht geordnet begonnen wurde und Daten ohne einen genauen Plan in die Cloud transferiert wurden. Im schlimmsten Falle führt dies zu Datenverlust oder fehlender Kontrolle und mangelnder Nachvollziehbarkeit.

Nachfolgend soll auf einige Störfaktoren der Digitalisierung eingegangen werden, die sich in der Praxis gezeigt haben. Im Regelfall wird von KMU in erster Instanz der hohe Investitionsbedarf als Hemmnis beschrieben, siehe hierzu auch Kap. 3. Dies ist nachvollziehbar, denn es gibt in der Praxis einige Punkte, die ein KMU nicht alleine umsetzen kann. So muss im Regelfall beim Betrachten der lokalen Ebene Hardware angeschafft, ersetzt oder erweitert werden. Hinzu kommen Kosten für verschiedenste Experten und deren Ausarbeitungen sowie die Wartung der Komponenten und die ständige Überarbeitung der Digitalisierungsstrategie, die auch Folgekosten durch die Schulung der Mitarbeiter mit sich bringt. Außerdem entstehen Kosten durch hohe Zeitaufwendungen für die Einrichtung des Betriebes neuer Prozesse durch die IT oder in Folge der Einführung neuer Technologie.

Außerdem ist der hohe Zeitaufwand gleichzeitig auch eine Herausforderung bei der Umsetzung der Digitalisierungsstrategie. Diese ist häufig darauf zurückzuführen, dass im Regelfall kein einheitlicher Standard hinsichtlich der verschiedenen Belange in Zusammenhang mit IT besteht. Dies ist meist darauf zurückzuführen, dass kein qualifiziertes Fachpersonal für IT-Thematiken im Hause angestellt ist oder der IT-Dienstleister bis dato keine Möglichkeit hatte, einen solchen Standard zu etablieren. In einigen Fällen ist das KMU auch gänzlich ohne interne und externe Unterstützung in IT-Belangen aktiv. Somit können Anforderungen im Zuge von Digitalisierung und teilweise auch bereits davor gültige Anforderungen an IT-Security und an IT-Compliance nicht richtig erfasst werden. So entstehen hohe Zeitaufwendungen durch intensive Zusammenarbeit mit einem IT-Dienstleister, weiteren Experten sowie etwa der Einführung eines Chance-Management-Prozesses. Letztere Punkte sollten in erforderlicher Weise umgesetzt werden.

In der Praxis bemängeln viele KMU auch, dass konkrete Regelungen zum Umsetzen einer Digitalisierungsstrategie in Richtung Cloud fehlen würden. Man würde als KMU keine genauen Regelungen erhalten und finden, und hätte somit auch Probleme bei der Umsetzung, da man sprichwörtlich oftmals im ‚Dunklen tappen' würde. Jedoch kann auch hier angeführt werden, dass dies auf fehlende Expertise und fehlendes Know-how in Form von nicht geschulten Mitarbeitern zurückzuführen ist. Des Weiteren ist es für ein KMU in gerade solchen Fällen schwierig, bei einem möglichen Alleingang ohne Experten entsprechende Regelungen zu identifizieren und diese nach best pratice umzusetzen.

Sofern sich ein KMU beziehungsweise ein Unternehmen des Mittelstandes für die Nutzung einer Public- oder Hybrid-Cloud-Lösung entscheidet, hat es dadurch primär die Absicht, effizienter zusammenarbeiten zu können und generell produktiver zu werden. Dies ergibt sich aus den Antworten von Unternehmen darauf, ob digitale Technologien für sie eine Rolle spielen würden, in einer Umfrage der Ernst & Young GmbH (vgl. Ernst & Young GmbH 2018, S. 8). Wie bereits in Abschn. 2.3.2 beschrieben, ist es vor allem hilfreich, dass Mitarbeiter im Außendienst Zugriff auf Daten besitzen, für die sie ansonsten wieder in die Firma zurückkehren müssten. Weiterhin ergeben sich unter anderem Potenziale bei der Gestaltung von Aufträgen und Auftragsannahmen. Durch den beschleunigten Datenaustausch und die gegebenen Schnittstellen ist

es möglich, direkten Einfluss auf Geschäftsprozesse auszuüben
und so auch von unterwegs Auftragsdaten und weitere Parameter
direkt in, beispielsweise, ein ERP-, CRM- oder Supply-Chain-Ma-
nagement-System (SCM) zu übertragen. Gleichzeitig können über
Cloud-Anwendungen auch aktuelle Zahlen über BI-Lösungen innerhalb von Sekunden durch den Mitarbeiter aufgerufen werden.
Dennoch gilt auch hier zu betrachten, welche Lösungen für das
jeweilige Unternehmen sinnvoll sind und wie diese zu etablieren
sind. Dies hängt von den möglichen zu aktivierenden Potenzialen
im jeweiligen Unternehmen ab und kann meist nur durch die Zusammenarbeit mit Experten sowie dem Austausch mit anderen Firmen identifiziert werden.

Im weiteren Verlauf des Kapitels 4 soll weiter auf die Punkte
IT-Security und Compliance eingegangen werden. Es werden
dazu im Hinblick auf die Potenziale von Clouddiensten am Beispiel aufgezeigt, wie IT-Security und Compliance in der Cloud
abgebildet werden können, da KMU verstärkt Ängste äußern,
dass die Digitalisierung in Richtung Cloud dazu führe, dass sie
alle Daten aus der Hand geben würden und sie somit generell eine
größere Angriffsfläche darstellen würden. Dabei wird in der Praxis, wie bereits angeführt, mit einem möglichen Datenverlust argumentiert.

4.2   IT-Security abbilden – Möglichkeiten und Anforderungen

Die Nutzung von Cloud-Computing führt zu neuen Anforderungen an IT-Security und Compliance. Daraus resultieren etwa
Anforderungskataloge wie der ‚Anforderungskatalog Cloud
Computing C5' des BSI (vgl. Bundesamt für Sicherheit in der
Informationstechnik (BSI) 2017, o. S). Gerade bei der Betrachtung durch KMU sind diese Dienste mitunter schwierig zu erfassen, da sie meist, mangels Know-how im Unternehmen, nicht die
Unterschiede der verschiedenen Cloud-Architekturen definieren
beziehungsweise erfassen können und somit Schwierigkeiten entstehen, die jeweils daraus resultierenden Anforderungen zu erkennen. Aus diesen Gründen haben KMU vor allem Schwierigkeiten,

Compliance und IT-Security in diesem Bereich abzubilden. Dass Probleme in diesen Bereichen auftreten, bestätigt auch eine Studie von Bitkom Research in Zusammenarbeit mit KPMG (vgl. Bitkom Research GmbH und KPMG AG 2018, S. 8). In Abschn. 2.3.2 wurde daher bereits genauer dargelegt, welche Unterschiede es zwischen den Architekturen der Cloud gibt.

KMU nutzen im Praxisfall etwa nur selten IaaS (Infrastructure-as-a-Service). Aus Kostengründen ist es für ein KMU meist unwirtschaftlich, alle Server komplett virtualisiert in der Cloud zu betreiben. Die Herausforderung für ein KMU sind dabei die häufig nicht genau kalkulierbaren Kostenmodelle und die notwendigen administrativen Aufwendungen durch einen IT-Dienstleister, da im Hause zumeist kein Angestellter mit entsprechendem Know-how angestellt ist. Im Regelfall werden IaaS-Umgebungen nach tatsächlich benutzter Leistung abgerechnet, in einigen Fällen auch nach Festpreismodellen. Des Weiteren muss auch in einer IaaS-Umgebung IT-Security, aufgrund verschiedener Eigenheiten der Betriebsart, gewährleistet werden.

Um dies verständlicher zu machen, folgt ein Beispiel aus der Praxis: Erinnern Sie sich daran, als Ihr Server das letzte Mal sehr träge war und alle Ihre Anwendungen permanent ausgelastet waren und vielleicht auch ‚Keine Rückmeldung' anzeigten? Als Sie einen Experten riefen, sagte dieser Ihnen etwa, dass der Arbeitsspeicher stark ausgelastet sei und die CPU (Hauptprozessor) mit voller Leistung arbeite. Man identifizierte dann einen Prozess, der sich aufgehängt hatte und in der Folge den gesamten Server verlangsamte. Den Fehler haben Sie eventuell sogar schon seit einigen Tagen verfolgt. Es hat Sie in ihrem täglichen Arbeitsablauf behindert, war aber für Sie ‚nur' mit Wartezeiten verbunden.

Würde dieses Szenario in einer IaaS-Cloud-Umgebung mit entsprechendem Kostenmodell stattfinden, könnte dies dazu führen, dass Sie am Ende des Abrechnungszeitraumes eine hohe Rechnung zu erwarten hätten. Da die genaue Nutzung der verschiedenen Hardwarebereiche, zum Beispiel RAM (Arbeitsspeicher) und CPU, in einem nutzungsgenauen Abrechnungsmodell genau nach Verbrauch abgerechnet werden, würde die Auslastung eines solchen Prozesses zu nicht kalkulierbaren Kosten führen. Dies würde in diesem Fall nicht nur bedeuten, dass erhöhte Betriebskosten auf

Sie zukämen, sondern Sie auch überhaupt nicht davon profitieren würden, weil Ihre Anwendungen letztlich sogar ausgebremst wurden. Für einige KMU ergibt sich aus dem Betrieb von IaaS-Umgebungen in bestimmten Konstellationen ein sinnvoller Einsatz, jedoch trifft man diese Umgebungen in der Praxis aktuell nur sehr selten im KMU-Umfeld an. Neben Expertenwissen bedürfen solche Systeme der Überwachung durch Monitoring-Systeme um keine ungewollten Kostenspitzen zu verursachen, in einem KMU ist dies zumeist nicht abzubilden.

Aus diesen genannten Gründen nutzen KMU, in der Praxis erfahrungsgemäß, in erster Linie die Public Cloud beispielweise in Form von Microsoft Office 365 oder Google G Suite. Im Regelfall werden in solchen Public-Cloud-Umgebungen die Dienstleistungen standardisiert für den Kunden bereitgestellt und können durch ein für den Endkunden nachvollziehbares Kostenmodell auch besser kalkuliert werden. In einigen Fällen greifen KMU gerade im Zusammenhang mit der Nutzung einer solchen Public-Cloud-Lösung zur Erweiterung auf eine hybride Cloudlösung zurück. Beide Möglichkeiten bieten dabei Potenziale, um Geschäfts- und Produktionsprozesse zu unterstützen, beherbergen jedoch auch verschiedene Anforderungen an IT-Security.

Je nach Art der Cloudnutzung entstehen verschiedene Anforderungen an IT-Security. Nachfolgend soll dabei auf einige allgemeine und beispielhafte Umsetzungsmöglichkeiten eingegangen werden. Wie bereits eingehend beschrieben, handelt es sich dabei, im Fall von KMU, zumeist um eine Public-Cloud-Umgebung mit einer standardisierten Dienstleistung. Zu diesem Standard gehört unter anderem ein gewisser Grundschutz in der Public-Cloud-Umgebung beim Erwerb einer Lizenz. Generell gibt es viele verschiedene Lizenzmodelle, zudem können weitere Funktionen und auch Schutzmaßnahmen hinzugefügt werden. Aus Gründen der Compliance-Anforderungen empfiehlt sich generell, beim Registrieren für Public-Cloud-Umgebungen anzugeben, in Deutschland beziehungsweise in der Europäischen Union ansässig zu sein. Nur so kann vertraglich meist sichergestellt werden, dass die Daten auch in einem europäischen Rechenzentrum gelagert werden und sich an geltende Gesetze der Europäischen Union gehalten wird, dies ist jedoch im individuellen Fall unterschiedlich und sollte durch Experten geprüft und evaluiert werden. Durch die Registrierung bei einem solchen Anbieter erhält man einen Bereich der Public Cloud des Anbieters für sein Unternehmen, auf den außer den Personen mit Administrationsrechten und den Benutzern der Public Cloud in der Praxis niemand zugreifen kann und können sollte. Selbst der Support hat in der Praxis in der Regel nur auf explizite Erlaubnis des Endkunden hin Zugriff auf den Bereich des Kunden, beispielsweise, um Fehler zu beheben. In der Praxis kam es dennoch vor, dass selbst dann durch die Schutzmaßnahmen beim Anbieter selbst kein unbeaufsichtigter Zugriff stattfinden konnte. Jedoch unterscheiden sich hier die verschiedenen Anbieter, dies sollte im Vorfeld durch Experten erörtert werden, und außerdem geklärt werden, wie die einzelnen vertraglichen Regelungen auch im Hinblick auf Datenschutz und generell Compliance formuliert sind. Generell können nur Experten das Risiko eines möglichen Sicherheitsverstoßes oder Verstoß gegen Anforderungen etwa der IT-Compliance in der jeweiligen Cloudlösung beurteilen. Dennoch sollte auch beachtet werden, dass es niemals eine 100-prozentige Sicherheit geben kann.

Zu den Grundfunktionen für IT-Security in der Cloud zählt im Regelfall die Multifaktor-Authentifizierung. Bei einigen Anbietern existieren auch Extrafunktionen zum Schutz und zum Abbilden der IT-Security und Compliance. Diese stehen je nach Anbieter der Public Cloud Lösung häufig in einem Basisumfang zur Verfügung, können jedoch auch durch andere Lizenzmodelle erweitert werden. Sollte man des Weiteren auch die E-Mail-Services in der Cloud nutzen, so bieten die Anbieter im Regelfall auch einen Grundschutz vor Spam sowie Schadsoftware. Jedoch ist der weitaus größere Sicherheitsaspekt der Schutz der Rechenzentren selbst. Die Server der meisten Anbieter befinden sich in Rechenzentren, die nur von autorisiertem Personal betreten werden dürfen und bestimmten Zertifizierungen und Sicherheitsvorschriften unterliegen. Dabei werden im Regelfall Personenkontrollen und genaue Protokolle geführt, die Gelände werden genauestens überwacht. Diesen Schutz genießt ein Server in einem KMU im Regelfall nicht. Hier wird in der Praxis nicht einmal die Tür zum Serverraum verschlossen, sofern es eine solche gibt. Es empfiehlt sich auch hinsichtlich des physischen Schutzes des Rechenzentrums des Cloud Anbieters das Einholen von Informationen, sowie die Beurteilung des jeweiligen Cloud Anbieters durch einen Experten.

Weitere Schutzmaßnahmen können bei Public-Cloud-Anbietern in der Praxis hinzugebucht werden. Es empfiehlt sich, als Endkunde zu beobachten, welche Maßnahmen hinzukommen oder erweitert wurden, so kann der Schutz meist weiterhin erhöht werden oder durch ein neues Modul ersetzt werden. Diese Maßnahmen erfüllen dabei meist bereits in der Standardkonfiguration einen höheren Sicherheitsstandard als viele verbreitete und ungepflegte Konfigurationen von IT-Umgebungen auf lokaler Kundenebene. Jedoch sollte man als KMU beim Einsatz von Clouddiensten dennoch nicht die IT-Security und Compliance leichtfertig mit dem Wissen um die Funktionen betrachten. Auch eine Cloud ist nicht zu 100 Prozent sicher und die Tools können ebenso Fehler enthalten. Daher sollte die Einrichtung und Betreuung durch einen Experten erfolgen, um die Fehlerwahrscheinlichkeit zu senken und die Genauigkeit zu erhöhen. Dennoch sollte auch betrachtet werden, dass die Nutzung einer Public-Cloud-Lösung auch aufgrund ihrer Größe im Verhältnis häufiger angegriffen wird als eine lokale Umgebung beim Kunden vor Ort. Was zunächst negativ klingt, ist in der Praxis jedoch durchaus auch ein Potenzial, denn durch die bestehenden möglichen Risiken werden Angriffe auf die Cloud von den Sicherheitssystemen und Sicherheitsteams im Regelfall schneller erkannt, dies ist jedoch auch vom Anbieter und der jeweiligen Schwere des Angriffs abhängig. Besteht eine Sicherheitslücke, ist hier außerdem der Vorteil, dass diese selbst beim Angriff auf einen Teilbereich der Cloud, Entdeckung vorausgesetzt, für alle anderen Mitglieder mit hoher Wahrscheinlichkeit ebenso geschlossen wird. Hierzu noch einmal der angesprochene Vergleich auf lokaler Ebene: Wird ein KMU etwa gehackt, so fällt dies mangels Schutzmaßnahmen meist erst nach einigen Wochen oder sogar Monaten auf. Die Sicherheitslücke wird dabei oft nicht gefunden. Es ergibt sich also kein direkter Vorteil daraus für andere Unternehmen. Dennoch muss noch einmal betont werden, dass sich daraus zwar ein Vorteil in der Cloud-Umgebung ergeben kann, aber auch in der Cloud Fehler und Sicherheitslücken auftreten können, die nicht sofort erkannt werden.

Der in Abschn. 4.1 genannte Punkt der nicht vorhandenen Regelungen zur sicheren Umsetzung von Cloud-Computing im Rahmen der Digitalisierungsstrategie kann außerdem insofern entkräftet werden, als es ISO-Normen sowie frei verfügbare Informationen des BSI gibt. Das BSI stellt frei verfügbar einen Anforderungskatalog für die Nutzung von Clouddiensten zur Verfügung (vgl. Bundesamt für Sicherheit in der Informationstechnik (BSI) 2017, o. S). Auch der Digitalverband Bitkom bot bereits im Oktober 2009 einen solchen Leitfaden zum Download an (vgl. Bitkom e. V. 2009, o. S.). Dennoch muss festgestellt werden, dass KMU zum einen mangels Expertise nicht wissen, wo diese Informationen zu beziehen sind, und zum anderen nicht im Stande sind, diese Informationen zu verarbeiten und im Sinne der jeweiligen Autoren umzusetzen. Dies bekräftigt abermals, dass eine Digitalisierungsstrategie niemals ohne Experten stattfinden sollte, da so spätere Kosten durch Fehlkonfigurationen vermieden werden können. Andernfalls können Beispiele entstehen, in denen die nachträglichen Kosten die Kosten einer Einrichtung durch ein Expertenteam im Vorfeld deutlich überstiegen werden.

Dennoch sind auch die Anbieter der Cloud-Lösungen in der Bringschuld. Es steht außer Frage, dass die richtige Absicherung der IT und die Einhaltung von Compliance in den Aufgabenbereich der Kunden fällt, dennoch müssen auch die Anbieter aktiv werden, damit Kunden überhaupt die Möglichkeit haben, dies umzusetzen. So ist in der Praxis auffällig, dass die Anbieter nicht zuletzt aufgrund der EU-DSGVO in Europa verstärkt in Sicherheits- und Compliance-Systeme innerhalb der Cloud investiert haben und weiterhin investieren. Zum einen ist dies nicht nur ein neuer Absatzmarkt für die Anbieter, sondern auch nötig, damit diese selbst die Compliance-Auflagen seitens des Gesetzes erfüllen können. Nicht zuletzt sind diese Maßnahmen also förderlich für alle Beteiligten, denn diese Investitionen geben dem Endkunden auch mehr Vertrauen in die Nutzung der Dienste. Des Weiteren ist festzustellen, dass der europäische Markt nicht nur im Business-Bereich ein wichtiger Absatzmarkt für die entsprechenden Anbieter ist. Die Studie „Das digitale Europa 2020" von Statista zeigt etwa deutliche Steigerungen der Absatzzahlen in fast allen Bereichen (vgl. Statista 2017, S. 1). Auch Anbieter von

Cloudlösungen verfolgen diesen Trend und investieren, um das Vertrauen von mehr Kunden gewinnen zu können.

Zusammenfassend ist festzuhalten, dass Cloudprovider vor allem durch Gesetze, Regularien, etc. in deren Absatzgebieten stetig die Infrastrukturen hinsichtlich IT-Security und Umsetzung von Compliance-Anforderungen verbessern beziehungsweise auch dazu verpflichtet sind. Nicht zuletzt wirken diese damit auch den Bedenken der Kunden entgegen, die in den vorausgehenden Kapiteln erläutert wurden. Dies fördert somit für die Anbieter von Cloudlösungen auch den Absatz sowie die Akzeptanz deren Produkte. In der Praxis ist außerdem auffällig, dass die Anbieter zunehmend auch die Bedenken der Endkunden erfassen und diese zu Werbezwecken nutzen. So werden vor allem über soziale Medien Whitepaper und E-Books beworben, die von den Anbietern selbst verfasst wurden und aufzeigen, wie deren Produkte den befürchteten Risiken entgegenwirken können. Es darf jedoch auch nicht in Vergessenheit geraten, dass nicht nur der Betreiber einer Cloudinfrastruktur für IT-Security verantwortlich ist, sondern dass der vorhandene Grundschutz immer auch selbst durch den Endkunden beziehungsweise das KMU verbessert werden kann und dieser im Normalfall im eigenen Verantwortungskreis liegt. Ohne Hilfe von externen Experten oder der Erhöhung des internen Know-hows sind diese Schutzmaßnahmen aber nicht sinnvoll umsetzbar. Dies sollte dennoch nicht vor den möglichen Potenzialen einer Cloudlösung abschrecken, da auch rein aus der Marktsicht ein Weg zu solchen Formen der Digitalisierung unabdingbar ist. Wer die Potenziale von Digitalisierung nicht für sich nutzt, wird früher oder später von der Konkurrenz überholt werden.

4.3   Umsetzung von Compliance-Maßnahmen

Einhergehend mit den Anforderungen an IT-Security ist auch bei Cloudumgebungen die Sicherstellung von Compliance-Anforderungen durch konkrete Maßnahmen erforderlich. Generell ist festzuhalten, dass Compliance-Anforderungen auch in IT-Infrastrukturen On-Premises einzuhalten und umzusetzen sind. Insofern ergibt sich bei der Nutzung von Cloudumgebungen vereinfacht ausgedrückt lediglich die Verlagerung oder die Ergänzung an einen anderen Ort und zusätzlich die Abhängigkeit von einem Anbieter, der aber vertraglich zusichern sollte, sich an geltendes Recht und entsprechende Auflagen zu halten. Nähere Informationen zu dieser Thematik sollten Sie, vor allem aufgrund der möglicherweise schützenswerten Daten in der Cloudumgebung, bei Ihrem Datenschutzbeauftragten und/oder Datenschutzberater sowie weiteren Experten anfragen.

In der Praxis ist jedoch aufgefallen, dass alle eingehend genannten Themen KMU vor deutliche Herausforderungen stellen. Dies liegt zumeist daran, dass diese sich bereits in der IT-Infrastruktur On-Premsies häufig nicht ausreichend an die Einhaltung von Compliance-Maßnahmen gehalten haben und nun ebenso Schwierigkeiten haben, diese in einer Cloud-Umgebung einzuhalten beziehungsweise zu etablieren. Die bestehende Problematik hierbei ist, dass es lokal vor allem in kleinen KMU erfahrungsgemäß selten Konzepte zur Umsetzung beispielsweise durch IT gibt, wie sich in Kundengesprächen immer wieder bestätigte.

Der Schutz von Daten und die Einhaltung von Compliance werden für ein KMU durch die Anbieter der Cloudlösungen jedoch zumeist deutlich vereinfacht und die Umsetzung von Anforderungen durch bestimmte dafür bereitgestellte Werkzeuge unterstützt. Während es lokal oftmals schwierig ist, Daten zu schützen, da einerseits häufig nicht genau bekannt ist, wo sich diese befinden, oder sie andererseits auf externen Speichermedien ausgelagert sind, ist es in der Cloud durch die Zentralisierung und die angesprochenen Assistenten häufig einfacher zu gestalten. Der Vorteil hierbei ist unter anderem die zentrale Speicherung der Daten an einem Ort in der Public Cloud des Kunden. Daten können dabei jedoch auch lokal verwendet werden. Durch Zusatzsoftware und entsprechende Apps ist es möglich, die Dateien in einen abgeschotteten Bereich der Apps herunterzuladen. Beim nächsten Kontakt mit dem Internet werden die Änderungen wieder zusammengeführt beziehungsweise neue Dateien hinzugefügt oder gelöscht. Die Verfügbarkeit dieser Anwendungen, Apps und Funktionen ist jedoch vom Anbieter abhängig und sollte je nach Anwendungszweck im Vorfeld geklärt werden.

Im Beispiel von gängigen Cloud-Anbietern zählen zu den Vereinfachungen im Zusammenhang mit der Abbildung von Compliance unter anderem Tools zum Verwalten der sicherheitsrelevanten Bereiche sowie Vorgaben zur Einhaltung und Umsetzung von Compliance. In diesen Bereichen kann beispielsweise festgelegt werden, wer Zugriff auf Daten haben darf. Außerdem besteht die Möglichkeit, etwa Aufbewahrungsfristen für kritische Dokumente festzulegen, die dann automatisch für die entsprechenden Bereiche angewendet werden. Durch solche Assistenten ist es, je nach Anbieter, deutlich vereinfachter und im Regelfall ohne lokale Zusatzsoftware möglich, Anforderungen seitens Gesetzen, Regularien, Kunden oder auch eigene Anforderungen für die Daten in der Cloudumgebung umzusetzen. Die genannten Assistenten verfügen zumeist über weitere unterstützende Maßnahmen und werden stetig weiterentwickelt. Die generellen Anbieter der Public-Cloud-Lösungen helfen ihren Kunden allerdings auch durch Leitfäden und Infomaterialien bei der Einrichtung und Abbildung der Compliance-Maßnahmen. Außerdem werden von diesen verschiedenen Hilfestellungen auch durch weitere Tools gegeben und meist auf häufige Fehler hingewiesen, damit diese vermieden werden können. Dies ersetzt jedoch nicht die Umsetzung durch Experten und die Zusammenarbeit mit diesen.

Optional können bei vielen Cloud-Providern weitere Maßnahmen ergriffen werden. So kann teilweise auch festgelegt werden, welche Endkunden oder Partnerunternehmen Daten mit ihren lokalen Computern synchronisieren dürfen und an welche E-Mail-Empfänger Links zum Teilen von Daten gesendet werden dürfen. Dies ist insbesondere wichtig, um zu vermeiden, dass Daten an unberechtigte Dritte abfließen. Durch die zentrale Bündelung in der Cloud ist Compliance somit für den Endanwender angenehmer zu verwalten und bedarf nicht zwangsläufig extra zu erwerbender Zusatzsoftware. Im Regelfall ist es außerdem möglich, Zusatzpakete für weiteren Schutz oder Compliance zu lizenzieren. So kann bei einigen Anbietern etwa durch Zusatzmodule bestimmt werden, an welchen Standorten Mitarbeiter sich für bestimmte Aktionen befinden müssen. Eine denkbare Einsatzmöglichkeit wäre beispielsweise, dass im Firmensitz keine Multifaktor-Authentifizierung erfolgen muss, jedoch schon, wenn der Mitarbeiter außerhalb des Firmensitzes aktiv ist.

Durch weitere Dienste ist es darüber hinaus möglich, festzulegen, welcher Benutzer Dokumente öffnen darf. Somit ist es auch möglich, dass bei einem Dateiverlust an Dritte Dokumente nicht geöffnet werden können, solange man sich nicht mit einer autorisierten Benutzer-ID anmeldet, dies ist jedoch vom Anbieter der jeweiligen Lösung abhängig. Die jeweiligen Funktionen sollten jedoch durch Experten im jeweiligen Sinne der Funktion konfiguriert werden.

Zusätzlich existieren Leitfäden von Institutionen, wie im Regelfall etwa der örtlichen IHK sowie dem BSI, die Sicherheitsanforderungen formulieren. Diese sind den Unternehmen dabei oftmals nicht bekannt, oder es ist ihnen nicht bewusst, wie diese umzusetzen sind. Schwierigkeiten bei der Umsetzung der Anforderungen der EU-DSGVO stellt beispielsweise auch der Digitalverband Bitkom in einer Veröffentlichung zum Fortschritt der Umsetzung der EU-DSGVO in deutschen Unternehmen fest (vgl. Bitkom e.V. 2018a, o. S.).

Um auch bei Ausfällen von Cloud-Rechenzentren arbeiten zu können, empfiehlt sich des Weiteren die Anfertigung von Backups und die Nutzung von Archivierungssoftware wie etwa Dokumenten-Management-Systemen (DMS). Auf der einen Seite können durch Lösungen verschiedenster etablierter Hersteller von Backup-Software Backups der Daten aus der Cloud-Umgebung in ein deutsches oder auch eigenes Rechenzentrum durchgeführt werden. Dies ermöglicht auch, Dateien wiederherzustellen, die die Dauer des Papierkorbes in der Cloud übersteigen und dort nicht mehr wiederherstellerbar wären. Auf der anderen Seite ist die, mit GoBD-Anforderungen konforme, Archivierung von E-Mails in einigen Fällen meist nur mit Zusatzsoftware möglich, dies kann sich zum Zeitpunkt der Veröffentlichung auch geändert haben und sollte je nach Cloudlösung durch einen Experten gesondert beurteilt werden. Auch Public-Cloud-Anbieter bieten verschiedene Archivierungslösungen an, diese sollten aber von Experten als tauglich für den jeweiligen Anwendungsfall beurteilt werden und die Einrichtung durch den Experten vorgenommen werden. Es sollte auch bedacht werden, dass die Verwendung einer E-Mail-Archivierung auch im Tagesgeschäft von Bedeutung sein kann, denn auch versehentlich gelöschte E-Mails können so schnell wieder aufgefunden werden.

Durch Thematiken wie der EU-DSGVO ist zu beobachten, dass Public-Cloud-Anbieter, die ihre Dienstleistungen auch in Europa anbieten, den Kunden immer mehr entgegenkommen, um Themen wie IT-Security und Compliance für den Endanwender zu erleichtern und deren Ängste auszuräumen. Durch diese neuen Tools ist es in der Praxis für Kunden daher im Vergleich zu IT-Infrastruktur On-Premises angenehmer möglich, Compliance sicherzustellen.

4.4   Abgrenzung zu On-Premises IT-Infrastruktur

In diesem Kapitel wird, wie auch in Abschn. 3.5, eine Abgrenzung vorgenommen. Nachfolgend soll dargestellt werden, in welchen Punkten sich Cloud-Computing von lokaler IT-Infrastruktur abgrenzt. Dazu werden die Vorteile und Potenziale sowie die Nachteile der Nutzung von Cloud-Computing im Sinne der Public-Cloud dargelegt. Der Fokus der Betrachtung liegt dabei auf dem Bereich des Cloud-Computing.

Cloud Computing gilt, wie in Abschn. 2.3 beschrieben, als einer der Hauptfaktoren bei Digitalisierungsstrategien und somit auch bei der Transformation der IT: Es ist daher sinnvoll, es nicht für sich alleinstehend, sondern auch in Kombination mit lokaler IT zu betrachten. Da die meisten Firmen, wie bereits in Abschn. 3.4 beschrieben, bereits lokale IT besitzen, wenn sie die Digitalisierung starten, muss insbesondere die Nutzung von hybriden Umgebungen berücksichtigt werden.

4.4.1   Vorteile und Potenziale aus Sicht von KMU

Generell ist Cloud-Computing bereits in der Art der Bezahlung anders aufgestellt als lokale IT. Lokale IT wird durch ein Unternehmen im Regelfall durch Barkauf, Finanzierung oder Leasing erworben oder bezogen. Dies bedeutet, dass in den meisten Fällen schon zum Start der Nutzung der Infrastruktur größere Summen in die Anschaffung der IT investiert werden müssen. Zusätzlich zur IT-Hardware müssen jedoch auch Lizenzen erworben werden, die für neueste Updates und Funktionen im Normalfall regelmäßig erneuert werden müssen. Jedoch müssen auch die Hardwarebestandteile der IT-Infrastruktur regelmäßig erneuert werden, und zwar aus Gründen der Aufrüstung oder aufgrund von Fehlerbehebungen. Die Vorteile von Public-Cloud-Lösungen sind ein flexibles Abonnement-Modell sowie das Verfügen über die neueste Software. Im Falle etwa von Microsoft Office 365 verfügt man mit dem entsprechenden Abonnement über die neueste Version von Microsoft Office und gegebenenfalls auch über weitere notwendige Lizenzen (vgl. Microsoft Corporation o. J., o. S.). Hinsichtlich der Lizensierung bieten beispielsweise die Anbieter Microsoft und Google Modelle an, die relativ kurzfristig kündbar sind und zumeist kurzfristig um Funktionen erweitert werden können (vgl. Microsoft Corporation o. J., o. S.; Google LLC o. J., o. S.). So kann auch ein kleines Unternehmen mit wenigen Mitarbeitern die Potenziale von Digitalisierung nutzen, ohne auf lokaler Ebene mehr als einen Router mit Internetanschluss sowie entsprechende Endgeräte zu besitzen. Dabei müssen seitens der Firma keine größeren Investitionen in neue IT-Hardware wie Server getätigt werden. Dies ist jedoch auch von den Vorstellungen und Anforderungen des Unternehmens abhängig.

Ein weiteres Potenzial liegt darin, dass durch die Nutzung eines zentralen Speicherorts in der Cloud der Zugriff von nahezu jedem Endgerät jederzeit problemlos möglich ist. Ein Unternehmen ist dabei nicht zwangsläufig abhängig von einer schnellen Internetanbindung, die per VPN-Zugriff die Daten auch für Außendienstmitarbeiter bereitstellt. Des Weiteren entfällt das Ergreifen von zusätzlichen Sicherheitsmaßnahmen für die Bereitstellung von VPN-Diensten. In der Praxis ermöglicht der Zugriff auf Dateien von jedem mobilen Endgerät auch, dass beispielsweise Handwerksbetriebe ihre Auftragspapiere nicht mehr drucken müssen. Die Angestellten können die Dokumente auf ihren Tablets öffnen und auch die Pläne dort betrachten. Zeitgleich kann ein Sachbearbeiter in der Firma Aktualisierungen vornehmen. Da sich manche Baustellen weit vom Firmensitz entfernt befinden, kann hier Zeit eingespart werden. Zusätzlich werden Kosten eingespart, da ein Angestellter nicht mehr zurück in die Firma fahren muss, wenn er ein Dokument dort vergessen hat, vielmehr öffnet er es auf seinem Tablet. Auch die Erfassung von Arbeitszeiten oder Bestellungen kann nun direkt vor Ort erfolgen und erfordert keine zwangsläufige Anwesenheit in den Büroräumen des Unternehmens. Auch bei meinem Arbeitgeber in der Baubranche nutzen wir die oben angesprochenen Themen im Bereich der Zusammenarbeit erfolgreich, um effizienter zusammenarbeiten zu können.

Die Steigerung der Arbeitseffizienz könnte dabei auch durch Dienste zur Kommunikation via Chat vereinfacht werden. Besteht beispielsweise in einem zukünftigen Anwendungsfall ein Problem in einer Außenstelle oder auch beim Kunden vor Ort, kann dies in die dafür vorgesehene Gruppe im Chat eingestellt werden. Jemand, der darauf Zugriff hat, aber beispielsweise gerade nicht am Platz ist, kann die Antwort später bereitstellen. So können Absprachen neben dem aktuellen Arbeitsgeschehen erfolgen und Telefongespräche sowie unübersichtliche E-Mails vermieden werden.

Bereits jetzt ist zu erkennen, dass die Bündelung der Dienste sowie das Abspeichern von Daten in einer zentralen Cloudlösung im Vergleich zur reinen lokalen IT einige Potenziale bieten. Public-Cloud-Lösungen werden dabei ständig um gerade für KMU sinnvolle weitere Dienste und Tools erweitert, die die Zusammenarbeit und Kommunikation verbessern sollen. Besteht seitens eines Unternehmens jedoch die konkrete Anforderung, dass Dateien und Berechtigungen auf lokaler Ebene bestehen bleiben müssen, bieten sich weitere denkbare Szenarien wie eine hybride Lösung an. So ist es in einigen Cloudszenarien beziehungsweise bei einigen Anbietern möglich, lokale Benutzerkonten in die Cloud zu synchronisieren und dort entsprechende Berechtigungen vorzunehmen. In einem solchen Szenario ist jedoch immer zu beachten, dass das Betreiben einer hybriden Lösung zusätzliche Sicherheitsmaßnahmen erfordert und Hilfe durch Experten benötigt.

Die Potenziale bezüglich der Zusammenarbeit innerhalb des Unternehmens sowie mit Kunden, die sich durch Cloud-Computing ergeben, bringen den Nutzern unter anderem Zugewinne bei der Arbeitseffizienz, was die Entwicklung erfahrungsgemäß maßgeblich vorantreibt.

4.4.2 Nachteile

Die Nutzung von Cloud-Computing bietet auf der anderen Seite auch einige Nachteile für KMU. Diese gilt es bei der Einführung und auch der späteren Nutzung zu beachten und abzuwägen. Viele KMU sehen neben der Abhängigkeit von einem externen Anbieter auch die Abhängigkeit von der Verfügbarkeit dessen Serversysteme beziehungsweise dessen IT-Infrastruktur in der Cloud mit Skepsis. So gab es in der Vergangenheit bereits einige Ausfälle, wenn auch zumeist nur in Teilen von einigen großen Cloudinfrastrukturen. Je nach Nutzung durch die KMU war es in der Praxis so, dass diese in der Folge nur noch eingeschränkt arbeiten konnten. Je nach genutztem Dienst war als Resultat der Dateiaustausch, der Empfang von E-Mails oder Sonstiges gestört. In der Praxis ist es in solchen Fällen so, dass auch ein IT-Dienstleister keinen Einfluss darauf nehmen kann und dieser genau wie der Kunde abwarten muss, bis der Cloudprovider den Dienst wiederhergestellt hat. Daraus ist zu schlussfolgern, dass KMU und generell die Unternehmen, die Cloud-Computing nutzen, den Anbietern von Cloud-Computing-Diensten einen hohen Vertrauensvorschuss entgegenbringen müssen. Der Vertrauensvorschuss basiert dabei jedoch nicht ausschließlich darauf, dass man als Kunde dem Anbieter hinsichtlich der Verfügbarkeit vertraut. Vielmehr muss man als Kunde dem Anbieter auch hinsichtlich der vertraglichen Regelungen vertrauen. Dies betrifft für den Kunden unter anderem die Einhaltung von Compliance-Richtlinien, in der Folge der Umsetzung etwa keinen Dritten Datenzugriff zu gewähren und vielem mehr. Einzelheiten basieren auf den jeweiligen Vertragswerken im Individualfall und sollten vorher durch einen Experten evaluiert werden. Dennoch schrecken gerade diese Punkte in der Praxis viele Unternehmer, die vielleicht bereits schlechte Erfahrungen gesammelt haben, von der Nutzung von Diensten des Cloud-Computing ab.

Zusätzlich muss angeführt werden, dass nicht jeder Cloudprovider es einem Kunden erleichtert, die Umsetzung der eigenen Compliance-Maßnahmen durchzuführen. Dabei ist zu differenzieren, welche Art von Cloud-Dienstleistung der Kunde bezieht. Handelt es sich um IaaS, so ist der Kunde weitestgehend eigenverantwortlich für den

IT-Schutz sowie die Abbildung von Compliance zuständig. Der Anbieter ist dort nicht derjenige, der beispielsweise eine SaaS-Anwendung zur Nutzung verfügbar macht. Somit ist der Kunde selbst im Zugzwang, weil er die Server eigenverwaltet. Dennoch gibt es auch bei einigen SaaS-Anbietern noch keine Möglichkeit, Compliance oder IT-Security vereinfacht abzubilden. Dort fehlt es an Assistenten und Tools, die dem Kunden ermöglichen, Regeln zu erstellen und deren Einhaltung zu überwachen. Dies ist problematisch für den Einsatz von Cloud-Computing-Produkten. Daraus kann außerdem der Schluss gezogen werden, dass es für ein KMU und generell für jeden Endkunden einer solchen Lösung zunächst der Information und Beratung bedarf. Es ist klar erkennbar, dass der Weg in die Cloud ohne Know-how und eine klar definierte Digitalisierungsstrategie auch einige Probleme und unerwartete Fragestellungen mit sich bringen kann. Darum ist es für ein KMU unabdingbar, externe Dienstleister beziehungsweise Experten zur Umsetzung hinzuziehen.

Diese Fragestellungen können jedoch auch bei einer ausschließlich lokal voranschreitenden Digitalisierung auftreten. In der Praxis werden diese jedoch oft nicht betrachtet, da man die IT-Infrastruktur erfahrungsgemäß bereits als gegeben betrachtet. Da die Nutzung von neuen Technologien jedoch neu ist und in den Medien sowie Fachkreisen stark diskutiert wird, wird hier eher ein Augenmerk auf IT-Security, Compliance und sonstige Themenschwerpunkte gelegt. Jedoch sollte KMU auch bewusst sein, dass das bloße Hinzuziehen von Experten ohne klare Zielsetzung ihrerseits zu einem großen Kostenfaktor werden könnte. Darum sollte man gerade in Anbetracht der zukünftigen Entwicklung darüber nachdenken, einen Verantwortlichen für IT zu bestimmen, beziehungsweise einen neuen Mitarbeiter für diese Thematik einzustellen und Know-how im Unternehmen aufzubauen. Dieser kann die Experten koordinieren und bei Notwendigkeiten des täglichen IT-Tagesgeschäftes selbst aktiv werden. Bei der Ernennung eines IT-Verantwortlichen sollte, unabhängig davon, ob Cloud-Computing genutzt wird oder nicht, darauf geachtet werden, dass dieser IT-affin ist und eine entsprechende Ausbildung durchlaufen hat. In der Vergangenheit ist in der Praxis bereits oft aufgefallen, dass aus Kostengründen jemand ernannt, beziehungsweise mit der Aufgabe betraut, wurde, der aufgrund mangelnden Know-hows und fehlenden Weitblicks das Unternehmen wirtschaftlich nicht positiv beeinflusst hat. Denn IT ist ein wichtiger Faktor für den Erfolg des Unternehmens und wird auch in Zukunft weiterhin an Bedeutung für den Betrieb als Produktions- und Betriebsfaktor gewinnen. Darum sollte die Personalentscheidung fundiert entschieden werden und auch bewusst nicht das Gehalt die abschließend entscheidende Komponente darstellen. In Anbetracht von 82.000 nicht besetzten IT-Stellen zum Ende des Jahres 2018 (vgl. Bitkom e.V. 2018b, o. S.) muss ein Unternehmen einem potenziellen IT-Verantwortlichen durchaus Perspektiven und attraktive Arbeitsmöglichkeiten aufzeigen, damit ein Angestellter für das Unternehmen gefunden werden kann, der maßgeblich dabei weiterhilft, das Unternehmen gut für die Zukunft aufzustellen.

Das angesprochene Fehlen von Know-how führt bei vielen Unternehmen außerdem zu unklaren Verantwortlichkeiten (vgl. Bundesministerium für Wirtschaft und Energie (BMWi) 2016, o. S.). Dies bremst die Digitalisierung auf viele Arten. Durch unklare Strategien und fehlende definierte Verantwortlichkeiten beginnen in der Praxis, abhängig von der Unternehmensgröße, einzelne Abteilungen damit, eigene Lösungen für sich zu etablieren. Ab einer gewissen Unternehmensgröße kann dies dazu führen, dass Abteilungen für sich selbst eigene Server betreiben, andere Software nutzen als andere Abteilungen und aufgrund fehlender Workflows einen anderen Arbeitslauf beschreiten als der Rest des Unternehmens. Ausgehend von einem solchen Szenario ist davon auszugehen, dass dies zum aktuellen Zeitpunkt dazu führen wird, dass sich die Abteilungen eigenmächtig digitalisieren und für sich weiterhin Insellösungen nutzen werden. Der Verstoß gegen Compliance-Auflagen und IT-Security ist somit nicht zwangsläufig gegeben, aber das Risiko hierfür ist in solchen Fällen erfahrungsgemäß sehr hoch. Der Betrieb von Insellösungen ist bereits auf lokaler Ebene problematisch, wird aber gerade auch bei der fortschreitenden Digitalisierung zum verstärkten Problem aufgrund mangelnder Kontrollierbarkeit sowie der unternehmensweiten Steigerung der Effizienz und Produktivität. Wenn das gesamte Unternehmen, vereinfacht gesagt, nicht an einem Strang zieht, so kann der Faktor IT nicht gewinnbringend genutzt werden. Hierzu bedarf es einer klaren Digitalisierungsstrategie sowie der Koordination durch eine für IT verantwortliche Person oder einer IT-Abteilung, sonst entstehen gerade auch durch Cloud-Computing eine große Anzahl an Nachteilen für jegliche Unternehmenskunden.

Unabhängig davon, ob eine Abteilung sich durch Nutzung von Cloud-Computing unabhängig vom Rest des Unternehmens digitalisiert, ist es in der Praxis häufig so, dass nicht betrachtet wird, welche Voraussetzungen geschaffen sein müssen. Es wird häufig außer Acht gelassen, dass die Nutzung von Cloud-Computing eine Verfügbarkeit der Internetanbindung sowie entsprechende Bandbreite voraussetzt. So ist einer der größten Faktoren gegen die erfolgreiche Digitalisierung der mangelhafte Glasfaserausbau in Deutschland (vgl. OECD 2018, S. 9). Gerade in ländlichen Gebieten fällt es KMU in der Praxis schwer, die Potenziale von Cloud-Computing oder anderen SaaS-Diensten zu nutzen. Die Internetverbindung ist dort in der Praxis oftmals nur über das Mobilfunknetz oder sogenannte Hybridanschlüsse möglich, die im Verhältnis meist teuer sind und zum anderen nicht immer uneingeschränkt nutzbar sind, dies ist in Hinblick auf eine klassische Internetflatrate bezogen. In der Praxis sind einige KMU aufgrund der fehlenden vorherigen Prüfung der Notwendigkeiten den Schritt von der Cloud wieder zurück zu lokaler IT gegangen, da beispielsweise die Internetbandbreite auf Dauer nicht ausreichend war.

Des Weiteren arbeiten einige Unternehmen für sich geschlossen ohne Anbindung an das Internet. Da sie auf keine Dienste des Internets zurückgreifen, bestehen dort keine Möglichkeiten, die Potenziale von Cloud-Computing nutzbar zu machen. Das komplette Potenzial von Cloud-Computing ist jedoch für kaum ein KMU wirklich nutzbar. Aufgrund von Kostengründen und auch aus Einfachheit greifen diese eher auf SaaS-Dienste zurück. Dazu gehört unter anderem das beschriebene Modell der Public-Cloud mit Microsoft Office 365 oder etwa auch Google G Suite und anderen. Die weiteren in Abschn. 2.3.2 beschriebenen Dienste IaaS und PaaS sind aufgrund der häufig undurchsichtigen Kostenstrukturen und der verbundenen hohen Wartungsaufwände für KMU mitunter kaum bezahlbar oder wirtschaftlich nutzbar. Im Falle von PaaS mangelt es vielen KMU jedoch primär des Anwendungszweckes und weniger am Kostenaspekt. Nicht zuletzt aus diesen Gründen werden KMU mit großer Wahrscheinlichkeit einen Teil ihrer IT-Infrastruktur auch in Zukunft lokal halten.

Zusätzlich kann die fehlerhafte Einrichtung einer SaaS-Public-Cloud-Lösung zu Sicherheitsproblemen führen. Dies können unter anderem der unautorisierte Zugriff, dass erleichterte Hacken des jeweiligen Kundenbereichs sowie der fehlende oder nicht konfigurierte Schutz vor Phishing und Spam sein. Die Nutzung der Rechtevergabe sowie die klare Formulierung von Vorgaben und Schulungen an und für Mitarbeiter werden hier zwingend benötigt. Dennoch gibt eine Veröffentlichung des Digitalverbandes Bitkom an, dass drei Viertel aller befragten Unternehmen ab zehn Mitarbeiter kein festes Budget für digitale Weiterbildung bereitstellen. Gleichzeitig wird auch festgestellt, dass dies ein großes Hindernis sei (vgl. Bitkom e. V. 2019, o. S.). Gerade in Anbetracht der steigenden Wichtigkeit der Digitalisierung sollten KMU ihre Mitarbeiter nicht nur mit Blick darauf weiterbilden, dass diese die Technologien verwenden können, sondern auch so, dass sie die Technologien nicht auf eine Art und Weise verwenden, dass sie ungewollt zum Sicherheitsrisiko werden.

Abschließend ist zu formulieren, dass Cloud-Computing in jedem Fall einen Vertrauensvorschuss durch den Endkunden erfordert. Es bedarf außerdem stabiler und verfügbarer sowie performanter Internetanbindungen sowie der klaren Formulierung von Richtlinien und Strategien. Ohne externe Hilfe ist dies für ein KMU in der Praxis aufgrund mangelnden Know-hows nicht oder nicht zielführend umsetzbar und kann zu Sicherheitslücken sowie unkoordinierten Prozessen führen, die nicht zur Steigerung der Wertschöpfung von Arbeitsprozessen beitragen. Auch darf nicht außer Acht geraten, dass die mangelnde Schulung von Mitarbeitern gerade bei der Anwendung von Cloud-Computing und dessen Nutzung, zum Beispiel im SaaS-Bereich, schnell zum Sicherheitsrisiko führen kann und im anderen Fall auch dazu, dass diese die Technologie aufgrund mangelnden Verständnisses nicht wie vorgesehen nutzen oder die Nutzung gänzlich ablehnen oder sogar boykottieren.

Literatur

Bitkom e. V (2009) Cloud Computing – Evolution in der Technik, Revolution im Business. https://www.bitkom.org/noindex/Publikationen/2009/Leitfaden/Leitfaden-Cloud-Computing/090921-BITKOM-Leitfaden-Cloud-Computing-Web.pdf. Zugegriffen am 15.10.2018

Bitkom e. V (2018a) Kaum Fortschritt bei der Umsetzung der Datenschutz-Grundverordnung. https://www.bitkom.org/Presse/Presseinformation/

Kaum-Fortschritt-bei-der-Umsetzung-der-Datenschutz-Grundverord-nung.html. Zugegriffen am 29.09.2018

Bitkom e.V (2018b) 82.000 freie Jobs: IT-Fachkräftemangel spitzt sich zu. https://www.bitkom.org/Presse/Presseinformation/82000-freie-Jobs-IT-Fach-kraeftemangel-spitzt-sich-zu. Zugegriffen am 19.04.2019

Bitkom e.V (2019) Budget für digitale Weiterbildung wird nur selten bereitge-stellt. https://www.bitkom.org/Presse/Presseinformation/Budget-fuer-digita-le-Weiterbildung-wird-nur-selten-bereitgestellt. Zugegriffen am 19.04.2019

Bitkom Research GMBH, KPMG AG (2018) Cloud-Monitor 2018. https://www.bitkom.org/Presse/Anhaenge-an-PIs/2018/180607-Bitkom-KP-MG-PK-Cloud-Monitor-2.pdf. Zugegriffen am 15.10.2018

Bundesamt für Sicherheit in der Informationstechnik (BSI) (2017) Anforde-rungskatalog Cloud Computing (C5). https://www.bsi.bund.de/Shared-Docs/Downloads/DE/BSI/Publikationen/Broschueren/Anforderungska-talog-Cloud_Computing-C5.pdf?__blob=publicationFile&v=3. Zugegriffen am 15.10.2018

Bundesministerium für Wirtschaft und Energie (2016) Digitalisierungs-hemmnisse für Unternehmen der gewerblichen Wirtschaft. https://www.bmwi.de/Redaktion/DE/Infografiken/Mittelstand/infografik-mittel-stand-digital.html. Zugegriffen am 05.10.2018

Ernst & Young GmbH (2018) Digitalisierung im deutschen Mittelstand. https://www.ey.com/Publication/vwLUAssets/ey-digitalisierung-im-deut-schen-mittelstand-maerz-2018/$FILE/ey-digitalisierung-im-deut-schen-mittelstand-maerz-2018.pdf. Zugegriffen am 15.10.2018

Google LLC. (o. J.) https://gsuite.google.com/intl/de/pricing.html. Zugegrif-fen am 19.04.2019

Hochschule für Wirtschaft und Recht Berlin, forcont business technology GmbH (2017) Deutscher Mittelstand auf Wolke 7? – Cloud Computing in kleineren und mittleren Unternehmen 2015 und 2017 – Eine Umfrage un-ter Anwendern und Anbietern von Software-as-a-Service. https://www.forcont.de/files/user_upload/umfragen/cloud_computing_2017/forcont_hwr_ergebnisbericht_cloudumfrage_2017.pdf. Zugegriffen am 15.10.2018

Microsoft Corporation. (o. J.) https://products.office.com/de-DE/compa-re-all-microsoft-office-products-b?&tab=1. Zugegriffen am 19.04.2019

OECD (2018) Für ein stärkeres, gerechteres und umweltverträglicheres Wachstum in Deutschland, OECD-Reihe „Better Policies", April 2018

Statista (2017) Das digitale Europa 2020. https://de.statista.com/statistik/studie/id/40723/dokument/das-digitale-europa-2020/. Zugegriffen am 15.10.2018

Entscheidungsfaktoren und Fazit

5

In diesem abschließenden Kapitel sollen die Aussagen aus Kap. 3 und 4 kritisch diskutiert und einander gegenübergestellt werden. Insbesondere soll betrachtet werden, inwiefern Digitalisierung On-Premises und in der Cloud durchgeführt werden kann, um die Geschäfts- und Produktionsprozesse von KMU zu digitalisieren. Dabei soll vor allem auch anhand von Praxisbeispielen erklärt werden, wie Compliance und IT-Security in den beiden angesprochenen Bereichen umsetzbar sein kann. Dabei gilt zu beachten, dass die Universallösung nicht existiert und in jedem Fall zusammen mit Experten eine auf das Unternehmen angepasste Lösung erarbeitet werden sollte. Außerdem wird betrachtet, inwieweit eine Lösung aus den beiden Bereichen Cloud-Computing und IT-Infrastruktur On-Premises für ein KMU sinnvoll sein könnte. Darüber hinaus wird beispielhaft dargestellt, welche beispielhaften Möglichkeiten hinsichtlich Handlungen und auch Entscheidungsfaktoren einem KMU zur Orientierungshilfe gegeben werden können und auf welche bereits bestehenden zur Erweiterung des jeweiligen Know-hows beispielhaft verwiesen werden kann.

Abschließend wird ein Fazit gezogen und die Aussagen aus dieser Ausarbeitung noch einmal in Bezug auf die ausgehend formulierten Fragestellungen gesetzt. Des Weiteren wird ein Blick in die Zukunft der IT und der Digitalisierung in KMU gewagt und dargestellt. Dies erfolgt vor allem, um eine Hypothese hinsichtlich der Zukunft von Digitalisierung und der einhergehenden

© Springer-Verlag GmbH Deutschland, ein Teil von
Springer Nature 2020 D. C. Leeser, *Digitalisierung in KMU kompakt*, IT kompakt, https://doi.org/10.1007/978-3-662-59738-5_5

Compliance- und IT-Security-Anforderungen darzustellen und somit den Leser dazu anzuregen, sich weiter mit der Zukunft der IT in KMU sowie generell in Unternehmen zu befassen.

5.1   Diskussion der Aussagen aus den Kap. 3 und 4

Im folgenden Kapitel sollen die Hauptaussagen aus den vorgenommenen Abgrenzungen von IT-Infrastruktur On-Premises zu Cloudinfrastruktur am Ende der Kap. 3 und 4 abschließend einander gegenübergestellt und diskutiert werden.

Es ist in jedem Fall festzustellen und festzuhalten, dass Digitalisierung nicht bedeutet, dass es nur einen Weg zur richtigen Durchführung gibt. Genauso wenig bedeutet es, dass man als Unternehmen digitalisiert und effizienter ist, wenn jeder Mitarbeiter ab sofort ein Smartphone benutzt. Aufgeschlüssel bedeutet dies, dass Digitalisierung nicht bedeutet, jeden Dienst und jeden Server in die Cloud zu migrieren. Denn dies ist in der Praxis nicht immer sinnvoll, und Digitalisierung kann von daher auch auf lokaler Ebene vorangetrieben werden. Gerade in Anbetracht der Tatsache, dass die fortschreitende Digitalisierung die KMU nicht trifft, ohne dass diese bereits Erfahrungen mit IT machen konnten und selbst auch IT-Infrastruktur lokal vorhalten, ist dies sinnvoll und naheliegend. Auf lokaler Ebene kann Digitalisierung beziehungsweise der Weg zu Industrie 4.0 auch ohne den Einsatz von Clouddiensten erfolgen. Industrie 4.0 kann beispielsweise durch den Einsatz von IoT- und IIoT-Sensoren an Maschinen auch lokal vorangetrieben werden und diese somit ,smarter' machen. Außerdem ergeben sich weitere Möglichkeiten zur Digitalisierung in IT-Umgebungen On-Premises. Die Daten, die beispielsweise durch IIoT-Sensoren erfasst werden, können durch die Einführung eines BI-Systems beispielsweise ausgewertet werden und in Zusammenführung mit weiteren Daten des Betriebes zum Beispiel aus einem CRM- oder ERP-System zu neuen Erkenntnissen führen. Dies könnte in neuen Marketingstrategien, neuen Produkten, Kosteneinsparungspotenzialen und vielem mehr resultieren.

Jedoch ist auch festzustellen, dass ein steigender Anteil der Software, die von KMU bezogen wird, im Hintergrund auf SaaS-Anwendungen in der Cloud zugreift und somit eine Internetanbindung benötigt. Für ein KMU ist dies jedoch nicht zwangsläufig vergleichbar damit, dass dieses selbst bestimmte Dienste in die Cloud verlagert. Im Zweifel sollte ein KMU sich dazu von einem Datenschutzberater und/oder Datenschutzbeauftragten und/oder IT- Experten sowie im Weiteren Consultants genauer beraten lassen.

Jedoch ist bei lokaler Digitalisierung von Geschäfts- und Produktionsprozessen auch zu betrachten, dass diese regelmäßigen Investitionen und mitunter auch höherer Anfangsinvestitionen bedürfen. Gerade auch im Hinblick auf Vorschriften hinsichtlich Compliance- und IT-Security-Anforderungen und deren Umsetzung bedarf es dieser beschriebenen Investitionen. Es ist des Weiteren empfehlenswert, ein IT-Notfallmanagement und vorgelagert ein Risikomanagement einzuführen. Zusätzlich sollte ein KMU nicht aktiv Digitalisierung betreiben, ohne sich auf Knowhow stützen zu können. Dieses kann beispielsweise durch externe Experten und Dienstleister erfolgen beziehungsweise erbracht werden oder auch, indem ein entsprechender Mitarbeiter angestellt wird. Da dies bei einem ‚Alleingang' zu vielen Problemen führen kann, die sich nicht nur auf den Bereich von Compliance und IT-Security erstrecken, ist dies kein Punkt, der leichtsinnig betrachtet werden sollte.

Im Vergleich zur ausschließlichen Digitalisierung auf lokaler Ebene, die gerade im produzierenden Bereich sinnvoll erscheint, bietet die Nutzung von Clouddiensten, insbesondere SaaS-Lösungen, jedoch mitunter einige Vorteile. So ist der Datenaustausch in der Praxis über Clouddienste deutlich vereinfachter abzubilden. Je nach Cloudprovider ist außerdem die Kontrolle von Compliance- und IT-Security-Anforderungen vereinfachter möglich, womit diese einen deutlichen Vorteil gegenüber IT-Infrastruktur On-Premises haben. Lokal ist diese Kontrolle in der Regel nur mit zusätzlich zu erwerbenden und regelmäßig zu wartenden Zusatzprodukten möglich. In der Cloud kann jedoch gerade beim Dateiaustausch einfacher definiert werden, wer Zugriff auf Dateien und Ordner haben darf. So kann im Regelfall klar definiert werden, welche Geschäftspartner oder auch Endkunden Zugriff haben dürfen und nach welchem Zeitraum dies nicht mehr möglich ist. Des Weiteren bieten viele Cloudprovider bei der Nutzung von SaaS-Diensten in der Public-Cloud bereits eine Art von IT-Security-Grundschutz. Dies ist gegeben, da man sich als Endkunde eine Dienstleistung in einer bereits bestehenden Cloudinfrastruktur bucht. Lokal wäre dieser Grundschutz ohne Zusatzprodukte beispielsweise für Dateien und E-Mail-Dienste sowie ohne physische Anpassungen nicht sofort gegeben.

Die Nutzung von Clouddiensten kann jedoch auch die Abhängigkeit von einem externen Anbieter bedeuten. Wie bereits in Abschn. 4.4.2 erläutert wurde, kann ein Ausfall von Teilen oder auch der kompletten Cloudinfrastruktur zur Arbeitsunfähigkeit von Teilbereichen eines oder auch eines gesamten Unternehmens führen. Jedoch ist dem gegenüberzustellen, dass bei dem Betrieb von IT-Infrastruktur On-Premises ebenso Abhängigkeitsverhältnisse existieren. Denn auch bei dieser Form des Betriebes einer IT-Infrastruktur ist ein KMU im Regelfall von einem externen Dienstleistungsanbieter abhängig. Da auf lokaler Ebene in der Regel das Know-how fehlt, ist ein KMU bei einem Serverausfall von der Verfügbarkeit eines IT-Dienstleisters abhängig. In beiden Fällen kann nur bedingt beeinflusst werden, nach welchem Zeitraum die Arbeitsfähigkeit wiederhergestellt ist. Auf lokaler Ebene kommen bei einer solchen Situation außerdem weitere Kosten hinzu, die zu den Kosten, die durch den Ausfall des Betriebes entstehen, hinzugezählt werden müssen. So kostet die Wiederherstellung der Arbeitsfähigkeit durch den IT-Dienstleister je nach Fehlerursache und Lösung mitunter mehrere Tausend Euro, wohingegen die Wiederherstellung der Cloudumgebung im Normalfall keine weiteren Kosten in Form einer Reparatur-Dienstleistung verursacht.

Wie bereits angesprochen, unterscheidet sich die Form der Finanzierung sowie die Art der Bedarfsdeckung von lokaler IT sowie von Cloudmodellen im Allgemeinen. Während lokale IT im Regelfall durch Barkauf in den Besitz des KMU übergeht, handelt es sich bei Cloudmodellen im Normalfall um Abonnement-Systeme. Lokale IT wird von einem KMU erworben und erfüllt damit die Deckung eines konkreten, existierenden Bedarfs. Die

Leistung der gekauften Sache bleibt dabei für den Zeitraum bis zur nächsten Neuanschaffung weitestgehend identisch, sofern keine Erweiterungen vorgenommen werden. In der Public-Cloud, im Falle von SaaS, hingegen zahlt ein KMU im Regelfall monatlich für eine Leistung. Diese wird jedoch je nach Cloud-Anbieter stetig verbessert und kann jederzeit gegen eine Erhöhung der Abonnement-Gebühr um weitere Dienste ergänzt werden. Die Weiterentwicklung der Services bedarf jedoch nicht in jedem Fall einer Erhöhung der Abonnement-Gebühr oder dem Wechsel in ein anderes Lizenzmodell. Auf lokaler Ebene können hinsichtlich der Finanzierung ähnliche Effekte durch Leasing oder Finanzierung mit Fremdkapital und somit monatlichen Raten erzielt werden. Dennoch bleibt am Ende immer der gleiche Nutzen für das KMU. Bei der Cloud wird der Nutzen, bei den meisten Cloudanbietern stetig verbessert und kann außerdem bei Nichtgefallen in den meisten Fällen jederzeit kurzfristig gekündigt werden. Des Weiteren kann die Abonnementgebühr monatlich abgeschrieben werden, dies ist jedoch im individuellen Kundenfall zu betrachten. Anders verhält es sich bei der Nutzung von IaaS-Systemen in der Cloud, da deren Kostenstrukturen für ein KMU meist nicht richtig abschätzbar sind oder erweitertem Know-how und gesonderter Anwendungszwecke bedürfen. Da die meisten KMU in der Praxis jedoch auf SaaS zurückgreifen, wird dies an dieser Stelle nicht weiter betrachtet. Festzuhalten ist jedoch auch in diesem Fall, dass es sich dabei um monatlich oder auch jährlich zu entrichtende Gebühren handelt. Die Erweiterung und somit auch die Leistung der Systeme obliegen dabei jedoch dem Kunden selbst.

Trotz aller negativen und positiven Aspekte, die es für beide vorgestellten IT-Infrastrukturen gibt, wird es aus Autorensicht in absehbarer Zeit für KMU keine reine Entscheidung für nur eine der beiden Technologien beziehungsweise Betriebsarten geben. Dies ist vor allem damit zu begründen, dass IaaS für KMU in der Praxis im Regelfall zu unwirtschaftlich im Betrieb ist und das Kostenmodell zu schwer zu durchschauen ist. Des Weiteren sind für PaaS-Einsätze gesonderte Anwendungsfälle seitens KMU nötig, die im herkömmlichen KMU-Umfeld selten gegeben sind. Einen weiteren Grund können die Ängste hinsichtlich Compliance und IT-Security in der Cloud darstellen.

Jedoch arbeitet ein Großteil der Cloudanbieter bereits an mehr Transparenz. Diese verbessern darüber hinaus die Schutz- und Compliance-Systeme, sodass sich mittelfristig mehr KMU für SaaS-Lösungen in der Public-Cloud begeistern und entscheiden werden. Lokale IT wird jedoch auch deshalb weiterhin bestehen bleiben, da einige Dienste in vielen Fällen nur lokal abgebildet werden können. In der Praxis gibt es viele verschiedene Anwendungsfälle, in denen nur der lokale Betrieb sinnvoll erscheint und es auch ist. So zum Beispiel im produzierenden Gewerbe, wo einige Maschinen nur mit Servern auf lokaler Ebene kommunizieren können, die dann wiederum die Verbindung ins Internet aufnehmen können. Vereinfacht gesagt wird die Verbindung über eine andere Komponente ins Internet weitergeleitet. Es gibt jedoch auch andere Anwendungszwecke, in denen der lokale Betrieb von Servern sinnvoller erscheint als in einer reinen Cloud-Umgebung. Zum Beispiel, weil generell viele Dienste noch nicht als SaaS-Anwendung in der Cloud zur Verfügung stehen und die Virtualisierung in der Cloud nicht wirtschaftlich wäre. Außerdem erleichtert der lokale Betrieb einiger Anwendungen auch die Anpassungsfähigkeit auf bestimmte Szenarien, die bei einer vorgefertigten Cloud-Lösung nicht immer und wenn, dann nicht ohne erhebliche Mehraufwände in Form von Kosten gegeben ist.

Des Weiteren ist gerade für KMU in Gegenden mit schlecht ausgebauter Breitbandverbindung erkennbar, dass diese nur einen geringfügigen Teil an Anwendungen aus der Cloud beziehen. Dies ist jedoch nicht primär auf deren Scheu gegenüber der Cloud zurückzuführen, sondern primär auf den Ausbau des Breitbands. Also spielt neben organisatorischen Gründen auch die Infrastruktur, an die das jeweilige Unternehmen angebunden ist, eine große Rolle für das Weiterbetreiben einer IT-Infrastruktur auf lokaler Ebene. Dennoch können auch Vorgaben aus der unternehmenseigenen oder auferlegten Compliance-Richtlinie dazu führen, dass vor allem Daten lokal gehalten werden müssen. Dies geschieht jedoch oft auch deshalb, weil der Zugriff auf die Daten aus der Cloud aufgrund von Dateigrößen oder sonstigem mit erheblichem Zeitaufwand verbunden wäre und lokal schneller zu sichern, zu ändern und abzurufen wäre.

Selbst, wenn ein Unternehmen sich dazu entscheidet, alle Dienste über SaaS, IaaS und PaaS zu nutzen, wird es lokal immer einen Teil der IT-Infrastruktur geben. Denn es wird auf lokaler Ebene immer ein Gerät geben, das die Verbindung zum Internet herstellt, da dies nun der entscheidende und maßgebliche Faktor ist, von dem ein Unternehmen in diesem Fall unabdingbar abhängig ist. Des Weiteren wird eine Möglichkeit benötigt, die den Endgeräten die Verbindung zur Verfügung stellt. Die Endgeräte selbst werden zum Anzeigen, Bearbeiten und zum Kommunizieren existieren. Und es werden Geräte benötigt, die beispielsweise Daten ausdrucken können. Geht man von einem fortgeschrittenen KMU im Bereich der Industrie 4.0 aus, so wird es auf lokaler Ebene mit großer Wahrscheinlichkeit auch einige IoT- und IIoT-Sensoren mit Verbindung ins Internet geben. Nicht zuletzt sollte jedoch gerade in diesem Fall noch eine Firewall zur lokalen IT hinzugefügt werden, da diese die Sicherheit des Standortes erhöht und auch die Verbindungen der IoT-Sensoren überwachbar macht. Letztlich wird diese zwar keinen 100-prozentigen Schutz garantieren können, aber eine höhere Sicherheitsstufe gewährleisten, als würde ohne sie gearbeitet werden.

Dennoch ist trotz der angeführten Punkte, die für ein Weiterbestehen der lokalen IT-Infrastruktur sprechen erkennbar, dass immer mehr Produkte im Hintergrund auf SaaS-Anwendungen zugreifen. Somit ist in der Praxis auch erkennbar, dass viele Unternehmen unweigerlich auf Software mit Cloud-Anbindung zugreifen und diese häufig nutzen, ohne davon zu wissen. Dies liegt jedoch nicht daran, dass die Anbieter Kunden täuschen möchten, sondern daran, dass die Kunden die Software auf Grund ihres Nutzens erwerben und sich deshalb nicht damit befassen, was im Hintergrund eigentlich geschieht. Gerade bei Antivirensoftware und vielen Firewall-Systemen ist die Nutzung der Cloud ein maßgeblicher Faktor. Durch das Hochladen verdächtiger Dateien oder der Durchführung von Auswertungen auf leistungsstarken Servern können Bedrohungen schneller erkannt werden. Dies liegt zum einen am Zurückgreifen auf Big-Data-Systeme, also Systeme, die einen großen Datenpool haben und somit einen schnelleren Abgleich ermöglichen, und zum anderen daran, dass die Server des jeweiligen Anbieters in der Cloud deutlich mehr

Rechenleistung besitzen als beispielweise ein lokales Firewall-System. Bereits bevor der Begriff der Cloud etabliert war, nutzten einige Anbieter in der Praxis bereits das Prüfen von verdächtigter Software auf deren eigenen Servern. Die generelle Nutzung von SaaS-Anwendungen vereinfacht aber auch im normalen Betrieb häufig das Arbeiten, da von überall aus auf Daten zugegriffen werden kann, Internetzugang vorausgesetzt. Außerdem können rechenintensive Anwendungen schneller auf leistungsstarken Servern in der Cloud durchgeführt werden als auf einem lokalen Endgerät. Dies wäre auch lokal mit entsprechenden Servern abzubilden, ist jedoch in der Praxis für ein KMU meist unwirtschaftlich, da das jeweilige Lizenzmodell der SaaS-Software meist günstiger für den Endkunden ist. Die Anbieter erreichen die Bereitstellung zu den entsprechenden Preisen, da sie viele Kunden auf einzelne Serverinstanzen verteilen können und durch verschiedene Skalierungseffekte selbst Kosten einsparen beziehungsweise kosteneffizient arbeiten können.

Aufgrund der Nutzung von Cloud-Diensten im Hintergrund vieler Anwendungen ist erkennbar, dass nach und nach viele Dienste in die Cloud verlagert werden. Dies ist sowohl für Kunden als auch für Anbieter von Vorteil. Durch das Nutzen einer SaaS-Anwendung beziehungsweise auch einer Anwendung mit Anbindung an die Cloud geht meist eine Änderung des Lizenzmodells einher. Während vorher die Software mit einem bestimmten Umfang durch eine einmalige Zahlung als Lizenz erworben wurde, so werden nun nach und nach Lizenzmodelle auf ein Abonnement-System umgestellt. Für den Kunden entstehen so bei einer ersten schnellen Hochrechnung eventuell sogar Mehrkosten. Dennoch ergeben sich einige Vorteile, die das Kostenargument zumeist in den Hintergrund rücken lassen. Eine Software, die einmalig erworben wurde, wird in der Praxis meist nur über einen bestimmten Zeitraum mit regelmäßigen Updates seitens des Anbieters gepflegt. Dies ist durchaus verständlich, denn die Anbieter haben meist nur eine einmalige Summe beim Erwerb der Software erhalten. Mit der Gesamtsumme aus allen Verkäufen müssen diese jedoch ihren Betrieb aufrechterhalten können. Da diese Summe nicht unerschöpflich ist, entwickelt der Anbieter im herkömmlichen Modell eine Nachfolgersoftware und verkauft diese mit entsprechenden Updates weiter. Natürlich gibt es auch Anbieter, die von dieser Vorgehensweise abweichen. Mit der Umstellung einer Software auf das Abonnementmodell mit Cloudanbindung entstehen für Kunde und Anwender jedoch die Effekte, dass immer die neueste Software entwickelt wird und dem Kunden bereitgestellt wird. Da der Kunde regelmäßig für die Nutzung zahlt, kann der Anbieter entsprechende Ressourcen bereitstellen. Zusätzlich hat der Endkunde nicht die Problematik, dass nach etlichen Jahren der Nutzung einer Software auf einmal das gesamte Unternehmen auf eine neue Software umgestellt werden muss, da die vorhandene komplett veraltet und inkompatibel geworden ist. Zusätzlich erhält der Kunde immer die neuesten Updates und Sicherheitspatches, was gerade in der Praxis äußerst notwendig ist. In der Praxis gibt es einige Betriebe, die Software nutzen, die stark veraltet ist. Aus Unwissenheit wurde diese in vielen Fällen auch niemals oder nur eingeschränkt mit Sicherheitsupdates versehen und verfügt daher meist über eine große Anzahl an Sicherheitslücken. Es gibt ohne Zweifel bei allen genannten Punkten in der Praxis durchaus auch Abweichungen, die Tendenz zu den beschriebenen Vorgängen ist in der Praxis jedoch klar erkennbar. Für einen Endkunden führt die Umstellung auf das Abonnement-Modell jedoch häufig auch dazu, dass er die Kosten kurzfristiger abschreiben kann und somit je nach Anschaffung nicht eine größere Summe über Jahre hinweg abschreiben muss. Dies ist jedoch auch davon abhängig, welches Abonnement-Modell gewählt wurde und muss im individuellen Fall betrachtet werden.

Die Verlagerung von immer mehr Diensten in die Cloud ist jedoch auch in Hinblick auf Compliance erkennbar. Zum jetzigen Zeitpunkt gibt es noch viele Unternehmen, die aus Gründen der Compliance vor der Nutzung zurückschrecken, da sie etwa Ängste vor Datenverlust und Zugriffen durch Dritte oder vor Verstoß gegen Regularien und geltende Gesetze äußern. Dennoch ist zu erkennen, dass die Bündelung von Diensten und Anwendungen in einem zentralen Cloud-System dazu führen, dass die Verwaltung deutlich vereinfacht wird. Dies hätte unter anderem den Vorteil, dass die Einhaltung von Compliance in der beschriebenen Hinsicht einfacher eingehalten werden könnte. Durch verschiedenste Richtlinien ist es so in Kombination mit entsprechenden

Werkzeugen der Cloud möglich, zu verwalten, wo Daten geöffnet werden dürfen, ob diese kopiert werden dürfen und vieles mehr – hier verweise ich jedoch noch einmal darauf, dass dies je nach Anbieter unterschiedlich sein kann. Dies wäre lokal nicht ohne sehr große Mehraufwendungen abzubilden. Neben diesen Aspekten ergeben sich jedoch auch für die Kommunikation und Zusammenarbeit viele neue Möglichkeiten. Der Dateiaustausch wird vereinfacht, Chats können zur Zusammenarbeit intern und mit Kunden genutzt werden und vieles mehr. Mitarbeiter werden so unter anderem schneller erreicht, haben aber auch selbst die Möglichkeit, ohne große Anfahrtswege, etwa in die Firma, auch von unterwegs oder etwa von Zuhause arbeiten zu können, ohne dabei Abstriche in der Qualität ihrer Arbeit machen zu müssen.

Auch durch die in der Praxis festzustellende Schatten-IT wird es zunehmend zur Verlagerung in die Cloud beziehungsweise zur Nutzung von Cloud-Diensten kommen. Wenn KMU die Schatten-IT eindämmen möchten, müssen diese zunächst die Gründe für die Entstehung ebendieser erarbeiten. Dabei wird unweigerlich die Zusammenarbeit mit den Mitarbeitern erforderlich sein, was in jedem Falle gut ist. Entsprechende Gründe wurden bereits in den vorangehenden Kapiteln diskutiert. Mitarbeiter können erfahrungsgemäß selbst sehr gut für ihren jeweiligen Arbeitsbereich im Unternehmen Potenziale erkennen und Tipps zur Umsetzung geben. In einigen Fällen haben diese zumeist sogar schon die passende Lösung oder einen sinnvollen Lösungsweg im Sinn. Unter anderem daraus entsteht erfahrungsgemäß Schatten-IT, weil diese Mitarbeiter Potenziale erkennen und äußern, die aber nicht gehört werden. Dennoch steigern sie eigenmächtig die Arbeitseffizienz durch den Einsatz eigener Lösungen, die nicht genehmigt wurden. Letztlich tun sie damit dem Unternehmen auf der einen Seite einen Gefallen, aber auf der anderen Seite auch nicht, da sie unter anderem ein Compliance- und IT-Security-Problem verursachen können. Bezieht man jedoch die Mitarbeiter ein, so fühlen sich diese in der Praxis an der Entscheidung beteiligt und akzeptieren eine neue Lösung eher, als wenn diese ihnen diktiert wird. Da in der Praxis viele Mitarbeiter Schatten-IT in Form von Nutzung des Dateiaustausches über Cloud-Dienste betreiben, ist daraus abzuleiten, dass der Weg in Richtung Cloud gehen wird, wenn Entscheidungsträger entsprechend auf ihre Mitarbeiter eingehen, um gemeinsam Potenziale für das Unternehmen zu entwickeln und zu aktivieren. Aus der Praxis ist bekannt, dass viele Mitarbeiter sogar mit Absicht ignorieren, dass die Nutzung der Cloud-Dienste in Form von Schatten-IT nicht autorisiert ist. Sie begründen dies damit, dass sie sehr viel produktiver sein können, wenn sie diese Dienste nutzen würden. Diese Einstellung ist in Bezug auf die Steigerung der Produktivität klar im Sinne der Firma und sollte deshalb unbedingt gehört und in die Entscheidungsfindung für die Digitalisierungsstrategie mit einbezogen werden.

Unternehmer sollten daher auf die Wünsche ihrer Mitarbeiter eingehen und bei Digitalisierung nicht zwangsläufig befürchten beziehungsweise daran denken, jeden Dienst in die Cloud verlagern zu müssen. Letztlich sollte jedes KMU für sich selbst entscheiden, welche Services an welchem Ort sinnvoll und im Sinne der Firma einsetzbar sind. Dazu empfiehlt sich die intensive Beratung und Zusammenarbeit mit Experten. Auch der Austausch mit Firmen aus der Branche oder branchenübergreifend erscheint hier sinnvoll. Nicht nur, um die Digitalisierung aus einem anderen Blickwinkel zu betrachten, sondern auch, um Ideen für Potenziale zu erhalten und auch um zu erfahren, wie andere Unternehmen etwa mit IT-Security und Compliance-Maßnahmen und -Anforderungen umgehen. Nachfolgend sollen beispielhaft für die Abwägung des sinnvollen Einsatzes von Digitalisierung mögliche Entscheidungsfaktoren und beispielhafte Handlungsmöglichkeiten aufgezeigt werden. Ziel ist es, KMU aufzuzeigen, an welchen Stellen mögliche Potenziale aktiviert werden könnten und es ihnen gelingen könnte, Ängste vor Compliance- und IT-Security-Anforderungen in Hinblick auf die fortschreitende Digitalisierung positiv beseitigen zu können. Des Weiteren soll ermöglicht werden zu erkennen an welchen Stellen Know-how aufgebaut werden könnte.

5.2 Entscheidungsfaktoren und Handlungsmöglichkeiten

Im Folgenden werden verschiedene mögliche beispielhafte Entscheidungsfaktoren und Handlungsempfehlungen für KMU dargestellt. Diese basieren zu einem Großteil auf den Erkenntnissen der vorangegangenen Kapitel sowie Praxiserfahrungen. Dennoch sollte der Individualfall durch Experten betrachtet werden. Um die Übersichtlichkeit zu gewährleisten, wird dazu eine Abbildung und ein tabellarischer Fragenkatalog verwendet. Beide angesprochenen Dinge werden in den beiden nachfolgenden Unterkapiteln genauer erläutert. Voraussetzung für die Anwendbarkeit ist, dass Entscheidungsträger in KMU auch die vorausgehenden Kapitel dieser Ausarbeitung gelesen haben oder sich auf entsprechenden Informationsveranstaltungen beispielsweise bei IHK oder Handwerkskammer über Digitalisierung sowie generell zu den Themen der Compliance in Hinsicht auf IT informiert und mit IT-Sicherheit beschäftigt haben.

5.2.1 Entscheidungsfaktoren

Aufgrund der erarbeiteten Ergebnisse aus den vorausgehenden Kapiteln werden nun einige beispielhafte Entscheidungsfaktoren beschrieben, die es KMU ermöglichen sollen, die Digitalisierung besser etablieren zu können. Dabei steht vor allem im Mittelpunkt, Ängste und Verständnisprobleme auszuräumen sowie die Aufmerksamkeit der KMU auf die Potenziale von Digitalisierung in Geschäfts- und Produktionsprozessen zu lenken. Die nachfolgende Tab. 5.1 zeigt einen beispielhaften Fragenkatalog, der die erarbeiteten Entscheidungsfaktoren abfragt und so denjenigen, der sie beantwortet, auf nicht beachtete Punkte sowie Potenziale oder auch Nachteile und Verbesserungsbedarf aufmerksam machen soll. Der Fragenkatalog ist jedoch beispielhafter Natur, da jede Firma individuelle Herausforderungen für sich identifiziert und daher etwaige Fragen in Zusammenarbeit mit Experten erarbeiten sollte. Er kann vielmehr als Basis und Ermöglichung eines Grundverständnisses für den Start in Richtung Digitalisierung und Potenzialerkennung verstanden werden. Somit soll er letztendlich dabei helfen das jeweilige Know-how zu erweitern und gegebenenfalls bei Defiziten den Besuch von Schulungen sowie Gespräche mit Experten initiieren.

Tab. 5.1 Fragenkatalog basierend auf beispielhaften Entscheidungsfaktoren

1. Habe ich vor dem Treffen der Entscheidung eine Schulung/ Informationsveranstaltung zu Themen der Digitalisierung wie digitale Transformation, Industrie 4.0 oder Ähnlichem besucht?

1.1. Ist mir bewusst, dass Digitalisierung nicht bedeutet, zwangsläufig alle Daten und Server in die Cloud verlagern zu müssen?

2. Habe ich als Geschäftsleiter verstanden, was Digitalisierung sowie Compliance und IT-Security ausmacht, beeinflusst und inwiefern diese Voraussetzungen für eine Entscheidung sind?

3. Erlaubt meine IT-Security- und Compliance-Richtlinie die Digitalisierung oder habe ich die Auflage im Unternehmen, keinen Internetanschluss und keine extern gelagerten Dienste nutzen zu dürfen?

3.1. Erfülle ich die Vorgaben hinsichtlich Compliance und IT-Security auf lokaler Ebene? *Anmerkung: Wenn die Begriffe und deren Inhalte für Sie unverständlich sind, ist es empfehlenswert, einen Experten für eine Beratung aufzusuchen.*

3.2 Habe ich ein IT-Risikomanagement oder IT-Notfallmanagement im Unternehmen? Bin ich mir als Geschäftsleiter der möglichen Folgen für aus IT-Handlungen resultierenden Schäden bewusst? *Anmerkung: Um den Haftungsrahmen und daraus resultierende Maßnahmen und Folgen zu identifizieren, sollte ein entsprechender Experte hinzugezogen werden.*

4. Könnte Digitalisierung in meinem Unternehmen Potenziale für die Steigerung der Arbeitseffizienz und/oder Produktivität ermöglichen? *Anmerkung: Solche Potenziale könnten sein, durch Einsatz von IoT-Sensoren Maschinenausfälle früher zu erkennen oder Mitarbeitern zu ermöglichen, durch das Nutzen von Dokumenten auf Tablets Papier und Zeit einzusparen.*

4.1 Frage 4 mit nein beantwortet: Habe ich mich mit anderen Unternehmen in der Branche, branchenübergreifend oder auf Veranstaltungen der IHK, Handelskammer oder vergleichbaren Institutionen ausgetauscht?

4.2. Habe ich zur Beantwortung der Frage 4 auch die Mitarbeiter der Fachabteilungen in meinem Unternehmen befragt? *Anmerkung: Mitarbeiter aus Fachabteilungen können aufgrund ihrer Vertrautheit mit Prozessen eine qualitativ höherwertige Aussage zu Verbesserungspotenzialen geben.*

4.3. Äußern Mitarbeiter, dass IT sowie Geschäfts- und Produktionsprozesse unflexibel und starr sind? Anmerkung: Starre und unflexible Geschäftsprozesse können dazu führen, dass Ihr Unternehmen nicht schnell auf neue Marktsituationen wie Konkurrenz reagieren kann. Unflexible Prozesse haben des Weiteren Einfluss auf Mitarbeiterzufriedenheit sowie das Gewinnen von Nachwuchskräften.

(Fortsetzung)

Tab. 5.1 (Fortsetzung)

5. Beziehe ich bei Entscheidungen auch jüngere Mitarbeiter wie Auszubildende mit ein, um deren Kenntnisse mit neuen Technologien positiv für das Unternehmen nutzen zu können?
6. Ist in meinem Unternehmen bereits Schatten-IT entstanden? Wenn ja: Welche Potenziale entstehen dem Nutzer dadurch? *Anmerkung: Schatten-IT entsteht in der Praxis, wenn von den Mitarbeitern nicht zu verwaltende oder nicht autorisierte IT-Dienste genutzt werden.*
7. Befinde ich mich bereits in Konkurrenz mit einem höher digitalisierten Konkurrenzunternehmen aus dem In- oder Ausland?
8. Könnte ich, nachdem ich Digitalisierung besser verstanden habe, neue Geschäftsfelder oder einen neuen Produkt-Mix ermöglichen?
9. Wird unbewusst bereits digitale Transformation betrieben? *Anmerkung: In einem solchen Fall können Compliance- und IT-Security-Probleme auftreten. Ziehen Sie unbedingt einen Experten hinzu.*
10. Müssten zur Aufrechterhaltung von Compliance- und IT-Security-Anforderungen sowie für Cloud-IT Investitionen wie etwa in eine Firewall und einen Internetanschluss getätigt werden? Habe ich dafür bereits externe Hilfe in Anspruch genommen?
10.1. Ist mir bewusst, dass ich in Schulungen und IT-Sicherheitstrainings meiner Mitarbeiter investieren muss, damit diese neue Systeme sinnvoll und wirtschaftlich nutzen können und generell ein weniger großes Sicherheitsrisiko darstellen?
11. Haben mich einige dieser Fragen verwirrt oder konnte ich sie nicht beantworten? *Anmerkung: In diesem Fall suchen Sie mit den Ergebnissen aus diesem Fragebogen einen Experten für neue Technologien und Digitalisierung sowie IT-Recht auf, um Missverständnisse auszuräumen.*

Nachfolgend sollen die Fragstellungen aus diesem vorangegangenen Fragenkatalog in Form der Tab. 5.1 genauer erläutert werden, damit nachvollziehbar ist, wieso diese Fragen ausgewählt wurden.

Fragen

1. „Habe ich vor dem Treffen der Entscheidung eine Schulung/ Informationsveranstaltung zu Themen der Digitalisierung wie digitale Transformation, Industrie 4.0 oder Ähnlichem besucht?"

Diese eingehende Fragestellung ist insbesondere deshalb wichtig zu betrachten, da sich in der Praxis gezeigt hat, dass viele Unternehmen die Entscheidungen für Digitalisierung eher zurückstellen oder nicht mit der notwendigen Priorität bemessen. Oftmals werden Entscheidungen bezüglich des Themas Digitalisierung, insbesondere digitale Transformation im Allgemeinen und Industrie 4.0, mit dem Gedanken hinausgezögert oder abgelehnt, dass man diese Dinge niemals benötigen werde. Leider zeigt sich oft, dass gerade KMU aufgrund der langjährigen Erfahrungen und Erfolge im jeweiligen Bereich für sich identifizieren, die Digitalisierung nicht zu benötigen. Dies liegt vor allem daran, dass einige KMU für sich feststellen, in den letzten Jahren auch ohne Digitalisierung beziehungsweise immer stärker werdende Nutzung von Computertechnologie etc. erfolgreich gewesen zu sein. Daher erfährt Digitalisierung an sich in einigen Fällen schnell eine Absage, die aber nicht auf genereller Ablehnung beruht, sondern eher darauf, sich sicher zu sein, diese einfach nicht zu benötigen, da es in den letzten Jahren auch problemlos ohne sie funktioniert hat, erfolgreich zu sein. Dabei wird oft außer Acht gelassen, welche Vorteile und Potenziale sich durch den Einsatz von Industrie 4.0 und sonstigen neuen durch Digitalisierung geförderten Arbeitsweisen wie agiler Zusammenarbeit ergeben. Gerade aufgrund des aktuellen Fachkräftemangels, der sehr viele Bereiche des deutschen Arbeitsmarktes betrifft, können durch Digitalisierung Potenziale erreicht werden. Zum einen wird das Unternehmen für jüngere Menschen attraktiver, und zum anderen können Prozesse mitunter beschleunigt und vereinfacht werden, sodass nicht mehr für jede Tätigkeit eine Person aktiv werden muss. So kann auch vorhandenes Personal effizienter eingesetzt werden, ohne dass für dieses zwangsläufig die Arbeitsbelastung steigen muss.

Die Frage sollte daher ernsthaft betrachtet werden und die Aussage in ihr zunächst durchdacht werden. Bevor eine Entscheidung hinsichtlich Digitalisierung getroffen wird, egal ob diese lokale IT-Infrastruktur oder Dienste aus der Cloud betrifft, sollte der Entscheidungsträger daher zunächst alle notwendigen Informationen sammeln. Dies kann durch Workshops oder auch Schulungen und Informationsveranstaltungen geschehen. Eine Entscheidung kann immer nur dann getroffen werden, wenn bereits Informationen vorliegen. Dabei kommt es nicht darauf an, über alle Informationen zu verfügen, da dies wie bei jeder Entscheidung selten möglich ist. Es kommt vielmehr darauf an, die grundlegenden Informationen erhalten zu haben und diese in einem Gedankenspiel auf das Unternehmen anwenden zu können. Dennoch wird es aus Sicht des Unternehmens immer eine Seite geben, die besser informiert ist. So wie das KMU sein Produkt besser als der Kunde kennt, so ist es auch in diesem Fall so, dass das KMU die verschiedenen Produkte im Zuge der Digitalisierung nicht so gut kennt wie ein Experte in diesem Bereich.

Daher sollte ein Entscheidungsträger sich nicht vor Digitalisierung scheuen, weil ihm nicht der komplette Informationsumfang bekannt ist. Vielmehr sollten notwendige Informationen eingeholt werden und die Hilfe eines Experten gesucht werden. In der Praxis kann es sinnvoll sein, gerade bei Ängsten hinsichtlich Digitalisierung in Betrachtung von Compliance und IT-Security den Empfehlungen für Experten durch andere Unternehmen zu folgen.

Informationsveranstaltungen und Schulungen können unter anderem über die jeweilige Datenschutzbehörde des Bundeslandes, die örtlichen Industrie- und Handelskammern sowie die Handwerkskammern bezogen oder vermittelt werden. Diese bieten entweder selbst bereits Informationen an, in den meisten Fällen direkt über deren Webseite, oder können Empfehlungen aussprechen.

Fragen

1.1 „Ist mir bewusst, dass Digitalisierung nicht bedeutet, zwangsläufig alle Daten und Server in die Cloud verlagern zu müssen?"

Die Frage 1.1 ist der Frage 1 untergeordnet, da sie eine der häufigsten Ängste von Entscheidungsträgern aufgreift. In der Praxis ist es häufig so, dass KMU beim Gedanken an Digitalisierung zunächst daran denken, dass dies bedeute, dass alle Server und Anwendungen zwangsläufig auf Server in der Cloud verlagert werden müssten. In vielen Kundengesprächen war dies meist die erste Frage, die mir gestellt wurde. Deshalb ist diese Frage der ersten untergeordnet, denn sie basiert darauf, dass der Begriff Digitalisierung für den Laien aufgrund seiner Komplexität schwer greifbar ist. Mit Digitalisierung verbinden viele Menschen die Umstellung auf Cloud-Modelle, den Wegfall von Arbeitsplätzen, die

Abhängigkeit vom Internet und die Befürchtung, nicht mehr die volle Kontrolle über alle Daten zu besitzen. Damit diese Ängste aufgeklärt werden können, bedarf es nicht der Aussage, dass diese Ängste nicht zutreffend sind, sondern gezielten Informationen. Darum wurde in den vorangegangenen Kapiteln gerade auch im Hinblick auf diese Frage oberflächlich erläutert, was Teile von Digitalisierung ausmacht.

Es wurde unter anderem erklärt, dass Digitalisierung von Geschäfts- und Produktionsprozessen auch auf lokaler Ebene durch Anwendungen der Industrie 4.0 wie etwa IoT- und IIoT-Sensoren erfolgreich umgesetzt werden kann. Zusätzlich wurde auch dargelegt, warum in absehbarer Zeit eine komplette Verlagerung aller Dienste in die Cloud unwahrscheinlich ist. Aus diesem Grund ist es mir ein großes Anliegen, der Befürchtung, alles verlagern zu müssen, positiv entgegenwirken zu können. Des Weiteren bedeutet Digitalisierung nicht zwangsläufig die Abschaffung von Arbeitsplätzen, sondern die Umstrukturierung der bekannten Prozesse. Diese werden im Zuge der Digitalisierung durch neue Prozesse gestützt, die die Effizienz eines Unternehmens steigern können. Dennoch empfehle ich zu diesem Thema die Lektüre weiterer Autoren, da nur durch die Meinung Vieler jeder seine persönliche Meinung zur Thematik finden kann und eine Meinung zwar gebildet, aber nicht diktiert werden kann und darf.

Fragen

2. „Habe ich als Geschäftsleiter verstanden, was Digitalisierung sowie Compliance und IT-Security ausmacht, beeinflusst und inwiefern diese Voraussetzungen für eine Entscheidung sind?"

Die Frage 2 richtet sich deshalb an Geschäftsleiter beziehungsweise die Unternehmensleitung, da diese in KMU zumeist auch die Entscheidungen trifft. Dies wurde genauer in Abschn. 2.2 dargelegt. Da KMU zumeist inhabergeführt sind, haben diese auch das Interesse, ihr Unternehmen erfolgreich zu führen und Entscheidungen im Sinne des Unternehmens zu treffen sowie geltendes Recht, Vorgaben, Regularien, etc. einzuhalten. Da die Entscheidung für ein Digitalisierungsvorhaben maßgeblichen

Einfluss auf die Geschäfts- und Produktionsprozesse des Unternehmens haben können, sollte diese Entscheidung fundiert getroffen werden. Eine Fehlentscheidung könnte, je nach Ausmaß, dem Unternehmen schaden und wäre somit nicht im Sinne des Unternehmens beziehungsweise der Geschäftsleitung.

Aus diesem Grund muss der Unternehmensleitung die Tragweite bewusst sein, auch wenn diese häufig nicht der Entscheidungsträger in erster Instanz, sondern meist die letzte entscheidende Instanz ist. Deshalb empfiehlt sich wie zur Frage 1 bereits erläutert der Besuch von Schulungen und die Einholung von Informationen über die Digitalisierung an sich.

Für die Unternehmensleitung ist jedoch auch aus etwaigen Haftungsgründen entscheidend, die Bedeutung von Compliance und IT-Security zu erkennen und zu verstehen. Der individuelle Fall sollte beim entsprechenden Experten erfragt werden. Um dies zu minimieren, empfiehlt es sich deshalb, die Grundzüge von Compliance und IT-Security zu verinnerlichen und diese somit auch bei der Entscheidungsfindung für eine Digitalisierungsstrategie berücksichtigen zu können. Gerade bei der Auswahl der Software oder eines Anbieters ergeben sich bestimmte Fragestellungen, die am Anfang wichtig sind. Angenommen, es wird die Entscheidung getroffen, mit einer Software oder einem Anbieter zu arbeiten, welche die Compliance-Vorgaben, etwa des gesetzlichen Rahmens oder auch freiwillige Auflagen des Unternehmens nicht einhalten, kann es letztlich zu Nacharbeiten, hohen Kosten und im negativsten Falle auch zu weiteren Konsequenzen kommen. Darum sollte eine Entscheidung nicht vorschnell getroffen werden, sondern zunächst alle bekannten Fakten zusammengetragen werden, Informationen eingeholt werden, Experten befragt und miteinbezogen werden und dann die Entscheidungsfindung angestrebt werden.

Fragen

3. „Erlaubt meine IT-Security- und Compliance-Richtlinie die Digitalisierung oder habe ich die Auflage im Unternehmen, keinen Internetanschluss und keine extern gelagerten Dienste nutzen zu dürfen?"

Obgleich in Frage 2 bereits die Notwendigkeit des Verständnisses von IT-Security und Compliance-Anforderungen angesprochen und gewissermaßen abgefragt wird, gilt es, bestehende Richtlinien zu betrachten. Viele KMU haben beispielsweise Vereinbarungen mit ihren Endkunden, Zulieferern oder mit kooperierenden Unternehmen zu IT-Security und Datenschutz Anforderungen etc. getroffen. Auf diese Thematik wird vor allem in Abschn. 2.4 dieser Ausarbeitung eingegangen. Beim Treffen der Entscheidung für Digitalisierungsvorhaben muss daher zunächst betrachtet werden, ob diese Vereinbarungen, die mitunter auch durch das Unternehmen selbst entstehen können, mit den Digitalisierungsabsichten vereinbar sind.

Sollte ein KMU im Rahmen der Kundenbeziehung gegen diese Vereinbarungen verstoßen, könnte dies zu negativen Folgen führen. Dies ist nicht zuletzt deshalb ärgerlich, da es dem Vertrauen des Kunden nicht zuträglich ist, in der Folge einen negativen Eindruck hinterlassen und auch rechtliche Folgen nach sich ziehen könnte. So kann durchaus die Auflage eines Kunden oder auch eines kooperierenden Unternehmens vorliegen, dass diese Daten aus der Geschäftsbeziehung nicht auf Cloudspeicher auslagern haben möchten. Des Weiteren kann es auch aus Gründen der IT-Security möglich sein, dass Teile der Digitalisierung erst nach Anpassung von Sicherheitseinstellungen beispielsweise in einer SaaS-Umgebung genutzt werden können und dürfen. Werden diese Punkte bereits zu Anfang betrachtet und in diesem Zuge auch überprüft, ob die Anforderungen in der jetzigen IT-Infrastruktur bereits eingehalten werden, kann vermieden werden, dass Konsequenzen in Form von Vertrauensbruch oder auch andere beispielsweise in Form von rechtlichen Konsequenzen drohen.

Unabhängig dieser externen Auflagen gilt es zu prüfen, ob eine Digitalisierung überhaupt im Sinne des Unternehmens ist. Wie bereits in den Kap. 3 und 4 beschrieben, gibt es durchaus Unternehmen, deren Geschäfts- und Produktionsprozesse im Sinne der Geschäftspolitik vom Internet getrennt sind und bei denen Auflagen bestehen, eine strikte Trennung des produktiven Bereichs vom Internet vorzunehmen. Gerade in diesem Szenario ist es gefährlich, wenn Mitarbeiter beispielsweise Schatten-IT im Hinblick auf Cloud-Computing und externe Datenauslagerung einführen. Auch wenn Abteilungen, bei entsprechender Unternehmensgröße vorausgesetzt, selbst über ihre IT entscheiden dürfen, so muss diese Anforderung klar formuliert und eingeschränkt sein, was genutzt werden darf und was gegen Auflagen verstößt. Empfehlenswert ist, dies auch regelmäßig zu prüfen, da einmalige Hinweise häufig schnell in Vergessenheit geraten.

Außerdem ist zu betrachten, ob die Digitalisierung in Richtung Cloud-Computing oder die Nutzung externer Ressourcen über das Internet überhaupt über die vorhandene Infrastruktur nutzbar sind. Es sind Unternehmen bekannt, die den Schritt in Richtung verstärkter SaaS-Nutzung gegangen sind, ohne vorher deren Internetanbindung und eine eventuelle Ausbaufähigkeit zu prüfen. Diese Unternehmen haben teilweise festgestellt, dass die Bandbreite des Internetanschlusses nicht ausreichend ist und dieser nicht in absehbarer Zeit erweiterbar ist. In den entsprechenden Unternehmen sind im Nachgang Kosten durch die Migration zurück auf lokale Server entstanden, die im Vorfeld durch eine genaue Planung hätten vermieden werden können. In diesen Fällen wurde bei der ursprünglichen Migration keine Expertenmeinung miteinbezogen, sodass im Nachgang formuliert wurde, dass die entsprechenden Unternehmen nicht auf die Cloud im Sinne der Digitalisierung zurückgreifen werden.

Fragen

3.1. „Erfülle ich die Vorgaben hinsichtlich Compliance und IT-Security auf lokaler Ebene? *Anmerkung: Wenn die Begriffe und deren Inhalte für Sie unverständlich sind, ist es empfehlenswert, einen Experten für eine Beratung aufzusuchen.*"

Im Verlauf dieser Ausarbeitung wurde bereits häufiger dargelegt und darauf verwiesen, dass viele KMU sich in der Praxis mehr um die IT-Sicherheit und Konformität mit Compliance-Auflagen in Cloud-Umgebungen sorgen, als sie es auf lokaler Ebene tun. Die Frage 3.1 bezieht sich daher nicht auf die Digitalisierung mithilfe von externen Anbietern und Technologien wie Cloud-Computing, sondern auf den Betrieb von lokaler IT-Infrastruktur. Einige KMU vernachlässigen, dass Anforderungen auch bei reinem lokalem Betrieb einzuhalten sind und dort mitunter teilweise sogar schwieriger abzubilden sind als bei vergleichbaren Diensten in der Cloud.

Die Einhaltung von IT-Compliance und Umsetzung von IT-Security wurde genauer in Kap. 2 beschrieben und in den Kap. 3

und 4 jeweils im Zusammenhang aufgegriffen. So fällt es vielen KMU schwer, die Vorgaben in die Praxis umzusetzen und beispielsweise IT-Security durch regelmäßige Updates von systemkritischen Servern oder Anwendungen zu gewährleisten. Dazu gehört auch die Bereitstellung verschiedener Sicherheitssysteme wie etwa einem Antiviren-Schutz oder dem Betrieb einer Firewall.

Die Einhaltung von IT-Security bedarf daher auch auf lokaler Ebene klaren Richtlinien und der Formulierung von Compliance-Richtlinien, die für den Betrieb gelten. Dazu zählen etwa Zugangsbeschränkungen zum Gebäude und zum Serverraum, regelmäßige Passwortänderungen, das Erneuern von Betriebsgeräten wie etwa Notebooks, Computern oder Smartphones und vieles mehr. Die Einhaltung von Sicherheitsstandards ist immer mit Mehraufwendungen verbunden, seien es Kosten oder Personalaufwendungen. Dennoch sollte einem Unternehmen daran gelegen sein, durch drohende Gefahren aus dem Unternehmensinneren oder auch durch externe Angriffe über das Internet geschützt zu sein, anstatt nichts zu unternehmen und des Weiteren geltendes Recht und Anforderungen einzuhalten.

Wie bereits in mehreren Beispielen beschrieben, kann jedes Unternehmen mit einem Internetanschluss Opfer eines Hacks werden und genauso durch einen Eindringling im Inneren betroffen sein. Deshalb sollte, bevor die Digitalisierungsstrategie ausformuliert und mit deren Umsetzung gestartet wird, geprüft werden, welche Schritte auf lokaler Ebene notwendig sind und nachgeholt werden müssen beziehungsweise bereits eingeführt sind. Dies ist auch in Anbetracht der Digitalisierungsstrategie wichtig, da nur so der Grundstein für einen konformen Betrieb beispielsweise einer Cloudlösung gewährleistet werden kann. Andererseits kann davon ausgegangen werden, dass die Vorgaben, wie in den Beschreibungen zu den vorherigen Fragestellungen beschrieben, nicht bekannt sind und kurz- oder mittelfristig zu Problemen führen könnten.

Der Verweis auf einen Experten in der Fragestellung erfolgt nicht nur aus Gründen des inhaltlichen Verständnisses, sondern auch, um zu unterstreichen, welche Wichtigkeit der Thematik eingeräumt werden sollte. Im Zweifel ist es wirtschaftlicher, eine Beratung und anschließende Umsetzung durch einen Experten wahrzunehmen, anstatt durch später entstehende Kosten insgesamt mehr zu zahlen. In diesem Sinne verweise ich auf den Merksatz zu Beginn des Buches:

▶ „Wer jetzt 10€ sparen kann, indem er selbst und ohne Hintergrundwissen sowie externe Hilfe aktiv wird, zahlt im Nachhinein meist 1000€ mehr."

Fragen
3.2 Habe ich ein IT-Risikomanagement oder IT-Notfallmanagement im Unternehmen? Bin ich mir als Geschäftsleiter den möglichen Folgen für aus IT-Handlungen resultierenden Schäden bewusst? *Anmerkung: Um den Haftungsrahmen und daraus resultierende Maßnahmen und Folgen zu identifizieren, sollte ein entsprechender Experte hinzugezogen werden.*

Der Betrieb von IT-Infrastrukturen ist mit Risiken verbunden unter anderem aus diesem Grund greift die Frage 3.2 die Frage nach einem IT-Risikomanagement auf. Diese Thematik wurde unter anderem in Kap. 2 erläutert. Dennoch sind in der Praxis selten ein IT-Risikomanagement oder vergleichbare Maßnahmen, wie in der Folge häufig ein IT-Notfallmanagement vorhanden. Beide Maßnahmen können sich unter anderem an den Empfehlungen des BSI zum IT-Grundschutz orientieren. Die Einführung einer solchen Maßnahme ist für ein Unternehmen jedoch nicht nur sinnvoll, um etwa die Einhaltung von Pflichten, siehe Abschn. 2.4, nachzuweisen, sondern auch, weil es dem Unternehmen erleichtert, Risiken zu identifizieren und abzuwägen sowie Risikominimierung zu betreiben. Außerdem im Sinne des IT-Notfallmanagements beispielhaft im Falle eines Hacks, dadurch bedingten Ausfällen der IT oder vom Regelbetrieb der IT-Prozesse abweichenden Vorkommnissen Pläne und Vorgehensweisen vorlegen zu können, die helfen können, die Situation schneller in den Griff zu bekommen oder auch geeignete Gegenmaßnahmen einzuleiten. Durch das Fehlen solcher Maßnahmen kann es ansonsten zu unkoordinierten Abfolgen von Handlungen kommen, die einen Vorfall eventuell sogar verschlimmern, anstatt ihn eindämmen oder gar sofort ausräumen zu können. Ein IT-Notfallmanagement zeigt in der Regel außerdem, dass ein Unternehmen sich aktiv dafür eingesetzt hat, Schäden zu minimieren und einen Notfallplan für einen ‚Ernstfall' bereithalten kann. Dennoch sollte gerade im Bereich einer möglichen Haftung ein Experte hinzugezogen werden, der genaue Aussagen zur Haftung und deren Bedeutung auf die Praxis für das jeweilige Unternehmen formulieren, sowie etwa daraus bestehende Verpflichtungen in Form von konkreten Maßnahmen identifizieren und umsetzen kann.

Gerade wenn in einem Unternehmen keine Person ausschließlich für IT verantwortlich ist oder notwendiges Know-how nicht vorhanden ist, wie es in einem KMU häufig üblich ist, kann ein IT-Notfallmanagement den Mitarbeitern und der Geschäftsleitung dabei helfen, die nächsten geeigneten Schritte durchzuführen, wie etwa entsprechende Dienstleister zu kontaktieren. Dabei ist die Zusammenarbeit mit einem Experten aus Gründen der jeweiligen Haftungsidentifizierung und resultierenden notwendigen Maßnahmen empfehlenswert und wichtig. Im Rahmen des IT-Notfallmanagements sollte zudem eine umfassende Dokumentation des Netzwerkes erarbeitet werden, dies hilft einem Dienstleister auch dabei schneller IT-Systeme und systemkritische Anwendungen zu finden sowie in einem beispielhaft beschriebenen Szenario des Ausfalls im Zuge eines Hacks einen Überblick über gefährdete Systeme zu erhalten. Für Dienstleister, die einen Kunden nicht regelmäßig, sondern nur in unregelmäßigen Abständen betreuen, ist eine umfassende Dokumentation außerdem hilfreich, da diese somit nicht zunächst eine Bestandsaufnahme des Netzes durchführen müssen, um einen Eindruck darüber zubekommen. Daher ist eine Dokumentation des Netzwerks und seiner kritischen Bestandteile nicht nur aus Sicht der IT-Notfallmanagements sinnvoll, sondern auch aus Sicht der IT-Sicherheit und der Verfügbarkeit und Anpassung der IT-Systeme.

Ein IT-Notfallmanagement bietet somit einige Vorteile, die sicherlich je nach Unternehmen anders ausfallen können. Dennoch ist es eine Möglichkeit, um etwa Schäden einzudämmen und schneller handeln zu können beziehungsweise den richtigen Notfallplan vorlegen zu können. Voraussetzung dafür ist jedoch die regelmäßige Pflege der Dokumentation und der Handlungs-schritte, sowie den mit dem IT-Notfallmanagement verbundenen Prozessen und Maßnahmen. Ein veraltetes und ungepflegtes IT-Notfallmanagement ist in keinem Fall hilfreich. Es ist erkenn-bar, dass die Implementierung ohne einen Experten nicht sinnvoll ist und im Regelfall nicht vom Unternehmen alleine erarbeitet werden kann.

Fragen
4. „Könnte Digitalisierung in meinem Unternehmen Potentiale für die Steigerung der Arbeitseffizienz und/oder Produktivität ermöglichen? *Anmerkung: Solche Potentiale könnten sein, durch Einsatz von IIoT-Sensoren Maschinenausfälle früher zu erkennen oder Mitarbeitern zu ermöglichen, durch das Nutzen von Dokumenten auf Tablets Papier und Zeit einzusparen.* "

Die vierte Frage ist aus betriebswirtschaftlicher Sicht eine sehr wichtige Frage. In allen Unternehmen ist letztlich entscheidend, mit welchen Aufwendungen das Endprodukt entsteht. Dabei ist dies unabhängig davon zu betrachten, ob es sich tatsächlich um ein Unternehmen im produzierenden Bereich oder im Dienstleis-tungsbereich handelt. Das Endprodukt ist jenes, welches der Kunde bezieht und mit welchem das Unternehmen seine Kosten deckt sowie eine Gewinnerzielungsabsicht anstrebt. Somit erge-ben sich Potenziale immer dann, wenn die Produktivität durch effizientere Arbeitsprozesse erhöht werden kann. Ist es etwa mög-lich, durch die Einführung neuer Technologien im Zuge einer Di-gitalisierungsstrategie Steigerungen der Effizienz zu erwirken, sollten diese Potenziale erkannt werden. Jedoch müssen sich die Investitionen, die zur Steigerung der Effizienz führen sollen, kurz- beziehungsweise mittelfristig gesehen rentieren, da das Un-ternehmen im anderen Falle in eine Investitions- beziehungsweise Kostenfalle getrieben werden würde.

Dennoch ist die Frage nach Steigerung der Arbeitseffizienz und/oder der Produktivität im Sinne der Digitalisierung eine sehr wichtige. Wenn ein Unternehmen die Ausarbeitung einer Digitali-sierungsstrategie anstrebt und Entscheidungen getroffen werden müssen, sollte daher zunächst erfasst werden, welche Potenziale entstehen können und wie sie dem Unternehmen weiterhelfen können. Eine Entscheidung beispielsweise für ein bestimmtes Produkt aus dem Bereich des Cloud-Computings zu treffen, ohne im Vorfeld dessen Mehrwerte für das Unternehmen erarbeitet zu haben, kann daher im Anschluss zu Mehrkosten oder sogar zu Effizienz- und Produktivitätsverlusten führen.

Die Anmerkung *„Solche Potentiale könnten sein, durch Einsatz von IIoT-Sensoren Maschinenausfälle früher zu erkennen oder Mitarbeitern zu ermöglichen, durch das Nutzen von Dokumenten auf Tablets Papier und Zeit einzusparen."* ist daher absichtlich mit konkreten Beispielen gewählt. Da KMU häufig das Problem haben, dass Digitalisierung und damit verbundene Produkte oder Prozesse nur schwer greifbar sind, müssen Potenziale, die entstehen könnten, als Beispiel gegeben werden. Greift man die Beispiele aus der Anmerkung auf, so kann der Einsatz einer Früherkennung von Maschinenfehlern in vielerlei Hinsicht zur Einsparung von Kosten führen, die ohne eine solche entstehen würden. Somit wären Ersatzteile im besten Falle zum notwendigen Zeitpunkt eingetroffen und Wartungszeiträume könnten im Vorfeld geplant werden. So würde ein möglicher Maschinenausfall im schlimmsten Falle nicht zum Produktionsausfall führen und Liefertermine könnten eingehalten oder nur mit geringen Verzögerungen wahrgenommen werden. Im zweiten Falle profitieren die Mitarbeiter durch den schnelleren Zugriff und Austausch von Informationen in digitaler Form. Dokumente müssten nicht mehr händisch in Ordnern gesucht werden oder mehrfach in verschiedene Medien überführt werden. Zum einen ist das Auffinden erleichtert, und zum anderen werden Medienbrüche vermieden, die unter anderem Zeit in Anspruch nehmen, Ressourcen verbrauchen und beim Übertragen der Informationen auch zum Verlust von Informationen führen können. Das Unternehmen würde profitieren, da weniger Kosten für den Druck oder das Anfertigen von Notizen auf entsprechenden Unterlagen anfallen würden. Des Weiteren wären die Mitarbeiter mit Hilfe von Tablets im Stande, bei entsprechender Infrastruktur auch Informationen zu erfassen und zu verarbeiten, wenn diese sich nicht im Unternehmenssitz befinden. So können Anfahrtszeiten eingespart werden, und Informationen schneller verfügbar gemacht werden.

Fragen

4.1 „Frage 4 mit nein beantwortet: Habe ich mich mit anderen Unternehmen in der Branche, branchenübergreifend oder auf Veranstaltungen der IHK, Handelskammer oder vergleichbaren Institutionen ausgetauscht?"

Durchaus könnte ein Entscheidungsträger die vierte Frage mit ‚nein' beantworten. Auf den ersten Blick ist es auch durchaus nachvollziehbar, dass aufgrund fehlender Informationen und Know-how die Potenziale nicht sofort erkannt werden. Darum empfiehlt es sich, bei jeder Frage im obigen Fragenkatalog keine vorschnellen Entscheidungen zu treffen, sondern die Beantwortung der Fragen über einen längeren Zeitraum vorzunehmen. Es ist menschlich, dass gute Ideen und auch die Entscheidung für bestimmte Dinge Zeit in Anspruch nehmen, und es daher nicht immer empfehlenswert ist, Entscheidungen aus dem Stehgreif vorzunehmen.

Dennoch kommt es auch nach reiflicher Überlegung bei Entscheidungsträgern durchaus dazu, dass die Antwort auf die vierte Frage mit ‚nein' beantwortet wird. In diesem Falle sollte jedoch der Kontakt mit Unternehmen in der jeweiligen Branche gesucht werden, bevor der Digitalisierungsstrategie gänzlich eine Absage erteilt wird. Im Konsens mit anderen Unternehmen entstehen häufig Gedanken, die ohne die Meinung einer zweiten oder dritten Person nicht entstanden wären. Da Digitalisierung an sich niemals zu Ende gedacht ist, wäre dieses Vorgehen vor allem zielführend, um eine Strategie zu erarbeiten, die auch Fehler vermeiden kann, die bereits von anderen Unternehmen gemacht wurden. Auch empfiehlt es sich, branchenübergreifend den Kontakt zu suchen. In der Praxis haben sich viele Synergien ergeben, und es sind Potenziale durch Adaption aus anderen Branchen entstanden. Für die Kontaktherstellung empfehlen sich dabei besonders branchenspezifische Messen und auch der Besuch von Veranstaltungen wie etwa der Industrie- und Handelskammer oder der Handwerkskammer. Auch können dort Beratungen angefragt werden, die bereits auf bekannte identifizierte Potenziale oder Unternehmen mit ähnlichen Herausforderungen aufmerksam machen können. Zusammenarbeit mit anderen ist dabei keineswegs als Nachteil im Sinne von Informationsoffenbarung zu sehen, sondern als gegenseitiges Stärken und vielleicht auch als Entstehen von neuen Geschäftsbeziehungen.

Fragen

4.2. „Habe ich zur Beantwortung der Frage 4 auch die Mitarbeiter der Fachabteilungen in meinem Unternehmen befragt? *Anmerkung: Mitarbeiter aus Fachabteilungen können aufgrund ihrer Vertrautheit mit Prozessen eine qualitativ höherwertige Aussage zu Verbesserungspotentialen geben.* "

Wie bereits mehrfach in dieser Ausarbeitung angesprochen wurde, sind die Mitarbeiter nicht nur die treibende Kraft hinter dem Endprodukt des Unternehmens, sondern auch diejenigen, die Potenziale zumeist als erste erkennen. Darum sollten die Mitarbeiter nach Potenzialen befragt werden, die sie in ihren Abteilungen für sich erkennen und aus ihrer Sicht umsetzen würden. Es geht dabei nicht darum, alle Vorschläge umzusetzen, sondern darum zu erkennen, welche Möglichkeiten es geben kann, die bis dato noch nicht in die Auswahl mit einbezogen wurden. Empfehlenswert ist es in der Praxis, in Abteilungen oder Unternehmen mit sehr vielen Angestellten sogenannte Keyuser zu benennen. Deren Aufgabe ist es, die Vorschläge ihrer Kollegen zu sammeln und diese den Entscheidungsträgern vorzutragen. Dies führt unter anderem auch zu dem positiven Effekt, dass die Mitarbeiter den Eindruck bekommen, am Prozess mitgewirkt zu haben. Selbst, wenn deren Idee nicht aufgegriffen wird, so wurden sie gefragt, und dies ist gerade für das Betriebsklima und die spätere Akzeptanz der jeweiligen Lösungen sehr hilfreich.

Gerade jüngere Mitarbeiter und technikaffine Mitarbeiter können dabei erfahrungsgemäß für die Potenzialfindung wertvolle Ideengeber sein, da diese schnell Verbesserungspotenziale in Prozessen identifizieren und diese oftmals selbstständig kommunizieren. Außerdem sind diese Mitarbeiter in der Lage, Technologien aus dem privaten Umfeld auf das Unternehmensumfeld zu adaptieren, und sie können häufig bereits Vorschläge für neue Arbeitsabläufe und -prozesse oder sogar Software und Technologien benennen, die dem Unternehmen bei der Umsetzung behilflich sein könnten.

Auch bei der Befragung der Mitarbeiter einzelner Abteilungen können sich jeweils andere Arbeitsabläufe und -vorstellungen ergeben. In einem solchen Falle wäre es zudem zielführend, entsprechende Keyuser auch bei kleineren Unternehmen zu benennen. Diese könnten sich ihre Ideen gegenseitig vorstellen und im besten Falle bereits eine große Hilfe dabei sein, mögliche Lösungen zu formulieren, die nicht nur hilfreich für eine Abteilung, sondern im besten Falle für das gesamte Unternehmen sein könnten.

Aus der Erfahrung ist erkennbar, dass ein Alleingang eines Entscheidungsträgers ohne das Einbeziehen der Mitarbeiter ungewollt zu Fehleinschätzungen führen kann. Dies kann in der Folge in unerwarteten Kosten durch weitere Anpassungen oder auch in mangelnder Mitarbeiterakzeptanz und negativem Betriebsklima resultieren.

Fragen

4.3 „Äußern Mitarbeiter, dass IT sowie Geschäfts- und Produktionsprozesse unflexibel und starr sind? *Anmerkung: Starre und unflexible Geschäftsprozesse können dazu führen, dass Ihr Unternehmen nicht schnell auf neue Marktsituationen wie Konkurrenz reagieren kann. Unflexible Prozesse haben des Weiteren Einfluss auf die Mitarbeiterzufriedenheit sowie das Gewinnen von Nachwuchskräften.*"

Wie bereits in der Fragestellung 4.2 aufgegriffen wurde, könnte im Gespräch mit den Mitarbeitern durchaus auch Kritik an dem Ablauf von Geschäfts- und Produktionsprozessen geäußert werden. Dies sollte nicht negativ aufgefasst werden, sondern zunächst objektiv betrachtet werden. Wenn Mitarbeiter entsprechende Äußerungen tätigen, so tun diese es im Normalfall nicht, um der Firma zu schaden, sondern erfahrungsgemäß vielmehr, um darauf hinzuweisen, dass die Firma effizienter sein könnte. Darum sollte gerade wenn geäußert wird, dass Geschäfts- und Produktionsprozesse zu starr und unflexibel sind, genauer hinterfragt werden, worin der jeweilige Mitarbeiter die Ursache sieht und welche Verbesserungsmöglichkeiten er daraus ableiten würde. Gerade auch durch unflexible und starre Prozesse geht Effizienz verloren, zudem kommt es zur Entstehung der bereits angesprochenen Schatten-IT. Mitarbeiter entwickeln für sich effizientere Workflows mithilfe von IT-Hard- und Software, die im Unternehmen nicht vorhanden sind, da sie sich häufig nicht ernst genommen und missverstanden fühlen. Dies birgt zum einen Problemstellungen im Hinblick auf Compliance und IT-Security, und zum anderen kann dies auch dazu führen, dass Mitarbeiter kurz- oder mittelfristig das Unternehmen verlassen werden. Gerade bei jüngeren Menschen sind diese Tendenzen in der Praxis erkennbar. Dies sollte nicht im Sinne des Unternehmens sein, wie auch hier aus Erfahrung festgehalten werden kann.

Die Anmerkung wurde daher bewusst gewählt. Starre und unflexible Geschäftsprozesse haben den Nachteil für ein Unternehmen, dass es je nach Einzelfall nur träge auf neue Gegebenheiten reagieren kann. Tritt beispielsweise ein Konkurrent in den Markt ein, der deutlich kürzere Entscheidungswege sowie flexiblere Geschäftsprozesse in seinem Unternehmen verankert hat, fällt es einem Unternehmen, bei dem das Gegenteil vorherrscht, schwer, sich gegen das Tempo des Mitwerbers zu behaupten. Sicherlich bestätigen Ausnahmen die Regel, und es ist nicht in jedem Fall so, dass genau dieses Szenario eintritt, dennoch gibt es viele weitere hier nicht aufgeführte Bereiche, in denen flexible Geschäfts- und Produktionsprozesse ein Unternehmen positiv beeinflussen. Wie im ersten Absatz bereits angeführt, kann dies unter anderem die Mitarbeiterzufriedenheit und auch das Gewinnen von Nachwuchskräften sein.

Um flexibler hinsichtlich der Prozesse zu werden, hilft es daher im ersten Schritt, Mitarbeiter, die sich nicht zu diesen Themen geäußert haben, anzusprechen. Durch ein solches Gespräch fühlt sich ein Mitarbeiter zudem besser verstanden und ernst genommen. Werden Potenziale innerhalb des Unternehmens aufgedeckt, so empfiehlt sich die Einführung von Software, die Prozesse mit Hilfe von Workflows unterstützen kann. Zuvor in Papier durchgeführte Arbeiten können so digitalisiert werden. Der Vorteil ist, dass ein Workflow die Geschwindigkeit des Prozesses durch gezieltes Steuern leitet. Dies kann beispielsweise eine Genehmigung sein. Während diese in Papierform zunächst ausgedruckt wird und dann mitunter sogar mehrere Personen an verschiedenen Orten erreichen muss, kann ein softwaregestützter Workflow deutlich Zeit und Wege sparen. Dies gestaltet sich beispielsweise so, dass betreffende Personen eine E-Mail erhalten und die beispielhafte Genehmigung direkt bearbeiten und an die nächste Person weitersenden können. Somit können auch Personen an entfernten Orten schneller erreicht werden und ein Prozess schneller abgeschlossen werden.

Zur Flexibilisierung von Workflows ist es jedoch auch nötig, zu überdenken, welche Schritte in der Vergangenheit durchgeführt wurden, aber in der Praxis nicht nötig sind, sondern nur den Prozess aufhalten. Dazu muss auch geprüft werden, welche Befugnisse einzelnen Abteilungen zustehen und ob diese noch zeitgemäß sind oder angehoben werden sollten. Beispielhaft zählt hier auch der Verfügungsrahmen einer Abteilung dazu, welche Anschaffungen bis zu einer bestimmten Höhe von der Abteilung selbst ohne Rücksprache mit anderen Instanzen getätigt werden dürfen. Häufig können an diesem Punkt schnelle Entscheidungen und kurze Entscheidungswege dem Unternehmen dabei helfen, effizienter zu sein. Die Optimierung sollte jedoch mit Experten angestrebt werden und positiv für die jeweilige Unternehmung sein, daher empfiehlt es sich, die individuellen Fälle im jeweiligen Unternehmen zu betrachten, um geeignete Lösungswege im Sinne des Unternehmens aufdecken zu können.

Fragen

5. „Beziehe ich bei Entscheidungen auch jüngere Mitarbeiter wie Auszubildende mit ein, um deren Kenntnisse mit neuen Technologien positiv für das Unternehmen nutzen zu können?"

In den Fragen zum Fragenbereich 4 wird darauf eingegangen, dass es wichtig ist, auch die Mitarbeiter zu befragen, wo diese Potenziale für das Unternehmen sehen. Daran schließt die Frage 5 an. In der Praxis ist es so, dass Stimmen von jüngeren Mitarbeitern dabei jedoch oft nicht gehört werden oder davon ausgegangen wird, dass diese aufgrund von geringer Berufserfahrung keine helfenden Argumente in eine solche Entscheidungsfindung einbringen können. Je nach Branche ist es aber hilfreich, gerade diese Mitarbeiter aktiv mit in Entscheidungsfindungen einzubeziehen. Dies hat zum einen den Vorteil, dass diese Mitarbeiter Wertschätzung erfahren und sich dadurch im Unternehmen wohl fühlen, und zum anderen, dass diese Mitarbeiter von Anfang an, an der Entscheidung beteiligt sind. Somit können diese Mitarbeiter schneller Verantwortung für diese Dinge oder Teilbereiche übernehmen. Der Mitarbeiter profitiert zusammengefasst also davon, dass er miteinbezogen wird, seine Potenziale früher einbringen kann und im Umkehrschluss der Firma damit hilft, effizienter zu werden.

Außerdem sollte nicht aus der Betrachtung fallen, dass jüngere Menschen neue Technologien erfahrungsgemäß häufig deutlich schneller verstehen. Diese sind in ihrem persönlichen Umfeld mit Smartphones, Notebooks, Anwendungen aus der Cloud und vielem mehr groß geworden. Daher ist es für sie leichter, die bekannten Dinge aus dem privaten Umfeld in einen Anwendungsfall im Unternehmen zu überführen. Sie können aus diesem Grund erfahrungsgemäß schneller auf Veränderungen reagieren und erkennen schnell, wo Potenziale liegen, die dem Unternehmen helfen können.

Darum sollte es im Sinne jeden Unternehmens sein, auch jüngere Mitarbeiter miteinzubeziehen und deren Ideen nicht als wertlos abzutun. Deshalb sollte, wenn die Entscheidung für eine Digitalisierungsstrategie gefallen ist, auch daran gedacht werden, jüngere Mitarbeiter in die Implementierung der Lösung miteinzubeziehen, da diese Zusammenhänge häufig schneller erfassen und anwenden können. Zusätzlich entsteht der Vorteil, dass diese Mitarbeiter ihren Kollegen mit Schwierigkeiten die Zusammenhänge leichter erklären können. Somit behält ein Unternehmen auch viel wertvolles Wissen im Haus, welches nicht von extern eingekauft werden muss, beispielsweise für Schulungen in bestimmten Kategorien. Dies soll nicht bedeuten, dass Schulungen oder Workshops nicht sinnvoll sind, sondern vielmehr, dass diese nicht bezogen werden müssen, wenn jemand im Hause über das Wissen verfügt und es an seine Kollegen weitergeben kann.

Fragen

6. „Ist in meinem Unternehmen bereits Schatten-IT entstanden? Wenn ja: Welche Potenziale entstehen dem Nutzer dadurch? *Anmerkung: Schatten-IT entsteht in der Praxis, wenn von den Mitarbeitern nicht zu verwaltende oder nicht autorisierte IT-Dienste genutzt werden.* "

Gerade in Hinblick auf die Ausarbeitung einer Digitalisierungsstrategie im Unternehmen und in Anbetracht der Ergebnisse dieser Ausarbeitung ist es auch wichtig, den Punkt Schatten-IT zu betrachten. Wie bereits angeführt wurde, entsteht Schatten-IT aus verschiedenen Gründen. Einer der häufigsten Gründe in der Praxis ist, dass Mitarbeiter Potenziale erkannt haben, die ihnen bei der Durchführung ihrer täglichen Aufgaben helfen können. Hierzu zählt unter anderem die Möglichkeit, als Mitarbeiter im Sinne der Firma effizienter zu werden.

Darum ist es wichtig, zu hinterfragen, ob bereits Schatten-IT entstanden ist. Die Abfrage von Potenzialen wurde in diesem Fragenkatalog bereits im Fragenteil 4 behandelt. Dennoch ist auch wichtig zu verstehen, welches Ausmaß die Schatten-IT angenommen hat und welche Technologien im Sinne von Software und Hardware verwendet werden. Mitunter ist dies auch wichtig, um zu überprüfen, wie sehr dies das Unternehmen im aktuellen Zustand vor ein Problem mit Compliance und IT-Security stellen kann. Da Schatten-IT bedeutet, dass es sich um Nutzung von IT handelt, die nicht durch die Firma genehmigt wurde und somit auch nicht durch diese verwaltet wird, können derartige Problemstellungen durchaus auftreten.

Als Firma beziehungsweise als Entscheidungsträger sollte man beim Entdecken von Schatten-IT jedoch hinterfragen, welche Dienste genutzt werden und vor allem warum. Gründe können sein, dass die Geräte der Mitarbeiter nicht mehr für deren tägliche Arbeitsanforderungen ausreichen, oder auch, dass die Server der Firma und generell der Schritt in Richtung Digitalisierung seitens der Firma nicht mit den Entwicklungen in Konkurrenzunternehmen einhergeht. Somit kann die Begründung von Schatten-IT erfahrungsgemäß sein, dass ein Mitarbeiter sich selbst digitalisiert, um weiterhin im Sinne der Firma konkurrenzfähig bleiben zu können.

Darum sollte zunächst von Experten eine Bestandsaufnahme der IT-Infrastruktur im Unternehmen inklusive der Schatten-IT durchgeführt werden. Daraus lässt sich zusätzlich zu den Aussagen zu möglichen Potenzialen seitens der Mitarbeiter ableiten, welche Aspekte in einer Digitalisierungsstrategie zusätzlich oder verstärkt aufgegriffen werden sollten. Somit stellt sich in diesen

Praxisfällen durchaus die Frage, ob Dinge der Schatten-IT übernommen und in den Unternehmensstandard überführt werden sollen. Im Regelfall bedarf dies aber erst der vorherigen Anpassung an verschiedene Anforderungen, wie sie etwa durch Compliance und IT-Security entstehen. Diese sind im Praxisfall bei Schatten-IT selten bereits vorhanden, weshalb sie für ein Unternehmen auch schnell zum Problem werden kann. Daraus stellt sich im Praxisfall die Frage, ob die Schatten-IT nach einer Überarbeitung mit in den Unternehmensstandard integriert werden kann oder ob diese erkannten Bereiche der Schatten-IT nicht überführt, sondern unterbunden und abgeschafft werden.

Aufgrund mangelnden Know-hows hinsichtlich Informationstechnologie in vielen KMU wird Schatten-IT in der Praxis häufig nicht erkannt. Aus diesem Grund sollte ein Entscheidungsträger explizit nach Schatten-IT im Unternehmen suchen, und dies im besten Falle zusammen mit einem Experten. Dies sollte geschehen, damit die Bestandsaufnahme und die später daraus resultierende Entscheidung im Sinne des Unternehmens und dessen Mitarbeiter ausfällt.

Fragen

7. „Befinde ich mich bereits in Konkurrenz mit einem höher digitalisierten Konkurrenzunternehmen aus dem In- oder Ausland?"

Um die Digitalisierungsstrategie auf langfristigen Erfolg anlegen zu können, sollte auch der Markt beobachtet werden, in welchem ein Unternehmen aktiv ist, beziehungsweise seinen Absatzmarkt hat. Aus diesem Grund wird in der Frage 7 erfragt, ob sich das Unternehmen in Konkurrenz zu Unternehmen aus dem In- oder Ausland befindet, welche höher digitalisiert sind. Diese Frage ist vor allem daran angelehnt, dass langfristiges Mithalten mit der Konkurrenz nur möglich ist, wenn man dieser ebenbürtig oder überlegen ist. Wenn ein Konkurrenzunternehmen seine Prozesse bereits deutlich verschlankt hat und mit kürzeren Entscheidungswegen flexibler auf neue Marktsituationen reagieren kann, kann dies zur Bedrohung für das eigene Unternehmen werden. Gerade KMU müssen häufig gegen Unternehmen mit den genannten Eigenschaften bestehen. In der

Vergangenheit war dies möglich, indem sie qualitativ hochwertige Arbeit vor allem im Bereich der Produktion leisteten. Durch zunehmende Konkurrenz aus dem Ausland und immer stärker werdender Implementierung von Anwendungen im Sinne der Digitalisierung in inländischen Konkurrenzunternehmen geraten diese jedoch nun unter Druck, was in der Praxis wahrnehmbar ist.

Daher stellt die Frage 7 dar, dass es wichtig ist, sich als Entscheidungsträger mit der Konkurrenzsituation nicht nur im Sinne des eigenen Produktes, sondern auch im Sinne deren Digitalisierungsfortschritts und Arbeitsweisen zu befassen. Dies ist in der Praxis nicht immer direkt möglich, da keine Informationen zu den Prozessen dieser Unternehmen vorliegen. Hilfreich sind jedoch vor allem Studien, Statistiken und der Austausch bei Veranstaltungen von Institutionen wie Industrie- und Handelskammer, Handwerkskammer und ähnlichen.

Zusammenfassend ist festzustellen, dass Digitalisierung helfen kann, weiter am Markt Bestand zu haben, und unabdingbar ist, um gegen Konkurrenz weiter zu bestehen. Daher sollten vor allem interne Prozesse und Anwendungen neu überdacht werden und eine Entscheidung nicht abgetan werden, indem formuliert wird, dass es in den letzten Jahrzehnten mit der bewährten Strategie geklappt habe. Es ist je nach Unternehmen durchaus möglich, dass diese Strategie eine erfolgreiche ist. Dennoch sollte sich ein Unternehmen regelmäßig hinterfragen, um modern, handlungsfähig und konkurrenzfähig zu bleiben.

Fragen

8. „Könnte ich, nachdem ich Digitalisierung besser verstanden habe, neue Geschäftsfelder oder einen neuen Produkt-Mix ermöglichen?"

Interessant und wichtig für die Erstellung einer Digitalisierungsstrategie ist vor allem auch der Zukunftsausblick. Mit diesem beschäftigt sich die Frage 8. Vorausgesetzt, der Entscheidungsträger im Unternehmen und andere zuständige Instanzen haben ihr Know-how bezüglich Digitalisierung und deren verschiedenen Anwendungsfällen und Auswirkungen auf Unternehmen sowie Wirtschaft erweitert, kann ein Zukunftsausblick lohnend sein.

Wie in der Frage angesprochen wird, sollten die betreffenden Instanzen versuchen, zu formulieren, ob sich in der Zukunft neue Geschäftsfelder ergeben könnten oder gar ein neuer Produkt-Mix des bestehenden Sortiments oder Dienstleistung entstehen könnte. Dies ist insbesondere deshalb interessant, da durch Digitalisierung und deren verschiedenen Anwendungsbereiche auch Geschäftsfelder entstehen können, die nicht unmittelbar zum aktuellen Geschäftsfeld zugeordnet oder in die aktuelle Branche eingeordnet werden können. So wird in dieser Ausarbeitung unter anderem angeführt, dass Unternehmen durch neue Sensoren und Sensortypen, beispielsweise Maschinendaten bei Bauvorhaben, viele Daten erfassen können. Diese Daten mögen auf den ersten Blick nur bedingt einen Mehrwert haben, könnten aber in den nächsten Jahren durchaus in die Entwicklung eines neuen Produktes einfließen oder aber eventuell auch gewinnbringend weiterverkauft werden. Da aufgrund der jüngsten Entwicklungen in der Praxis absehbar ist, dass in naher Zukunft viel Wertschöpfung aus Dienstleistung und Informationen generiert werden wird, ist die Erfassung von Daten durch vermehrte Digitalisierung durchaus eine Möglichkeit, um auch den Absatzmarkt des Unternehmens zu stärken oder zu erweitern.

Mitunter kann durch Digitalisierung auch auffallen, dass bestehende Produkte deutlich verbessert werden können und so einen Bedarf des Kunden decken können. Dieser Bedarf könnte dabei bis dato nicht aufgefallen sein, da die technischen Möglichkeiten beim Kunden des herstellenden Unternehmens nicht gegeben waren, um die Daten auszuwerten und/oder Verbesserungen am Produkt vorzunehmen. Mit großer Wahrscheinlichkeit fällt einem jeden Entscheidungsträger für das Produkt oder die Dienstleistung seines Unternehmens ein Anwendungsfall ein, in welchem das Unternehmen zusätzliche Absatzmöglichkeiten aufbauen könnte, oder wie ein bestehendes Produkt als Resultat aus der Digitalisierungsstrategie des Unternehmens verbessert werden könnte. Hierbei könnte zukünftig der Einsatz eines sogenannten Business-Intelligence-Systems in Zusammenarbeit mit ‚Big-Data' und künstlicher Intelligenz hilfreich sein. Generell sollte gerade bei einem solchen Blick in die Zukunft alles notiert werden, was den entsprechenden Beteiligten in den Sinn kommt.

Es gibt dabei kein Richtig oder Falsch, oftmals sind die Ideen, die erst am abwegigsten erscheinen, am Ende doch die richtigen. Um dies in das passende Verhältnis zu setzen, folgt ein Beispiel: Die Visionen von Smartphones und VR-Brillen etc. entstanden nicht mit genau diesen Bezeichnungen, aber sie entstanden in der Fantasie von Menschen, die einen Blick in die Zukunft gewagt haben und ihre Ideen nicht sofort als abwegig verworfen haben. Darum sollten sich auch Entscheidungsträger in der heutigen Zeit nicht von einem Blick in die Zukunft abbringen lassen, so abwegig er auch erscheinen mag.

Fragen

9. „Wird unbewusst bereits digitale Transformation betrieben? *Anmerkung: In einem solchen Fall können Compliance- und IT-Security-Probleme auftreten. Ziehen Sie unbedingt einen Experten hinzu.*"

In der Praxis ist es durchaus nicht ungewöhnlich, dass unbewusst bereits bestimmte Prozesse digitalisiert werden, was in der Frage 9 angesprochen wird. Die digitale Transformation kann schleichend Einzug im Unternehmen einhalten. Zum einen kann dies durch die bereits angesprochene Schatten-IT geschehen, und zum anderen kann auch der Einsatz eines neuen Arbeitsmittels unbewusst zu einer Form von digitaler Transformation führen. Problematisch ist dies auf mehrere Weise.

Digitale Transformation sollte generell im Zuge einer Digitalisierungsstrategie so genau wie möglich definiert sein. Sie betrifft nicht nur die Arbeits- und Wertschöpfungsprozesse, sondern auch die Führungsstrukturen. Eine unbewusste Umstellung auf digitale Prozesse führt daher nicht unmittelbar zu einer Verschlankung von Arbeitsaufläufen oder zu effizienterer Zusammenarbeit und ähnlichem. Vielmehr kann es dazu führen, dass das Unternehmen durch diese ungeplanten Handlungen negative Erfahrungen sammelt. Dies wiederum kann zur Folge haben, dass ein Unternehmen, sofern es erkennt, dass es bereits unbewusst Digitalisierung vorangetrieben hat, der Digitalisierung gänzlich den Rücken zuwendet und sich neuen Technologien verschließt.

Wichtig ist, dass erkannt wird, welche Prozesse es aktuell im Unternehmen gibt, bevor die Digitalisierungsstrategie umgesetzt wird. Es sollten dazu Kennzahlen geschaffen werden oder Rahmenparameter definiert werden, damit messbar wird, ob der Prozess aktuell bereits effizient ist oder er tatsächlich sehr ineffizient ist. Ein Prozess, der ineffizient ist, aber in dieser Form digitalisiert wird, wird auch in der digitalisierten Form nichts anderes sein. Wie bereits in dieser Ausarbeitung angeführt wurde, ist Digitalisierung nicht automatisch das Wundermittel, das ein Unternehmen sofort erfolgreich macht. Vielmehr müssen erst bestehende Strukturen analysiert werden, um Potenziale aufzudecken. Wird ein ineffizienter Prozess direkt digital abgebildet, bleibt er ineffizient. Sofern ein Unternehmen die Potenziale nicht erkennt und die neuen Möglichkeiten, die sich aus Digitalisierung ergeben, nicht für sich nutzbar macht, wird Digitalisierung nur ein mitunter teures Unterfangen sein, aus dem keine Effizienzsteigerung oder andere Vorteile für das Unternehmen hervorgehen werden.

Darum sollte gerade bei der Einführung neuer Maschinen und Hard- oder Software seitens Unternehmen immer auch hinterfragt werden, welche Technologien dort mit hineinspielen. Werden Potenziale erkannt, so sollten diese jedoch nicht sofort ohne Planung in das Unternehmen integriert werden, auch wenn sie sofort sinnvoll erscheinen. In der Praxis ist es so, dass viele Unternehmen im Gespräch über die neuen Funktionen eines Produktes Dinge entdecken, die für sie sinnvoll erscheinen, aber einen Umbau bestimmter unternehmensinterner Prozesse zur Folge haben. Diese Hintergrundinformationen werden dem Unternehmen jedoch oft nicht vermittelt, oder dieses kommt zu dem Entschluss, dass eine Anpassung von Prozessen nicht notwendig sei.

Dies kann zur Umstellung auf digitale Prozesse führen, die einem Unternehmen entweder nicht bewusst sind, oder es wird in Kauf genommen, dass diese in der aktuell integrierten Form für das Unternehmen nicht sinnvoll einsetzbar sind.

Angenommen, ein Unternehmen führt eine neue Maschine in der Produktion ein, die bestimmte Pläne zur Herstellung eines Produktes direkt über einen angeschlossenen Computer erhält. Zeitgleich ist die Maschine selbst mit ‚Intelligenz' in Form von IIoT-Sensoren ausgestattet. Diese Maschine wäre rein technisch gesehen aufgrund der direkten Verbindung mit dem produktiven Netzwerk des Unternehmens in der Lage, Daten aus dem Unternehmen zu übertragen. Dies kann beispielsweise durch eine Sicherheitslücke im IIoT-Sensor der Maschine passieren, welche ein Hacker sich zu Nutze machen könnte. Die IIoT-Sensoren würden in erster Linie dazu dienen, die Verbrauchswerte der Maschine zu erkennen, Fehlerfrüherkennung zu leisten und den Maschinenhersteller zu Wartungszwecken über bestimmte Daten zu informieren. Dieser Servicegedanke ist durchaus positiv für ein Unternehmen und bringt viele Vorzüge. Dennoch bestehen auch Gefahren, die durch das Einpflegen in die bestehende Struktur entstehen können.

Ein Unternehmen sieht, verständlicherweise, zunächst nur die Vorzüge, da die Frage danach, wie sie entstehen, oft nicht gestellt wird oder das Know-how zur Nachvollziehbarkeit fehlt. Darum sollte seitens Unternehmen unbedingt hinterfragt werden, welche weiteren Schritte bei neuen Maschinen, Hard- und Software etc. notwendig sind, damit keine Verstöße gegen IT-Security, Compliance und andere Auflagen entstehen.

Ein weiteres Beispiel neben der praktischen Anwendung in der Produktion ist auch die Einbindung von neuer Software im Unternehmen. So gibt es viele Produkte, die durch die Einführung von Workflows eine Arbeitserleichterung bringen sollen. Diese computergesteuerte Zuweisung von Arbeitsschritten ist der digitalen Transformation zuzuordnen. Dennoch ist auch in diesem Bereich, aus Verfassersicht, in einigen Fällen feststellbar, dass die Produktions- und Geschäftsprozesse eines Unternehmens direkt übertragen wurden, ohne zu überprüfen, ob diese überhaupt sinnvoll waren. Einige Prozesse können mitunter sogar eingespart und in andere Prozesse integriert werden. Auch hier muss geprüft werden, ob die Workflows so konfiguriert wurden, dass die Dokumente bei den entsprechenden Personen im Unternehmen eintreffen und nicht versehentlich weiteren Personen ohne Freigabe zugespielt werden.

Es ist erkennbar, dass Digitalisierung ohne Planung trotz den Potenzialen, die für ein Unternehmen oftmals direkt auf der Hand liegen, auch weitere Herausforderungen und Problemstellungen mit sich bringen kann. Wie die Anmerkung in der Frage 9 bereits klarstellt, ist die Zusammenarbeit mit Experten unabdingbar. Die entstehenden Kosten für die Experten sollten dabei nicht unter dem Aspekt der ‚hohen Kosten' gesehen, sondern als Investition für effizientere und sichere Zusammenarbeit verstanden werden. Im günstigsten Fall rentieren sich die Kosten für Experten und neue Technologien sowie Prozesse bereits nach der Optimierung innerhalb eines kurz- oder mittelfristigen Zeitraumes.

Fragen

10. „Müssten zur Aufrechterhaltung von Compliance und IT-Security-Anforderungen sowie für Cloud-IT Investitionen wie etwa in eine Firewall und einen Internetanschluss getätigt werden? Habe ich dafür bereits externe Hilfe in Anspruch genommen?"

Die Frage 10 ist aus Verfassersicht eine sehr grundlegende für die Erstellung einer Digitalisierungsstrategie. Wie in den Kap. 3 und 4 bereits dargelegt wurde, führen viele Unternehmen an, dass Compliance und IT-Security nicht in Cloud-Umgebungen erfüllt werden könnten, aber man davon ausgeht, lokal die geltenden Vorschriften einzuhalten. In der Praxis wird des Weiteren seitens Unternehmen öfter angeführt, dass der Ausbau der Breitbandanschlüsse die Nutzung von Digitalisierung ausschließe.

Aus diesem Grund sollte beim Ausformulieren einer Strategie zunächst betrachtet werden, welche Anforderungen lokal und in einer Cloud-Umgebung bestehen. Lokal sollte zunächst betrachtet werden, ob die geltenden Anforderungen bereits in der bestehenden Konfiguration der IT-Umgebung eingehalten werden. Häufig ist die erste subjektive Wahrnehmung eines Unternehmens, dass diese eingehalten werden. Dennoch können diese Unternehmen oft nicht genau formulieren, welche Anforderungen für sie bestehen und wie diese umgesetzt werden. Darum kann in einem solchen Fall die pauschale Antwort, man müsse nichts investieren, weil man sich an die Auflagen halte, nicht richtig sein. Ein Grundschutz sollte in jedem Unternehmen zum Standard gehören, genauso wie jeder Mitarbeiter eine Personalnummer in der Lohnbuchhaltung besitzen sollte.

Darum sollte eine IST-Aufnahme der lokalen IT-Umgebung in jedem Falle durchgeführt werden. Da sie der Ausgangspunkt für jegliche Vorhaben ist, sollte die Basis solide sein. Darum sind beispielsweise Investitionen in Firewall-Systeme, Antivirensysteme, Spamschutz, Backupsysteme etc. unabdingbar. Auch sollte überprüft werden, wie die aktuelle Datenhaltung im Unternehmen aufgebaut ist und ob diese konform zu den bestehenden Vorgaben ist. Aufgrund dieser Grundlage sollte seitens Unternehmen auch entschieden werden, welche Daten weiterhin lokal gelagert werden und welche Daten auch in der Cloud verfügbar sein dürfen. Diese Risikoabwägung ergibt sich aus den Vorgaben und aus dem eigenen Ermessen des jeweiligen Unternehmens. Auch ist es sinnvoll, im Sinne der Datenverfügbarkeit und Datenwiederherstellung Backups innerhalb eines Gebäudes in verschiedenen Brandabschnitten zu lagern und, sofern möglich, Backups auch außerhalb des Gebäudes in einem geschützten Bereich wie beispielsweise einem Bankschließfach zu lagern. Erkennbar ist auch hier, dass ohne Know-how im betreffenden Unternehmen die einzelnen Bereiche, die ein Unternehmen individuell betreffen, häufig nicht erkannt oder falsch behandelt werden. Daher empfiehlt es sich, in jedem Fall externes Know-how hinzuziehen und zunächst die Basis zu schaffen, um erfolgreich die nächsten Schritte in Richtung Digitalisierung zu planen und umsetzbar zu machen. Dennoch ist auch erkennbar, dass Unternehmen trotz intensiver Betreuung durch einen Dienstleister im Sinne eines festgelegten Wartungsvertrages nicht immer gewährleisten können, dass dieser sich aktiv um die Absicherung von Soft- und Hardware kümmert. Dies ist gemeint im Sinne von Einspielen kritischer Sicherheitsupdates und regelmäßiger Information des Kunden darüber, welche Systeme veraltet sind, eines Updates bedürfen oder ersetzt werden müssen. Darum darf ein Unternehmen nicht die Investition in den Aufbau von eigenem Know-how scheuen und muss aktiv beim Dienstleister einfordern, dass die Infrastruktur von diesem im Sinne der vertraglichen Vorgaben und im Sinne des betreffenden Unternehmens gepflegt wird.

Ist lokal eine gute Basis geschaffen worden, muss diese jedoch weiterhin regelmäßig gewartet und überprüft werden. Um die Nutzung von Clouddiensten voranzutreiben, wird in erster Linie die Verfügbarkeit von hohen Breitbandverbindungen ausschlaggebend für eine effiziente und sinnvolle Nutzung sein. Dazu bedarf es der Investition in eine solche Verbindung oder die Schaffung von Alternativen. Dennoch müssen auch Investitionen getroffen werden, die es ermöglichen, die Vorgaben in der Cloudumgebung umsetzen zu können. Dazu bieten einige Cloudanbieter bereits deutliche Hilfestellungen für ihre Kunden an. Dennoch müssen diese häufig extra gebucht werden und konfiguriert werden. Diese Investition sollte von daher eingeplant und nicht als unwichtig verworfen werden.

Zu erkennen ist, dass die Investitionsplanung ohne Know-how oder externe Experten und ohne Anfertigung eines IST-Standes und eines SOLL-Zustandes nicht durchführbar ist. Des Weiteren ist die anfängliche Investition nicht die einzige Summe, die für den Betrieb einer IT-Umgebung, die sich an geltende Auflagen hält, anfällt. Vergleichbar ist dies mit der Einstellung eines Mitarbeiters. Sofern dieser über eine Personalvermittlung an das Unternehmen vermittelt wurde, war bereits eine Anfangsinvestition nötig, bevor der neue Mitarbeiter überhaupt im Unternehmen arbeiten konnte. Dennoch muss der Mitarbeiter für seine Arbeit entlohnt werden und regelmäßig geschult werden. Auch die Arbeitsmittel eines Unternehmens wie etwa Fahrzeuge müssen regelmäßig gewartet werden. Da auch die IT ein solches Arbeitsmittel ist, fallen hier neben der anfänglichen Investition weitere regelmäßige Kosten an, die im Wirtschaftsplan des Unternehmens einkalkuliert werden sollten.

Fragen

10.1 „Ist mir bewusst, dass ich in Schulungen und Sicherheitstrainings meiner Mitarbeiter investieren muss, damit diese neue Systeme nutzen können und generell ein weniger großes Sicherheitsrisiko darstellen?"

Wie bereits in der Frage 10 angeführt wurde, sollte ein Unternehmen regelmäßig in die IT und in dessen Mitarbeiter in Form von Weiterbildungen investieren. Darum spricht die Frage 10.1 gezielt die Schulungen für Mitarbeiter im Rahmen der IT an. Näheres zum Thema Mitarbeiter als Sicherheitsrisiko wurde im Abschn. 2.5 erläutert.

Da ein Mensch keine Maschine ist, macht dieser Fehler. Davon sind auch die Mitarbeiter eines Unternehmens nicht ausgenommen. Daraus resultiert, dass Mitarbeiter im Umgang mit IT nicht immer genau verstehen, welche Prozesse im Hintergrund ablaufen, warum manche Dinge nicht angeklickt werden dürfen und was die Folgen eines solchen Handelns sein könnten. Gerade Mitarbeiter, die täglich E-Mails empfangen und zeitgleich Zugriff auf die kritischen Systeme und Daten des Unternehmens haben, sind gefragte Angriffsziele für einen externen Eindringling. Auch gehackte Webseiten können zu einem Problem werden. Viele Webseiten sind bekannt durch Popup-Einblendungen, die Werbung anzeigen. Diese Popup-Meldungen werden durch Hacker etwa auch missbraucht, um in den Computer oder das Netzwerk einzudringen. Dafür täuschen diese beispielsweise das Aussehen eines Antivirenprogrammes vor und zeigen an, dass man sofort klicken müsse, um die Infektion zu bereinigen. Dies ist nur eines von vielen Szenarien im Praxisumfeld. Klickt der Benutzer auf diese Meldung, kann bei unzureichendem Antivirenschutz schnell das Netzwerk infiziert oder eine unerwünschte Software installiert werden. Besonders kritisch ist dies, wenn der Vorfall eine Verschlüsselung von Bestandteilen des Netzwerkes zur Folge hat.

Dennoch kann einem Mitarbeiter, der nicht entsprechend auf die Erkennung eines solchen Fehlers geschult wurde, kein Vorwurf gemacht werden. Auch E-Mails mit schadhaften Anhängen sind immer schwieriger durch einen Laien zu erkennen. Darum sollte zusätzlich zu Schulungen und Workshops auch auf den Einsatz von Spamfiltern gesetzt werden.

Wichtig ist in erster Linie, Mitarbeiter auf die möglichen Schäden und Risiken aufmerksam zu machen. Des Weiteren sollten sie die Möglichkeit haben, im Zweifelsfall einen Ansprechpartner zu haben, der die entsprechende Meldung, Mail oder sonstige Vorkommnisse bewerten kann. In diesen Fällen empfiehlt es sich, dass der Mitarbeiter aufmerksam die Vorgänge überprüft und nicht aus Gewohnheit regelmäßig alles anklickt. Die Angreifer setzen, resultierend aus dem Aufbau der Angriffe, genau auf dieses Verhalten der Mitarbeiter.

Neben Schulungen zu möglichen Sicherheitsrisiken im Rahmen von IT-Security sollten Mitarbeiter jedoch auch von Datenschutzberatern zu möglichen Datenschutzrisiken geschult werden. Der Umgang mit Daten sollte analysiert, Fehler aufgezeigt und die konforme sowie richtige Vorgehensweise dargelegt werden. Häufig empfinden Mitarbeiter etwaige Schulungen als Schikane oder als nicht notwendig. Daher sollten die Mitarbeiter individuell abgeholt werden und Beispiele aus deren täglichem Arbeitsumfeld zur Veranschaulichung der Problematik verwendet werden.

Erst, wenn ein Mitarbeiter die Brisanz der angeführten Themen verstanden hat, kann er eine bessere Risikobewertung vornehmen, im Zweifelsfall schneller eine Person zur Überprüfung hinzugezogen werden und somit wünschenswerterweise ein größerer Schaden vermieden werden.

Fragen

11. „Haben mich einige dieser Fragen verwirrt oder konnte ich sie nicht beantworten? *Anmerkung: In diesem Fall suchen Sie mit den Ergebnissen aus diesem Fragebogen einen Experten für neue Technologien und Digitalisierung sowie IT-Recht auf, um Missverständnisse auszuräumen.* "

Die Frage 11 stellt den Abschluss des Fragenkataloges dar, der beispielhaft vor allem zum Aufdecken von Digitalisierungspotenzialen, möglichen Entscheidungsfaktoren und Know-how Defiziten dienen soll. Aus Sicht eines Entscheidungsträgers im Unternehmen können die Fragen durchaus in mangelnder Möglichkeit zur Beantwortung oder weiteren Fragestellungen resultieren.

Dies ist in Anbetracht der Tatsache, welchen komplexen Umfang die Thematik Digitalisierung von Geschäfts- und Produktionsprozessen vor allem im Zusammenhang mit Vorgaben durch Compliance und IT-Security hat, nicht verwunderlich. Aufgrund der Vielfalt der Themen, die es zu beachten gibt, kann es daher durchaus zur Herausforderung für einen Entscheidungsträger werden, all diese und weitere Fragen zu beantworten. Es könnte auch passieren, dass ein Unternehmen sich dazu entschließt, die Digitalisierung aufgrund der Herausforderungen, die daraus entstehen, zu vertagen. Dies wäre jedoch mittelfristig gesehen nicht sinnvoll für das Unternehmen, da zum jetzigen Zeitpunkt bereits viele Unternehmen Konkurrenz in Form von anderen Firmen mit fortgeschrittener digitaler Transformation haben. Ein Aufschub würde die Konkurrenzsituation mit hoher Wahrscheinlichkeit verstärken.

Darum ist es empfehlenswert, Experten aufzusuchen und das eigene Know-how zu erweitern. Des Weiteren sollte darüber nachgedacht werden, eine strategische Partnerschaft mit einem IT-Dienstleister einzugehen, der das Unternehmen langfristig betreuen kann. Die Einstellung eigener Systemadministratoren oder IT-Systemingenieure im Unternehmen kann in einigen Fällen jedoch auch die sinnvollere Entscheidung sein. Die Einstellung eigener Mitarbeiter ist langfristig gesehen meist wirtschaftlicher, als für jeden Auftrag ein Dienstleistungsunternehmen zu beauftragen. Außerdem ist dadurch das Know-how, auf welches Entscheidungsträger in Zukunft häufiger zugreifen werden müssen, im Unternehmen. Dies ermöglicht auch eine bessere Entscheidungsfindung bei zukünftigen Prozessen, da ein eigener Mitarbeiter im Sinne der Firma denkt. Dagegen hat ein IT-Dienstleister oftmals nicht die interne Sicht auf Unternehmensprozesse und gibt Empfehlungen auf Basis dessen, was er vorfindet oder genannt bekommt. Dies spiegelt jedoch nicht immer den vollständigen Status Quo wider. Im besten Falle ist ein Unternehmen in der Lage, einen eigenen Mitarbeiter für die IT einzustellen und für Hilfestellungen einen IT-Dienstleister zu beauftragen, der sich mit bestimmten Fachthemen tiefergehend auskennt und zur Seite stehen kann. Darum sollte auch nach der Durchsicht der Fragen dieses Fragenkataloges ein Experte aufgesucht werden.

Nach der Beantwortung des Fragenkatalogs werden Entscheidungsträger im Regelfall neue Fragen oder Unsicherheiten formulieren. Dies ist dennoch der Digitalisierung dienlich, denn nur so können Ängste, Unsicherheiten und Probleme auf ganzer Ebene erfasst und ausgeräumt werden. Des Weiteren soll den Entscheidungsträgen durch die Formulierung der Fragen aufgezeigt werden, welche Verantwortung sie zu tragen haben und somit die

Entscheidung nicht auf einem vagen Gefühl beruhen darf. Trotzdem wurden die Fragen absichtlich nicht mit technischer und themenbezogener Tiefe formuliert, da dies Entscheidungsträger bei bestehenden Unsicherheiten weiter abschrecken könnte. Da einige Fragen dennoch technisches Hintergrundwissen voraussetzen, wurden diese näher erklärt.

Die Fragen geben dem Entscheidungsträger während der Beantwortung zu verstehen, weitere Handlungen durchzuführen, so zum Beispiel das Hinterfragen von Prozessen bei Mitarbeitern oder das Bewusstsein, mögliche Potenziale von Digitalisierung für Geschäfts- und Produktionsprozesse im Austausch mit anderen Unternehmen für sich zu entdecken. Insgesamt soll den Entscheidungsträgern auch vermittelt werden, dass Digitalisierung ohne externe Hilfe, gegebenenfalls internes Know-How und äußere Abhängigkeiten nicht erfolgreich zu etablieren ist. Außerdem soll erkannt werden, dass Digitalisierung nicht bedeutet, sofort jeden Dienst zu migrieren, sondern vor allem auch, dass es des Versuchs bedarf und im Vorfeld niemals genau formuliert werden kann, ob dieser eine Teilschritt den gewünschten Erfolg bringt oder nicht.

Vergleichbar ist dies mit einem neuen Produkt, dessen Absatzvolumen beziehungsweise dessen Erfolg im Vorfeld nicht genau bestimmt werden kann. Es sind somit Tests in der Praxis erforderlich. Damit die Durchführung von Digitalisierung von Prozessen in KMU gelingen kann, müssen unmittelbar im Anschluss an die Entscheidungsfindung für Digitalisierung darauf basierende Handlungen erfolgen. Ein KMU muss hier strukturiert vorgehen, damit Potenziale und Rahmenfaktoren aktiviert und eingehalten werden können. Das nachfolgende Unterkapitel versucht deshalb, beispielhaft mögliche Handlungsmöglichkeiten darzulegen.

5.2.2 Handlungsmöglichkeiten

Nachfolgend sollen für diejenigen KMU, die eine Durchführung von Digitalisierung planen, beispielhafte Handlungsmöglichkeiten aufgezeigt werden. Diese können jedoch nur oberflächlicher Natur sein, da jedes Unternehmen für sich andere Teilschritte, Anforderungen, Potenziale und Herausforderungen identifiziert. Nachfolgend soll die Abb. 5.1 genauer erläutert werden. Handlungsmöglichkeiten für das jeweilige KMU sollten jedoch zusammen mit einem Experten konkret erarbeitet und in ein konkretes Digitalisierungskonzept übertragen werden. Damit sie dieses genau definieren können, bedarf es der vorherigen Bearbeitung und Identifizierung der einzelnen Entscheidungsfaktoren. Prinzipiell werden im vorangegangenen Abschn. 5.2.1 die IST-Zustände abgefragt, diese können dann über Handlungsmöglichkeiten zu Soll-Konzepten erarbeitet werden.

Bevor jedoch ein möglicher grober Ablaufplan erklärt wird, sollten aus Sicht eines KMU zunächst einige Schritte geklärt sein. So sollte einem KMU bewusst sein, dass nicht das einmalige Durchführen bestimmter Handlungen ausreichend ist. Vielmehr ist eine regelmäßige Reflexion der Prozesse und der Zielerreichung notwendig. So empfiehlt unter anderem der ‚Deutsche Industrie- und Handelskammertag' das regelmäßige Durchführen von Risikoanalysen, denn gerade der Einsatz von Technologien im Bereich von Industrie 4.0 kann bei Fehleinrichtung zu Spionage, Sabotage, Qualitätsproblemen sowie Haftung bezüglich der Produktsicherheit führen (vgl. Paulus et al. 2016, S. 8).

Darüber hinaus müssen Ängste der KMU in Hinsicht auf Digitalisierung und deren Prozesse beseitigt werden. Dies kann durch Schulungen und Informationsaustausch erfolgen. Die Aktivierung der Potenziale und die eigentliche Durchführung sollten im Anschluss jedoch nicht von KMU eigenmächtig durchgeführt werden. Vielmehr sollte man mithilfe von gängigen Konzepten wie der Risikoanalyse arbeiten, gestützt mit der Hilfe durch Experten. Dazu gehört auch, einen wichtigen Entscheidungspunkt und Ideengeber, und zwar die Mitarbeiter, nicht zu überspringen. Diese können zum einen Feedback und Verbesserungspotenziale klar formulieren, und zum anderen fühlen sie sich auf diese Weise in der gemeinsamen Entwicklung zu digitalisierten Produktions- und Geschäftsprozessen miteinbezogen.

Auch sollte im Vorfeld erkannt werden, dass starre und unflexible Unternehmensprozesse zu Mitarbeiterunzufriedenheit führen können und ein KMU stark darin beeinträchtigen, auf Aktivitäten der Konkurrenz am Markt zu reagieren. Durch die abgefragten Entscheidungsfaktoren sollte der Entscheidungsträ-

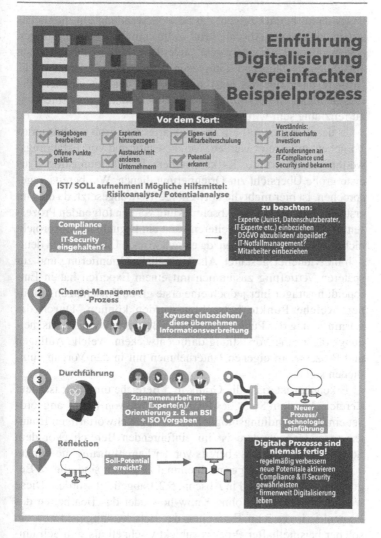

Abb. 5.1 Einführung Digitalisierung: vereinfachter Beispielprozess

ger im KMU auch erkennen, dass durch Einführung flexibler Prozesse die Attraktivität für junge Nachwuchskräfte steigt. Gerade, wenn bereits Schatten-IT entstanden ist oder im Entstehen ist, empfiehlt sich der Weg in Richtung Digitalisierung, da die Mitarbeiter damit bereits zeigen, dass die Verwendung ein mögliches Potenzial darstellt. Abschließend sollte dem Entscheidungsträger, bevor es in die Umsetzung geht, außerdem klar sein, dass IT einen ausschlaggebenden und komplexen Geschäftsfaktor darstellt. IT ist nicht mehr nur das notwendige Übel, sondern vielmehr die Entscheidung, die bestimmt, ob ein Unternehmen weiterhin konkurrenzfähig sein wird oder nicht.

In der Abb. 5.1 soll ein beispielhaftes und grob strukturiertes Vorgehen aufgezeigt werden, welches aufgrund von Erfahrungswerten erstellt wurde. Es kann einem Entscheidungsträger als erste grobe Übersicht zur Orientierung dienen. Wie bereits angesprochen, ist hier nicht die notwendige Tiefe angesetzt, da dies im ersten Schritt bereits zur Abschreckung vor den folgenden Prozessen führen könnte. Des Weiteren kann ein Digitalisierungsprojekt nicht pauschalisiert werden, da es sich je nach Unternehmen deutlich individueller gestaltet. Als anfängliche Orientierung und zur späteren Vertiefung zusammen mit einem Experten haben Entscheidungsträger hier jedoch eine erste grobe Einschätzung darüber, welche Punkte betrachtet werden können. Durch die Formulierung der Punkte und einiger Beispiele können Entscheidungsträger eine Vorstellung dafür entwickeln, welche Auflagen und Prozesse im eigenen Unternehmen mit in den Vorgang einfließen sollten.

Erkennbar ist, dass die Grafik in 5 Bereiche unterteilt ist: dem Bereich ‚Vor dem Start‘ des Prozesses sowie von 1 bis 4 angeordnet einzelne Handlungsmöglichkeiten mit stichwortartigen Erläuterungen. Insbesondere ist im einführenden Bereich ‚Vor dem Start‘ zu erkennen, dass bereits vor der Durchführung die Punkte vom Entscheidungsträger noch einmal zu prüfen sind, die zu Beginn angesprochen und in Abschn. 5.2.1 abgefragt wurden. Diese werden angeführt, da ohne Know-how oder das Bearbeiten des Fragenkataloges zum Erarbeiten der Entscheidungsfaktoren ein solcher beispielhafter Prozess subjektiv schnell als ‚einfach umsetzbar‘ wahrgenommen werden kann. Darum sollten Entscheidungsträger vor dem Start prüfen, ob der Fragebogen oder vergleichbare Fragestellungen, etwa durch Experten, bearbeitet wurde und die daraus hervorgegangenen Fragestellungen geklärt werden konnten. Des Weiteren sollte bereits der Kontakt mit Experten hergestellt worden sein, um Angebote, Meinungen und Informationen zur Umsetzbarkeit einzuholen. Experten haben aufgrund ihrer Erfahrung mitunter auch andere Blickwinkel auf die Digitalisierung von Prozessen und können auch auf andere Wege aufmerksam machen, was einen Umsetzungsprozess grundlegend verändern könnte. Daher empfiehlt sich auch der Austausch mit anderen Unternehmen vor dem Start. Diese können Hinweise geben, welche Potenziale durch Digitalisierung bestimmter Geschäfts- und Produktionsprozesse in ihrem Unternehmen aktiviert werden konnten. Zusätzlich können diese Hinweise auch mögliche Fehlerquellen und Lösungen für Problemstellungen formulieren beziehungsweise aufzeigen.

Um das Know-how aufzubauen, sollten die Entscheidungsträger zunächst selbst Schulungen und Informationsveranstaltungen besuchen. Auch die Mitarbeiter sollten vor der Umsetzung geschult werden, damit Grundlagen vermittelt und aufgenommen werden können. Dennoch sollte auch nicht außer Acht gelassen werden, dass die Umsetzung eines digitalisierten Prozesses häufig weitere Schulungen oder Workshops parallel zur Umsetzung erfordert. Auch wenn es banal scheint, so sollte vor dem Start auch geprüft werden, ob Potenziale erkannt werden konnten. Wenn es im jeweiligen Unternehmensfall keinen Anwendungsfall gibt, kann Digitalisierung auch zum großen Kostenfaktor ohne richtigen Mehrwert für das Unternehmen werden. Im Regelfall bietet Digitalisierung für KMU aufgrund des breiten Spektrums, welches schwer genau definierbar ist, jedoch erhebliche Potenziale, und es wird nur wenige Bereiche im Unternehmen geben, in denen keine Potenziale durch den Einsatz aktiviert werden können.

Abschließend sollte vor dem Start auch geklärt sein, dass das Verständnis im Unternehmen vorhanden ist, dass IT eine dauerhafte Investition darstellt. Das heißt, die einmalige Anschaffung oder Einführung stellt keine Lösung dar, die ohne weitere Kosten oder Anpassungen auf Jahre gesehen funktionieren wird. So wie ein Firmenfuhrpark regelmäßig erneuert oder das Produktportfolio eines Unternehmens angepasst wird und Dinge, die nicht im Sinne der Firma gewinnbringend sind, ersetzt werden, so verhält es sich auch mit den Belangen der IT. Dieses Verständnis muss jedoch vor dem Start grundsätzlich vorhanden sein, weil sonst durch fehlende notwendige Investitionen und Anpassungen die Lösung letztlich niemals wirklich im Sinne der Firma etabliert werden kann. IT funktioniert nicht wie ein Glas Wasser. Dieses gießt man ein, trinkt es und hat sofort eine Bedürfnisbefriedigung erreicht. Dazu ist keine große Anpassung notwendig, außer eventuell die Wassertemperatur. Bei IT müssen viele Prozesse jedoch erst über einen längeren Zeitraum getestet werden, um eine Aussage darüber treffen zu können, ob diese funktionieren oder nicht. Dies muss einem jeden Entscheidungsträger bewusst sein, um bei der Planung auch eine Vorstellung des Kostenrahmens zu erhalten. Auch sollte im Vorfeld geklärt sein, welche Anforderungen an Compliance, insbesondere an IT-Compliance und in Abhängigkeit IT-Security, bekannt sein sollten und im weiteren Prozessverlauf beachtet werden müssen. Dazu sollte auch geklärt sein, welche Anforderungen aufgrund anderer Verpflichtungen des Unternehmens bestehen oder entstehen könnten, die im aktuellen Zustand noch nicht umgesetzt wurden oder sich nicht im Blickwinkel befanden.

Sind die eingehenden Punkte vor dem Start bearbeitet und eventuell zusätzlich aufgetretene Fragen und Punkte ebenfalls geklärt, kann mit dem ersten Schritt begonnen werden. Dieser erste Schritt sollte grundsätzlich zunächst die IST-Analyse darstellen. Darunter fällt das Aufnehmen aller aktuellen Bestandteile hinsichtlich IT sowie Geschäfts- und Produktionsprozesse im Unternehmen. Auch sollte bei der IST-Analyse geklärt werden, ob Compliance und IT-Security eingehalten werden oder ob hier bereits akuter Verbesserungsbedarf besteht. Dazu sollten Risiken und Potenziale analysiert werden. Dieser Vorgang sollte dabei von Experten vorgenommen und begleitet werden. Es gilt auch zu beachten, welche weiteren Vorgaben einzuhalten und zu überprüfen sind und wie diese im individuellen Fall abgebildet werden sollten. Auch sollte geprüft werden, ob der Einsatz eines IT-Notfallmanagements bereits eingeführt wurde und inwieweit kritische Prozesse von diesem erfasst werden sollten und müssen. Um zu einem Soll-Konzept zu gelangen, sollten neben den bereits angeführten Schritten auch die Mitarbeiter einbezogen werden, diese können Ideen formulieren, auf Potenziale aufmerksam machen und fühlen sich dadurch in den Prozess integriert.

Bevor mit der Durchführung begonnen wird, sollte ein Change-Management-Prozess etabliert werden. In diesem sollten die Keyuser mitgenommen werden, welche die Informationsverbreitung übernehmen. Die Keyuser sollten vor dem Start bestimmt werden und haben vor allem die Aufgabe, die Ideen der Mitarbeiter zu sammeln, diese in konkrete Vorschläge und Potenziale zu formulieren und ihren Kollegen in den entsprechenden Abteilungen vom Fortschritt des Prozesses zu berichten beziehungsweise die Ergebnisse vorzustellen. Dazu nehmen diese auch das Feedback der Mitarbeiter an und geben dies an die umsetzenden Instanzen weiter, damit Fehler oder Problemstellungen möglichst früh erkannt werden können. So kann auch vermieden werden, dass Fehler im Nachgang erst durch große Anpassungen wieder behoben werden können. Dies spart vor allem finanzielle Ressourcen ein, hilft aber gleichzeitig auch dabei, den Prozess im Sinne des Unternehmens zu gestalten. Gleichzeitig hilft es dabei, zu etablieren, dass Mitarbeiter Ängste vor Digitalisierung abbauen und durch die Mitarbeit Spaß an neuen Arbeitsformen entwickeln können.

Daran anschließend beginnt der dritte Schritt, die eigentliche Durchführung. In diesem gilt es zu beachten, dass die Keyuser sowie die Entscheidungsträger zusammen mit Experten an der Umsetzung des Prozesses arbeiten. Dazu sollte zunächst geplant werden, wie das formulierte SOLL-Konzept umgesetzt werden kann und an welchen Vorgaben und Informationen und möglichen Maßnahmen wie etwa BSI-Grundschutzkompendium und ISO 27001/27002 sich gegebenenfalls orientiert wird. Dieser dritte Schritt wird im gesamten Einführungsprozess den längsten Zeitraum einnehmen, da es bis zur endgültigen Funktionsfähigkeit viele Tests, Rückmeldungen und Anpassungen braucht. Dies sollte von vornherein seitens Entscheidungsträger in der Kostenaufstellung mit eingeplant werden, und es sollten keine unrealistischen Termine gesetzt werden, zu denen ein Prozess fertig etabliert sein könnte. Die Zusammenarbeit mit Experten hilft hierbei aufgrund deren Erfahrungswerten ungemein zur Formulierung entsprechender Meilensteine, die an die Belegschaft kommuniziert werden können.

Ist der neue Prozess etabliert, so benötigt es im vierten Schritt der Reflexion. Zunächst sollte geprüft werden, ob das geplante Soll-Potenzial erreicht wurde. In den meisten Fällen ist dies nicht immer sofort der Fall. Vielmehr bedarf es nach der Durchführungsphase häufig noch längerer Tests im Produktivbetrieb, um eindeutig beurteilen zu können, ob noch weitere Anpassungen notwendig sind. Ist jedoch tatsächlich der gewünschte Effekt erreicht worden, so kann die Einführung des Prozesses abgeschlossen und neue Potenziale betrachtet werden. Dennoch gilt es zu beachten, dass digitale Prozesse, wie in der Abbildung zu sehen ist, niemals wirklich fertig sind. Sie sollten regelmäßig reflektiert werden. Deshalb ist der vierte Schritt nicht als Abschluss zu verstehen, sondern als immer wiederkehrende Aufgabe. Neue Potenziale können sich durch neue Technologien, Anforderungen oder Ideengeber jederzeit wieder entwickeln. Dabei sollte immer wieder geprüft werden, ob Compliance und IT-Security gewährleistet wird und auch mit neuen Situationen in naher Zukunft noch abzubilden sind. Abschließend ist jedoch ‚firmenweit Digitalisierung leben' mit der wichtigste Punkt. Selbst, wenn ein Unternehmen hoch digitalisiert ist, kann es die Potenziale niemals gewinnbringend und effizienzsteigernd für sich nutzen, wenn die Mitarbeiter die Arbeit mit den entsprechenden Technologien und Prozessen meiden. Darum sollte Digitalisierung im Unternehmen gelebt werden. Schulungen und Workshops sowie das Einbeziehen der Mitarbeiter können dabei helfen, die Akzeptanz zu stärken. Auch kann ein Unternehmen davon profitieren, wenn Mitarbeiter, die gerne mit den neuen Prozessen arbeiten, andere Mitarbeiter ermutigen, es ihnen gleich zu tun. Davon profitieren sowohl die Mitarbeiter als auch das gesamte Unternehmen.

Insgesamt soll die Abbildung dem Entscheidungsträger die Möglichkeit bieten, sich innerhalb relativ kurzer Zeit einen Überblick über notwendige Handlungen und interne sowie externe Faktoren machen zu können. So fällt es dem Entscheidungsträger ebenfalls leichter, zu entscheiden, welche Schritte ein Experte in der Planung und Durchführung miteinbeziehen sollte. Des Weiteren wird durch die Abbildung ersichtlich, dass der Prozess der Digitalisierung Zusammenarbeit bedeutet, um weitere Potenziale aktivieren zu können und um zukünftige Risiken hinsichtlich Compliance und IT-Security zu vermeiden.

5.3 Fazit und Zukunftsausblick

Generell ist festzustellen, dass Digitalisierung für KMU in den meisten Fällen unvermeidbar ist. Gerade in Bezug auf die Leitfrage: *„Wie können KMU in Deutschland weiterhin auch gegen internationale Konkurrenz bestehen, die durch die Digitalisierung verstärkt zunehmen wird?"*, ist dies eine wichtige Erkenntnis. Unabhängig davon, in welcher Weise sie stattfindet, ist sie in jedem Fall von großer Bedeutung für Geschäfts- und Produktionsprozesse von KMU und generell in Unternehmen. Gerade für KMU ist aufgrund von günstigen Konkurrenzprodukten aus dem Ausland ein Preiskampf erkennbar. Da die Konkurrenz bereits verstärkt auf die Digitalisierung ihrer Prozesse setzt und diese deren Ausbau weiter verstärkt vorantreiben, ergibt sich hier für KMU nur eine Chance, indem sie selbst Digitalisierung in ihrem Unternehmen etablieren. Dabei sollte nicht im Vordergrund stehen, der Digitalisierung aufgrund von Ängsten, die mangels Know-hows entstehen, generell eine Absage zu erteilen. Vielmehr sollten KMU die Chance ergreifen und prüfen, welche Potenziale durch Digitalisierung aufgedeckt werden könnten. Diese sollten dann mit Anforderungen durch Compliance und IT-Security abgewogen werden. Es geht dabei in erster Linie nicht darum, alle Potenziale zu nutzen, die es gibt. Dies ist de facto nicht möglich und erfordert viel Zeit oder viele parallel ablaufende Prozesse. Vielmehr sollte für ein Unternehmen relevant sein, den ersten Schritt zu gehen und somit eine Basis zu schaffen. Nur durch das Testen und langfristige Einspielen kann abgewogen werden, welche Dienste wirklich sinnvoll durch Digitalisierung unterstützt werden können oder welche Prozesse eingeführt und optimiert werden könnten.

Auch bedeutet Digitalisierung nicht, dass alle Systeme, die ein Unternehmen besitzt, in die Cloud zu migrieren sind. Dies wird in der Praxis häufig missverstanden. Auch auf lokaler Ebene können Potenziale durch Industrie 4.0 und mitinbegriffen IIoT, KI und weitere neue Technologien, Konzepte und Prozesse im Rahmen von Digitalisierung aktiviert werden. Im besten Fall können diese einem KMU ermöglichen, neue Geschäftsfelder oder -modelle für sich zu finden, die Arbeitseffizienz zu steigern sowie Kosten zu senken.

Darüber hinaus ist feststellbar, dass selten ein ‚Entweder Oder' vorliegen wird. Es wird in den seltensten Fällen eine reine lokale IT-Infrastruktur oder eine reine Cloud-Infrastruktur im KMU-Umfeld geben. Zusätzlich müssen die weiteren Technologien, die zur Digitalisierung zählen und in dieser Ausarbeitung nicht näher behandelt wurden, betrachtet werden. Jeder individuelle Einsatzfall von neuen Technologien kann sich anders gestalten. Jeder Einsatz neuer Technologien bietet Potenziale, bringt aber Risiken und Nachteile mit sich, die individuell geprüft und an den jeweiligen Anwendungszweck angepasst werden müssen. Eine reine lokale IT-Infrastruktur oder eine reine Cloud-Infrastruktur wird selten existent sein, da die lokale IT durch Digitalisierung ergänzt werden kann, aber ebenso um Clouddienste erweitert werden kann. Die lokale Ebene wird immer fortbestehen. Einzig deren Größe wird sich langfristig ändern, da Endgeräte und Internetanschlüsse immer notwendig sein werden. Hierbei muss jedoch auch die Entwicklung des mobilen Breitbandausbaus betrachtet werden, der in einigen Jahren auch den Wegfall des klassischen Internetanschlusses ermöglichen könnte. Dennoch wird auch hier ein Endgerät benötigt, welches anderen Endgeräten wie Smartphones, Tablets und Notebooks im Netzwerk den Zugang zum Internet bereitstellt. Ist ein KMU im produzierenden Gewerbe tätig, so wird dieses für sich auf lokaler Ebene Industrie 4.0 als Faktor der Digitalisierung sinnvoll einsetzen können und daher keine reine Cloud-Architektur für sich nutzen. Insofern sind hybride Strukturen nicht hinderlich, sondern je nach Anwendungsfall im Unternehmen sinnvoll.

Dennoch stellt sich die Frage, warum viele KMU in der Praxis große Ängste vor der Nutzung von cloudbasierten Anwendungen formulieren. Bei der Nutzung von Cloud-Anbietern müssen KMU einen hohen Vertrauensvorschuss gewähren, da sie die Aussagen des Cloudproviders beispielsweise hinsichtlich der Einhaltung der EU-DSGVO nicht belegbar machen können. Den Unternehmen bleibt nur, diese Aussagen zu akzeptieren und zu glauben. Dies ist einer der Gründe, warum viele KMU misstrauisch bezüglich der Datenhaltung, des Schutzes der Daten vor Dritten, der Angriffe in der Cloud etc. sind. In der Praxis hat sich aber gezeigt, dass gerade aufgrund von EU-DSGVO die Cloud-Provider aus

Kundensicht massive Verbesserungen an ihren Plattformen vorgenommen haben. So ist die Möglichkeit zur Verwaltung und Absicherung hinsichtlich IT-Security und Compliance beispielsweise direkt ab der Nutzung eines Clouddienstes zumeist schon gegeben, kann aber durch das Hinzubuchen weiterer Dienste noch verstärkt betrieben werden. Hier gilt es zu beachten, dass es eine einhundertprozentige Sicherheit niemals geben kann. Aus Kundensicht ist diese Entwicklung positiv zu bewerten. Dennoch wird auch wie bei lokalen Einrichtungen einer solchen Lösung zur Überprüfung der Einhaltung von Compliance und IT-Security ein Experte zur sachgemäßen Einrichtung der Produkte benötigt.

Auch in Zukunft wird sich die Nutzung von Cloud-Systemen für die fortschreitende Digitalisierung vor allem im Bereich von IT-Security und Compliance aus Verfassersicht positiv auswirken. Durch das Einsetzen von KI und Big Data werden in der Cloud Bedrohungen schneller identifiziert und unrechtmäßige Zugriffe bei bestimmten Konfigurationen vorausgesagt werden können. Auf lokaler Ebene wäre dies nur durch hohe Investitionen in Zusatzsoftware möglich. Außerdem muss betrachtet werden, dass der Zutritt zu Cloudrechenzentren im Normalfall einen Sicherheitsstandard erfüllt, den ein KMU wirtschaftlich nicht auf lokaler Ebene abbilden könnte. Dies gilt sowohl für den physischen Zutritt zu den Gebäuden in Form von Personenkontrollen, Detektoren, Umzäunung und Ähnlichem als auch für den Standard der IT-Security sowie der vereinfachten Abbildung von Compliance-Anforderungen.

Um einem Entscheidungsträger zu ermöglichen, eine fundierte Entscheidungsfindung durchführen und die jeweiligen Potenziale abwägen zu können, wurden in Kapitel 5 einige Vorgehensweisen erläutert. Wie dort beschrieben wurde, ist es für KMU von außerordentlicher Relevanz, zu erfassen, was Digitalisierung bedeutet, bevor eine Entscheidung getroffen werden kann. Der Mittelstand bewegt sich erfahrungsgemäß gerne im gewohnten Umfeld, sodass Digitalisierung und generell Innovationen deshalb in einigen Fällen schneller abgelehnt werden könnten. Aus diesem Grund bedarf es der Aufklärung von KMU durch IHK, Handwerkskammern und anderen Institutionen. Außerdem sollten Entscheider in KMU sich fortwährend weiterbilden, um langfristig keinen Nach-

teil durch das fehlerhafte Einsetzen des Geschäftsfaktors IT zu
haben. Dazu sollte auch überdacht werden, wie Mitarbeiter in die
Entscheidungsfindung einbezogen werden. Digitalisierung, egal
auf welcher Ebene, ist ein großer und wichtiger Schritt für ein
Unternehmen. Werden Mitarbeiter dabei nicht einbezogen und
deren Ideen nicht miteingebracht, kann dies schnell zu schlech-
tem Betriebsklima und zur Ablehnung neuer Prozesse führen.
Deshalb sollten auch die Mitarbeiter regelmäßig geschult werden.
Diese Schulungen sollten nicht nur zu geeigneten Themen der Digitalisierung stattfinden, sondern auch, um das potenzielle Sicherheitsrisiko zu minimieren, das von Mitarbeitern ausgeht. Wie in
dieser Ausarbeitung bereits aufgezeigt wurde, ist der Mitarbeiter
in jedem Fall als ein mögliches Sicherheitsrisiko einzustufen. Wie
dargelegt wurde, wird dieser von Experten sogar regelmäßig als
größeres Risiko als ein Hack eingeschätzt. Dies ist vor allem mit
der Unwissenheit um Hintergrundinformationen der IT sowie damit, dass Menschen Fehler machen, zu begründen. Ein KMU
sollte seine Mitarbeiter aus diesem Grund jedoch nicht abschotten
und viele Verbote sowie Einschränkungen aussprechen, sondern
die Mitarbeiter mit in die Umsetzung und die spätere Anwendung
des Prozesses integrieren. Dies erleichtert das Verständnis und än-
dert die Einstellung des Mitarbeiters zum Geschäftsfaktor IT. Somit wurde im Verlauf dieser Ausarbeitung auch die Frage beantwortet, welche Sicherheitsbedenken seitens KMU geäußert
werden und ob diese begründet sind, und wie man diesen bei
IT-Infrastruktur On-Premises und in der Cloud entgegenwirken
könnte. Dabei wurde auch angeführt, dass es eine hundertprozen-
tige Sicherheit nicht geben kann und die angeführten Sicherheitsmaßnahmen für jedes Unternehmen anders ausfallen können als
die genannten Beispielmaßnahmen und im individuellen Fall
durch Experten bewertet und umgesetzt werden müssen.

Diese Ausarbeitung soll beispielhaft verdeutlichen, dass Digitalisierung neben Potenzialen für die Arbeitsleistung auch positive Effekte auf das Gewinnen von Nachwuchskräften haben
kann. Wenn die bestehende starre Struktur einer flexiblen weicht,
in der junge Mitarbeiter ebenso ein Mitspracherecht besitzen wie
erfahrene, kann Digitalisierung eine Bereicherung für jedes Unternehmen sein. Dies ist vor allem damit zu begründen, dass jün-

gere Mitarbeiter bereits seit ihrer Kindheit und spätestens seit ihrer Jugend täglich mit neuen Technologien konfrontiert sind und diese nutzen. Als Entscheidungsträger in KMU sollte man diese Potenziale nutzen, die auch von jungen Mitarbeitern ausgehen.

Auf diese Weise können nicht nur bestehende Produktions- und Geschäftsprozesse verbessert, sondern auch neue Geschäftsbereiche oder -modelle erschlossen werden. Es könnte ein neuer Produkt-Mix entstehen und so auch den KMU, die bereits jetzt ihre Produkte und Dienstleistungen exportieren, ermöglichen, im Preiskampf gegen die wachsende Konkurrenz zu bestehen.

Mit diesen Ausführungen soll daher aufgezeigt werden, dass Digitalisierung als Chance gesehen werden sollte. Ängste sind niemals falsch, jedoch dürfen sie nicht durch Unwissenheit entstehen und somit Chancen blockieren. Um diese Unwissenheit zu beseitigen, sollten Informationen auch aktiv an KMU herangetragen werden. Dies sollte vor allem in den Aufgabenbereich von Institutionen wie IHK, Handwerkskammer und Ähnlichen fallen. Aber auch dem Staat sollte daran gelegen sein, KMU auf Digitalisierung und deren Potenziale, aber auch auf Risiken aufmerksam zu machen. Denn KMU machen, wie in Abschn. 2.1 dargelegt, über 99 Prozent der deutschen Wirtschaft aus. Auch eine Umfrage im Auftrag des Digitalverbandes Bitkom ergab, dass KMU sich mehr Unterstützung durch die Politik wünschen (vgl. Bitkom e.V. 2017, o. S.). Nur auf diese Weise kann KMU die Angst vor nicht durchdringbaren Auflagen durch Compliance und IT-Security genommen werden. In Entscheidungsträgern von KMU muss daher die intrinsische Motivation entstehen, dass man für sein Unternehmen den nächsten Schritt gehen möchte.

Einen Angstfaktor, der den des Themas Digitalisierung und insbesondere Cloudcomputing ersetzen sollte, stellt jedoch die lokale IT-Sicherheit und der Umgang mit IT-Compliance dar, dies ist somit vor allem für die Beantwortung der Aussagen von KMU hinsichtlich Sicherheitsbedenken von hoher Relevanz. Auf lokaler Ebene bestehen in der Praxis viele Schwachstellen. So ist der Umgang mit IT-Compliance nicht immer so geregelt, dass diese nachvollziehbar und beispielsweise durch IT-Security richtig umsetzbar ist. Investitionen in IT-Security werden selten im notwendigen Maße getätigt und Mitarbeiter zumeist nicht geschult. Bevor die Entscheidungsträger in KMU der Digitalisierung mit den Argumenten, dass Compliance und IT-Security dort nicht ausreichend seien, eine Absage erteilen, sollten diese zunächst auf lokaler Ebene überprüfen, ob dort alles erfüllt wird.

Sinnvoll ist es außerdem, dass Experten KMU auf lokaler Ebene Hilfe bieten, die Anforderungen zu erfüllen und Konzepte auszuarbeiten, wie Digitalisierung für den jeweiligen Fall funktionieren kann. KMU dürfen sich nicht durch die Menge der Informationen zu Compliance, IT-Security, Digitalisierung und weiteren entmutigen lassen. Sinnvoll wäre es an dieser Stelle, wenn seitens des Staats diese Maßnahmen für KMU stärker subventioniert würden. So würden KMU nicht nur die Notwendigkeit sehen, sondern auch nicht mehr den Kostenfaktor als eines der primären Hindernisse für das Hinzuziehen eines Experten sehen.

Die im ersten Kapitel formulierten Fragen und Anforderungen an diese Ausarbeitung konnten somit beantwortet werden. Es konnte identifiziert werden, welche Punkte KMU als hinderlich für Digitalisierung ansehen und warum in einigen Fällen Digitalisierung nicht vorangetrieben wird. Zusätzlich konnte identifiziert werden, dass Sicherheitsbedenken in der Praxis auf lokaler Ebene bereits jetzt ein größeres Risiko darstellen als in der Cloud. Hierzu wurden beispielhafte Szenarien abgebildet, die einem Entscheidungsträger ermöglichen sollen, einen Blick für die Möglichkeiten des Schutzes der IT-Infrastruktur sowie der Einhaltung von Compliance zu erhalten. Dies soll ihn bei der Informationsgewinnung, der Erweiterung seines Know-hows und der Ausarbeitung eines Konzeptes, zusammen mit einem Experten, für das eigene Unternehmen unterstützen. Dies wird außerdem durch die Ausführungen zu den Entscheidungsfaktoren und möglichen Handlungsmöglichkeiten in Kap. 5 unterstützt.

In diese Ausarbeitung sind viele Erfahrungswerte und Praxisbeispiele aus meinen Erfahrungen der letzten Jahre als IT-Systemingenieur in der IT-Administration und Einführung von IT-Produkten in vielen unterschiedlichen KMU sowie aus meinem Studium der Wirtschaftsinformatik und dem Austausch mit Geschäftsführern von KMU, sowie eigenem Gewerbe, eingeflossen. Dabei war es mir ein großes Anliegen, diese Erfahrungswerte in Form von Informationen für KMU aufzubereiten, da sich mir viele Herausforderungen seitens dieser offenbart haben. Daher war während der Ausarbeitung der primäre Fokus darauf die Informationen nicht aus Informatiker-Sicht, sondern der KMU-Sicht darzustellen. Aus diesem Grund wurden viele technische Teilbereiche nur oberflächlich behandelt oder definiert und Teile, wie der exemplarische Ablaufplan sowie die beispielhaften Fragen, in Anlehnung an die unternehmerische Praxis erstellt.

Es ist im Rahmen der Belegbarkeit der Erfahrungswerte durch Studien aufgefallen, dass im Bereich der Digitalisierung zu KMU deutlich weniger Forschungsarbeiten und Studien existieren als etwa für große Unternehmen. Dies ist insbesondere aufgrund des Anteils von KMU an der Gesamtzahl der deutschen Unternehmen erschreckend. Ein Großteil der Forschung betrachtet Digitalisierung, lässt dabei aber die KMU häufig aus der Betrachtung heraus oder behandelt diese nur mit wenigen Sätzen am Rande. Aus diesem Grund ist es sinnvoll, dass vor allem Bund und Länder in Studien und Ausarbeitungen zum Themenbereich dieser Ausarbeitung investieren. Diese Studien wären unabhängig und würden die Aussagen in dieser Ausarbeitung sowie in den bereits vorhandenen Studien validieren. Dies würde KMU ein positives Zeichen senden.

Empfehlenswerte Forschungsarbeiten wären dabei die Belegung der Aussagen in dieser Ausarbeitung sowie die Betrachtung der Digitalisierungsrate in KMU über die nächsten Jahre gesehen. Zusätzlich wären Ausarbeitungen sinnvoll, die genaue Potenziale in KMU durch Digitalisierung aufdecken und mit wirtschaftlichen Kennzahlen aufbereiten. Dies würde für KMU eine Orientierung für Entscheidungen hinsichtlich Digitalisierung bieten und dabei helfen, Potenziale zu entwickeln. Sinnvoll wäre zudem, zu betrachten, in welchen Wirtschaftszweigen KMU schneller Digitalisierung betreiben. Es könnten Synergien ausgewertet und diese an andere KMU aus fremden Wirtschaftsbereichen weitergegeben werden. Sinnvoll wäre dies im Rahmen eines Erfahrungsaustauschs und der Erkennung weiterer Potenziale für KMU.

Abschließend ist festzuhalten, dass Digitalisierung in einigen Jahren den Mittelstand komplett durchdringen wird. Diejenigen KMU, die sich nicht auf sie einlassen, werden im schlimmsten

Szenario in einigen Jahren nicht mehr existieren. Vergleichbar ist dies mit der industriellen Revolution. Während Dampfmaschinen erstmals Massenfertigung ermöglichten, mussten die kleinen Handwerksbetriebe und Manufakturen nach und nach ihren Betrieb einstellen. Heute ist die Digitalisierung jedoch für jeden verfügbar. Es bedarf keiner millionenschweren Investition in Dampfmaschinen, sondern in erster Linie der Investition in Informationen und Weiterbildung sowie der Bereitschaft, auch in Zukunft weiter als Unternehmen bestehen zu wollen und dafür den nächsten Schritt in Richtung Digitalisierung und somit auch Industrie 4.0 durchzuführen.

Literatur

Bitkom e.V (2017) Unternehmen wünschen sich Digital-Offensive der Politik. https://www.bitkom.org/Presse/Presseinformation/Unternehmen-wuenschen-sich-Digital-Offensive-der-Politik.html. Zugegriffen am 31.03.2019

Paulus S, Kowalski M, Sobania K (2016) Industrie 4.0 – aber sicher! https://www.ihk.de/documents/38722/99521/dihk-broschuere-sicherheit-industrie-4-0.pdf/b25c60db-e2cd-cbbc-5c7d-00aad5e5ed2c?version=1.0. Zugegriffen am 01.10.2018

Printed in the United States
By Bookmasters